The Encyclopedia of
Krautrock

JN067174

クラウトロック大全〈増補改訂版〉　　小柳カヲル 著

Contents

Prologue
序

ここ最近、「クラウトロック」という言葉を目にする機会が確実に増えてきた。アップル・ミュージックなどの配信サイトに「クラウトロック」のセクションが設けられたり、「クラウトロック」とキャプションの付けられた世界中の新作がレコード・ショップ店頭に並べられたり、インターネットで検索をすれば、おびただしい数の情報がヒットしたりする。それだけでなく、2014年に「クラウトロック大全」が出版されたとき以上に、この言葉は音楽シーンだけでなく「音楽ジャンル」を指し示す流れになってきている。

そもそも「クラウトロック」とは何なのだろう？　端的に言ってしまえば1960年代末に誕生した「ドイツのロック」だ。この特異な音楽は、サイケデリック・カルチャー、ヒッピー、フリー・ジャズ、現代音楽、クラシック、電子音楽から社会思想まで、さまざまな文化背景を持っている。当時の不安定な社会情勢も後押しとなって形作られた。

「クラウト」とはドイツの国民食である酢漬けのキャベツ「ザワークラウト」を意味し、もともとドイツ人をさげすんだ意味合いが少なからず含まれる言葉だった。ちょうど日本人に対し「寿司男・寿司女」と揶揄するのと同じだ。つまり「クラウトロック」とは当初、ドイツ人の演奏する武骨で難解なロックを指す「蔑称」として使われていた。この言葉の起源については諸説あるが、確かなことはドイツ以外の国で発案されたということで、1970年代の英国ジャーナリズムが発祥だとされている。その背景にはドイツ語という言語の壁が追い打ちをかけている。ドイツ語の響きが、英語圏の人たちにとって、ただ馴染みが無いというだけでなく、どこか第二次世界大戦の負の遺産を連想させるという理由で、英国では放送が敬遠されがちだったように、当時は普及しようがなかった。その結果、おのずと「二流音楽」の烙印を押されるはめになった。

しかし、やがて当事者であるドイツ人たちもその蔑称を受け入れ、1973年頃には、自らの楽曲を「クラウトロック」と題し、むしろ自虐的に提示し始めるようになる。最も有名なのは、奇しくも英国進出をとげたばかりだったファウストのアルバム『IV』の冒頭をかざる「クラウト・ロック」だ。ほかにもコンラッド・シュニッツラーやアックス・ゲンリッヒ(グルグル)も同様にこの単語を使っている。ドイツのミュージシャンたちは、この蔑称を逆手にとって、自分たちの新しいアイデンティティのシンボルとして標榜したのだろう。

クラウトロックのサウンドはどれも独創的で、ほかのどんな国にもない大衆音楽である。その特徴といえば、なんといっても「反復」だろう。それは、もともとは現代音楽の音楽理論などに由来するお堅い表現手段だったが、実際に出来上がった音はどれも陶酔感と酩酊感にあふれたトランス・ミュージックだった。そして電子楽器の多様も特徴のひとつに挙げられる。シンセサイザーをポップスに取り入れた、いわゆる「テクノ」や「シンセ・ポップ」は、あきらかにクラウトロックから派生したものだ。

クラウトロックの再評価は、「クラウトロック」という言葉を生み出したとされる英国から始まった。いち早く着目したひとりにデヴィッド・ボウイがいた。「ベルリン3部作」のリリースはよく知られているが、それにとどまらず、クラフトワークに自分のツアーへの同行を打診したり、アルバムのレコーディングにノイ!のミヒャエル・ローターの起用を検討したりしたが、どれも実現にはいたらなかった。一方で、1970年代後半にパンクから発生し、ダブやファンク、エレクトロニクスを取り入れたポストパンクのムーヴメントが巻き起こり、このときの若い世代もクラウトロックを積極的に評価したのだ。バズコックスのピート・シェリーがカンのベスト盤の解説を書き、ジョイ・ディヴィジョンのライヴでは客入れの音楽にクラフトワークやノイ!が使われ、セックス・ピストルズを脱退したジョン・ライドンがカンのメンバーとの共演を真剣に考えたり、ザ・フォールがカンのダモ鈴木のことを歌にしたりと、英国のポストパンクはクラウトロックにアプローチし、その影響を取り入れたバンドが次々と生まれた。

そして時は流れ、ポストパンク世代だけでなく、クラウトロックの影響力はさらに波及した。ソニック・ユースからステレオラブ、さらにはレディオヘッドといったロック・バンドがその遺伝子を宿した音楽を続々と作り出していた。それだけでなく、「ネオ・クラウトロック」と称された米国生まれのカル・デ・サックのようなアーティストや、近年では、出自ではなく表現の様式を根拠に、みずからを「クラウトロック」と呼称するバンドも次から次へと世界各国から現れている。日本でもオウガ・ユー・アスホール、にせんねんもんだい、南ドイツといったユニークなバンドが現れていることも忘れてはいけない。

だがここで、クラウトロックとは具体的にどのような音楽なのかという疑問が生じる。代表的なものを例にとっても、現代音楽とフリー・ジャズ、そしてロックン・ロールを高次で融合させ国外からの風来坊にヴォーカルをとらせた「カン」。モータリックの果てしないグルーヴで人びとを陶酔に誘う「ノイ！」。テクノの開祖にして現在もなお頂点に君臨し続ける「クラフトワーク」。ポップ・ミュージックに巧妙に擬態した前衛集団「ファウスト」。ブライアン・イーノとのコラボレーションを通しアンビエントの可能性を指し示した「クラスター」。サイケデリックとミニマルの本質を巧みに具現化させた「アシュラ」など、そのスタイルや表現方法は千差万別だ。

そんなわけで、本書では本来の「ドイツ人のロック」という意味に立ち返り、「クラウトロック」をふたたび定義づけてみた。1960年代末から存在する従来のクラウトロックはもちろんのこと、少なからずその影響を受け、パンクを経過したニュー・ウェイヴ・シーン、いわゆる「ノイエ・ドイッチェ・ヴェレ」のムーヴメント、さらにこの「増補改訂版」では隣国スイスのニュー・ウェイヴ・シーンまでの大きな枠組みで捉えることとした。現行の音楽シーンに影響を与えた重要な作品や、現在の視点からみても新鮮でタイムレスな作品を中心にピックアップしている。

国内のクラウトロック系のガイドブックは、2014年の「クラウトロック大全」以前には、1990年代半ばのものまでしかなく、「ノイエ・ドイッチェ・ヴェレ」にいたっては、体系づけて解説された書籍は皆無だった。さらに今回の「増

補改訂版」では、2014年版の「クラウトロック大全」からディスク・ガイドを約40ページ増加、144タイトルを追加し、合計868タイトルの掲載となった。旧記載内容についても、新たな知見があったものなど、相当数を差し替えや加筆修正した。本書の構成については旧版と同様に、できるだけ「資料」として末永く使っていただきたいという観点から、時流によって見解が変わる「ジャンル」での分類や、相関関係のわかりにくい「アルファベット順」での掲載は見送った。そこで本書では以下のことに留意している。

■都市ごとに分類する
　音楽性は都市や地域ごとに一定の傾向がみられる。本書ではアーティストの出身地や活動拠点、もしくは所属レーベルの所在地のある都市ごとにセクションを分けた。

■時系列を明確にする
　シーン全体を考察する際に、もっとも重要になるのが時間軸だろう。個々のアーティストの軌跡だけでなく、複数の作品との時間的な相関関係を検証した。

そして旧版の序文でも書いたことだが、これからクラウトロックを聴いてみようというビギナーのみなさんに、ひとつお願いしたいことがある。クラウトロックはできるだけレコードやCDといった物理的なメディアで聴いてほしい。なにも高額なオリジナル盤でなくてもいい。再発のCDでも十分。ジャケットや装丁といったパッケージには、音楽そのものと同じくらいアーティストの情熱が込められている。付属物の視覚的意匠が持つ「行間」のような無言の情報をひも解くことで、新たな発見があるはずだ。とりわけ「クラウトロック」とはそういう類の音楽なのだから。

本書が増補改訂版となったことで、読者諸氏のクラウトロック探訪の一助となることを願いつつ……。

小柳カヲル（2022.3.22）

7

Inspiration

ザ・ビートルズが最初に出稼ぎに来ていたのは西ドイツのハンブルクであった。これは当時すでにドイツには潜在的にロックン・ロールの市場があり、興業が商売になったということを意味している。二次大戦の敗戦から米国文化がどんどん浸食していき、エルビス・プレスリーなんかが当たり前にラジオから流れることで'60年代初頭にはロックが定着していったのだろう。

ゴーゴー・ブームではドイツ人たちもバンドを組んでフロアで演奏するようになっていったのは、ごく自然な流れだった。こうした先人たちのロックへの理解と渇望がクラウトロックを生み出す温床として普遍的に存在していたに違いない。

クラウトロックとは敗戦が生み出した所産なのだ。

		LP
Monks		
Black Monk Time		
Polydor	249 900	1966

クラウトロック誕生に最も加担したバンドは、意外にもアメリカから来たモンクスだった。彼らがドイツにいなかったら、クラウトロックは存在し得なかったと断言してもよいだろう。モンクスはドイツに駐留していた米兵によって1965年に結成された5人組ガレージ・バンドである。何といっても彼らは本物の修道士（monk）よろしく黒衣に剃髪というとんでもないいでたちでロックをやっていたのだ。同時期のバンドは後述の『Pebbles Vol. 24』に複数収録されているが、それらと比べるとモンクスがいかに突出していて、先進的で、アナーキーで、ぶっ飛んでいたのかを思い知らされる。その衝撃は現在も色褪せることはない。

8

v.a.

Silver Monk Time - A Tribute To The Monks

Play Loud! Productions		PL02	2003

モンクスが播いた種は21世紀になってか
ら意外な花を咲かせた。いわゆるトリビュー
ト・アルバムなのだが、参加者がとにかく
豪勢。フェールファーベン、F.S.K.、グドル
ン・グート、S.Y.P.H.、アレクサンダー・ハッ
ケ、チック・オン・スピード、マウス・オン・
マーズ、ファウストなどのクラウトロック
勢の他、シルヴァー・アップルズ＋アラン・
ヴェガ、レインコーツ、ザ・フォール、サイ
キックTVそして日本からも5.6.7.8's、さら
にモンクスのオジナル・メンバーのゲイリー・
バーガー、デイヴ・デイまで、総勢29アーティ
ストによるカヴァー・ヴァージョンを2枚
組CDに収録。もちろんこのアルバムのみ
の音源ばかり。

v.a.

Pebbles Vol. 24 - The Continent Lashes Back! Germany

AIP Records		AIP 10043 USA	1988

世界各国のガレージ・バンドを発掘紹介し
ている米国のAIPレコードのペブルス・シ
リーズの第24弾は'60年代半ばに活動して
いた西ドイツとその周辺国の16バンドを
紹介。中にはエドガー・フローゼ(タンジェ
リン・ドリーム)のThe Onesやヴァレンシュ
タインのメンバーが参加したThe Lords、
ルシファーズ・フレンズの前身バンドの
The German Bonds、そしてアキム・ライ
ヒェルが在籍したThe Rattlesが収録され
ているが、サウンドはいたって普通の'60
年代のゴーゴーやガレージ系のビート・サ
ウンドで、ヴォーカルも英語ということも
ありドイツらしい特色は見出せない。しか
しながらこうしたバンドたちの存在が、後
のシーンの礎になった。

9   Inspiration

Charles Wilp

Charles Wilp Fotografiert Bunny

Vogue Schallplatten	LDVS 17 123	1967

チャールズ・ウィルプは数々のコマーシャル・フィルムを手掛けた映像作家。'60年代には女性の裸体を使うなど当時としては斬新で衝撃的な作品で知られている。これはファッション誌ヴォーグ（西ドイツ版）から出されたフィルム用の音楽集で、いわばイージー・リスニングの部類なのだが同時代のものと比較すると桁違いに完成度が高い。彼のような先進的な表現者の活躍が、間接的に音楽シーンの多様性に少なからず影響していたのは間違いない。アートとの結びつきが強いクラウトロック・シーンであるからこそあえて取り上げてみた。長いあいだ入手困難だったレコードは1999年にCDで再発されたが、ウィルプは2005年に他界。享年72歳。

Stockhausen

Helicopter-Quartett / Arditti String Quartet

naïve	MO 782097 France	1999

arditti quartet edition 35

stockhausen
helikopter-quartett / arditti string quartet

WDR

これまでのクラウトロック総論といえばクラシックや現代音楽からの観念的な類推が多く、ピンと来なかったのは筆者だけではないはず。旧来の音楽はもの作りをする土壌に普遍的に内包されていたファクターではあっただろうが、ヘルベルト・ケーゲルやハンス・アイスラーなんかと大衆商業音楽であるロックを比較したところで何かの結論を導き出せよう筈もない。だがカール・ハインツ・シュトックハウゼンだけは別格。カンのメンバーの師にしてクラウトロックのよき理解者でもある偉大な音楽家だ。本作はずいぶん時代の下った作品だが、これぞシュトックハウゼンの真骨頂。ヘリコプターを演奏するという前代未聞の発想は、パンクである。

	2LP

The Jimi Hendrix Experience
Electric Ladyland

	1968

「ジミ・ヘンドリクスの出現は衝撃だった」とはマニ・ノイマイヤーの弁。ジ
ミヘン直系サウンドのグルグルだけでなく、意外なことにクラスターのメ
ビウスも同様の発言をしている。ジミヘンの自由な発想と演奏スタイルが、
独創性を求めるクラウトロック・シーンに呼応したのは想像に難くない。
またジミヘンが与えた多大な影響というのは世界中に波及したものであり、
クラウトロックに限ったことではないのはご存じのとおりなのだが。

	LP

The Velvet Underground
White Light/White Heat

	1968

彼らの音楽性についてはすでに語り尽くされているし本書の責務ではない
ので割愛するが、個別に記すとイルミン・シュミットは自分とジョン・ケー
ルの類似性を言及し、まだ十代だったホルガー・ヒラーはヴェルヴェット・
アンダーグラウンドに衝撃を受け、ルッツ・ウルブリッヒはニコとの個人
的交際をもち、ブリクサ・バーゲルドはルー・リードの『メタル・マシーン・
ミュージック』を目覚まし代わりに聴いていた。逸話には事欠かない。

	LP

Pink Floyd
A Saucerful Of Secrets

	1968

「'70年代初頭のデュッセルドルフの音楽シーンは、ほとんどのバンドがピ
ンク・フロイドのモノマネだった」と怪バンド、ジャーマン・オークのライナー
ノーツに記されている。確かに「B級クラウトロック」と称される有名では
ない数々のバンドを聴いていくと、この言葉には説得力がある。特に『神秘』
の影響力は大きかったようだ。だが中には独自の解釈で自分のスタイルへ
と昇華させたアシュ・ラ・テンペルのようなバンドがあるのも事実。

	LP

Miles Davis
Bitches Brew

	1970

日本と同様に敗戦国である西ドイツには米国文化がどんどん流入し、その
象徴ともいえるジャズはあっという間に民衆に浸透してしまった。その中
で最も過激だったフリー・ジャズがドイツのアンダーグラウンドで流行しだす。
それは初期クラウトロックの多くがジャズの様相を呈していたことからも
くみ取れる。エレクトリック・マイルス・バンドは純然たるジャズではないが、
ドイツのミュージシャンに過去を語ってもらうとよく引き合いに出してくる。

Krautrock

Krautrock

クラウトロック

第二次世界大戦の敗戦によって東西に分断されたドイツには戦勝国からの文化、とくに米国文化が入ってくることは避けられない現実だった。音楽もまた然りで、ジャズ、ロックンロールが若者文化に浸透していった。もともとドイツにはクラシックの長い歴史があり、人々の音楽に対する姿勢や理解度は高く、新しい音楽であるジャズやロックもドイツ的な解釈で、新しい音楽文化の血肉となっていった。当初は英米のコピー・バンドが主流だったドイツのロックも、'60年代末になり突如として爆発的な発展が起こる。ヒッピー・ムーヴメントからサイケデリック・カルチャー、現代音楽、フリー・ジャズ、電子楽器、テクノロジー、東洋思想、果ては左翼思想といった新しいパラダイムやイデオロギーが混ざり合い、独自のロック・シーン「クラウトロック」を生み出す土壌となった。

「クラウトロック」という言葉の発祥については諸説あるが、当初は国外からの侮蔑的な意味合いが含まれていた呼称だった(この由来については「序文」で詳しく記しているので参照いただきたい)。だがクラウトロックは「ロック」の様相を呈しているものの、まったく異なる発展を遂げた音楽となった。前衛的で実験的な難解な音楽。それでいて独特の陶酔感に満ちたもので、英米のロックとは根本的に異なる比類なき音楽であった。こうしたクラウトロック・ミュージシャンたちの先進的な試みは<大衆音楽における実験はクラウトロックがやりつくしてしまった>と評されたほどで、多種多様な表現方法や、後のシーンにつながる先進性を内包していた。つまりクラウトロックとは「大衆音楽」でありながら「実験音楽」であるという、相反する二つの特性を持つ特異な音楽なのだ。しかしながら、当時は長いあいだその真価が国外から正しく理解されることもなく、英国のパンク・ムーヴメントで目ざといミュージシャンたちに再発見されるまで待たねばならなかった。

Köln

古代ローマ帝国からの歴史をもつケルンは、ドイツ西部にある人口およそ100万人の大都市で、外国人が多く暮らす街としても知られている。古くから音楽がさかんで、女性が下着を見せながら踊る「カンカン・ダンス」でおなじみのジャック・オッフェンバックの出身地。第二次世界大戦後になると、ヨーロッパのフリー・ジャズの拠点としても知られるようになる。ケルン出身のバンドといえば、なんといってもカンだろう。そのカンが1978年に残した解散アルバムで、やけっぱちで演奏したのがオッフェンバックの「天国と地獄」だったのは、なんとも可笑しなつながりだ。また養豚場跡地を改造したコニー・プランク・スタジオは、ケルン近郊の町ヴォルペラートにあった。

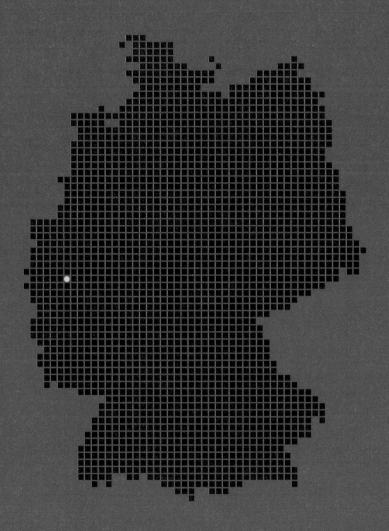

14

CAN

カール・ハインツ・シュトックハウゼンの下で音楽を学んでいた2人の三十路男、ホルガー・シューカイとイルミン・シュミット。フリー・ジャズではすでに名を馳せていたドラマー、ヤキ・リーベツァイト。そしてシューカイの生徒だったひと世代若いギタリスト、ミヒャエル・カローリという出自は異なるがキャリアだけは物凄い面々によって結成されたカン。そこにパラノイックな言葉を操る黒人ヴォーカリスト、マルコム・ムーニーが加わりデビューを飾る。

その後ムーニーに代ってヴォーカルを務めたのは世界を放浪していた日本人ヒッピー、ダモ鈴木だった。野趣に満ちた音楽をロジックで再構築するカン。それはクラウトロック界における最も輝ける巨星に他ならない。

		LP
Can		
Monster Movie		
United Artists Records	UAS 29094	1969

マルコム・ムーニーをヴォーカルにしたカンのファースト・アルバム。ガレージ色の強いファズ・ギター、反復リフとアフロ・リズム、そこにムーニーのパラノイックな歌詞が加わり前代未聞の異端の音楽が誕生した。カンのデビューというだけでなく、クラウトロックの夜明けを飾る記念すべき1枚。B面の全長を使った「Yoo Doo Right」は、12時間にも及ぶセッション音源から編集された。当時のライヴでは長時間演奏が当たり前で、メンバーが食事のために抜け、戻ってきてもまだ同じ曲を演奏し続けていた、という逸話も残されている。オリジナルは「ザ・カン」名義でミュージック・ファクトリーからリリース、デザインが異なる入手困難盤。

Can
Soundtracks

Liberty	LBS 83 437 I	1970

セカンド・アルバムだが新録ではなく、録り溜められていた音源を編纂して作り上げられたのがこの『サウンドトラックス』である。収録されたのはヨーロッパで公開された映画5作品のために制作された楽曲の数々で、中には日本でも『早春』と題されて公開されたスコリモフスキー監督の『Deep End』も含まれる。ムーニーと日本が誇る放蕩息子、ダモ鈴木の2人のヴォーカリストの曲が混在し、キャッチーながらも野趣あふれたカンならではの名曲ぞろい。なお当時、世界中を放浪していたダモ鈴木が路上で歌っていたところをメンバーにスカウトされ、その日のうちにステージに上がりヴォーカルを担当したという伝説も語り継がれている。

Can
Tago Mago

United Artists Records	UAS 29 211/12 X	1971

ムーニーに代ってダモ鈴木がヴォーカルを取った大作2枚組LP『タゴ・マゴ』は、1970年11月から翌年2月にかけて録音された。基地であった古城での最後の作品でもある。日本語まで飛び出すダモのパンクなヴォーカル、前例のないエフェクト、サイケデリック感覚、無国籍な律動と、カン史上最もアナーキーで野趣あふれるアルバムとして世に知られた大傑作。アルバムにはLP片面全長を使った大作「Halleluwah」と「Aumgn」が収録されているが両者ともまったくアプローチが異なり、これらが同居しているというのもカンらしい。アルバム・タイトルはスペインの自治州のバレアス諸島にある、ひょうたん型のタゴマゴ島から取られたようだ。

16

Can

Ege Bamyasi

United Artists Records	UAS 29 414 I	1972

TV ドラマ主題歌に起用された「Spoon」は
30万枚ものヒットを記録した。その恩恵を
受けてカンはスタジオを古城から新しい
場所へと移す。こうして制作されたのが4
枚目『エーゲ・バミヤージ』だ。変幻自在に
形を変えるドラムがリードする「Pinch」に
始まり7/8拍子の「One More Night」、この
アルバム以降のライヴでの定番曲となる
「Vitamin C」。前作『タゴ・マゴ』を彷彿とさ
せるミュジーク・コンクレート的な「Soup」
を経て、ヒット曲「Spoon」で幕を閉じる。
前衛音楽そしてポップ・ミュージックとい
う異なるエレメントが混然一体となった楽
曲構成の素晴らしさもさることながら、ダ
モ鈴木のむき出しの肉声の存在感はあまり
にも大きい。

Can

Future Days

United Artists Records	UAS 29 505 I	1973

1973年8月から録音されたカンの5枚目
のアルバムは、これまでとは全く異なるア
プローチの作品だ。アナーキーで格闘技の
乱捕りのようだったセッションも、きわめ
て音楽的な体裁になり、純粋で透明感のあ
る音質と音響で構成された大傑作として世
に放たれた。浮遊感と多幸感に満ちた本作
は、全クラウトロックの中でも完成度がトッ
プ・クラスのアルバムである。しかしフリー
ク・アウト感を求めるダモ鈴木は本作をもっ
てバンドを去り、表舞台から姿を消す。収
録中にスタジオから逃走とか、奇声を発し
そのままタクシーに乗って失踪など色々言
われているようだが、本人は多くを語らな
い。ただ話に尾ひれが付いていることだけ
は間違いないが。

17   **Krautrock**   **Köln**

Can

Soon Over Babaluma

United Artists Records	UAS 29 673 I	1974

足掛け4年にわたってヴォーカルを務めていたダモ鈴木はカンを脱退。バ
ンドは初代ヴォーカルのマルコム・ムーニーに声をかけ、航空券まで渡され
たのだが再加入とはならなかった。そんな中でリリースされた6枚目のアル
バム。レゲエやサンバのリズムを取り入れたA面の曲や、B1の大作「Chain
Reaction」はカン持ち前の不定形な即興性の産物。バンド結成以来の2チャン
ネル録音での最終作品。また初回盤LPのジャケットは銀色に輝く美しい装丁。

Can

Limited Edition

United Artists Records	USP 103 U.K.	1974

United Artists時代に残された未発表曲を編纂し廉価版でリリースされた
LP。音源としてはデヴィッド・ジョンソン在籍時のごく初期のものからマ
ルコム・ムーニー～ダモ鈴木ヴォーカル期のものと、各時代から集められて
いる。中でもダモ鈴木がデタラメな日本語で歌うA2の「Doko E」は日本の
ファンには馴染みの曲。最後はひとまわり回ったデキシーランド・ジャズ風
の曲で締めくくられている。後に2枚組『Unlimited Edition』として再登場。

Can

Landed

EMI Electrola	1 C 062-29 600	1975

「地球上で最も進歩的なロック・ユニット」と英国音楽誌に大絶賛された7
枚目のアルバム。本作から16トラックでの録音だが、前作『スーン・オー
ヴァー・ババルーマ』と同様に中心の4人のみでの制作。卓越した効果音の
使い方をした名曲「Hunters And Collectors」(A3)が本作のハイライトだ
ろう。またA1「Full Moon On The Highway」は古くからライヴでは演奏さ
れていた曲らしく、本人の弁によればダモ鈴木も歌っていたとのこと。

Can

Unlimited Edition

Harvest	1C 148-29 653/54	1976

1974年に出された廉価版未発表曲集『Limited Edition』は文字通り15000枚
で限定発売されたレコードだったが、このアルバムにさらにLP1枚分の未発
表音源を追加した2枚組として発表されたのが本作。こちらが限定リリース
でないのはタイトルの通り。新規に追加されたのはマルコム・ムーニーのヴォー
カル曲や比較的長尺の実験インスト曲など。曲によって作風がまったく異な
るので煩雑さを感じるが、逆にそれがカンの魅力であり懐の広さでもある。

Can

Flow Motion

		LP
Harvest	1C 062-31 837	1976

レゲエ・テイストを取り入れた先行シングル「I Want More」は英国チャートの4位にまで登りつめ、カン最大のヒットを記録。そんなポップさとアンビエント感覚と少しばかりラスタな香りが同居した大名盤の8枚目『フロウ・モーション』は、カンの先進性・実験性が最もわかりやすく提示された作品だ。またA2「Cascade Waltz」をB面に収録したシングル「Silent Night」(きよしこの夜)もリリースされたが、A面曲はいまだに再発はない。

Can

Saw Delight

		LP
Harvest	1C 064-32 156	1977

当時シューカイはベースではなく他の楽器を担当しようと考えていた。そこでロンドンで偶然に出会ったトラフィックの2人のメンバー、ロスコー・ジーとリーボップ・クワク・バーが加わる形で本作は制作された。2人のプレイはきわめてテクニカルでありカンの作品の幅を広げることになったが、カン本来の持ち味である即興演奏由来の野趣さを欠くものだった。ちなみにA1は『フューチャー・デイズ』収録の「Moonshake」のリメイク。

Can

Out Of Reach

		LP
Harvest	1C 066-32 715	1978

シューカイはクレジットから消え、前作から新たに加入した2人のミュージシャン、ロスコー・ジーとクワク・バーをフロントに制作されたフル・アルバム。新メンバーたちとカンのオリジナル・メンバーとの姿勢の違いから徐々に軋轢が生じ、結果的にバンド解散に拍車をかけたと言われている。そんな中に誕生した本作は、公式ディスコグラフィからも抹殺された鬼子。だが現在の感覚で聴くと後のソロ・ワークへとつながる命脈が感じ取れる。

Can

Can

		LP
Harvest	1C 066-45 099	1978

編集という名目でシューカイのクレジットはあるが実質的に音作りにはほとんど関与せず、バンドの活動休止直前に録音されたアルバム。その名も『カン』。新メンバーのテクニカルなプレイが安定感をもたらすA面に始まる。だがB面にはどうしたことかこれまでのカンにはないデタラメさ。オッフェンバックの「天国と地獄」(文明堂CM曲)のパンク風アレンジから卓球の実演など、前代未聞のヤケクソなぶっ飛び方はやはりカンだった。

LP

Can

Delay 1968

Spoon Records		SPOON 012	1981

バンド解散後にリリースされたアルバムだが、内容は初代ヴォーカリスト、マルコム・ムーニーが加入直後の録音、つまりはファースト・アルバム『モンスター・ムーヴィーズ』と同時期の古城で制作された音源。初期カン特有のガレージ・サイケ色が鮮烈に彩る初期衝動作品。シューカイによれば計画されながら未発に終わった幻のアルバム『Prepared To Meet Thy Pnoom』の音源も含まれているとのこと。また「1968」の意味も思惟深い。

LP

Can

Rite Time

838 883-1		838 883-1	1989

解散から10年、ソロ活動で散り散りになっていたメンバーが突如カンを再結成させた。初代ヴォーカルのムーニーを筆頭にシューカイ、シュミット、カローリ、リーベツァイトというファースト・アルバムの顔触れ。86年にフランスで録音されミックスにはルネ・ティナーが参加。だが残念ながら本作が名実ともに最終アルバムとなった。またカンとしての最後の楽曲はおそらく『Anthology』収録の「Last Night Sleep」(1991)。

MC

Can

Onlyou

Pure Freude		PF 23	1982

1976年、まだ学生だったペーター・プラーツ(S.Y.P.H.)がインナースペース・スタジオを訪れ、談笑とともに録音した音源のカセット作品。収録されているのはほとんどがシューカイらとの会話だが、即興で行われたセッションも収録されている。プラーツのレーベル、プーレ・フロイデからシリアル・ナンバー入り缶詰というユニークな装丁で、わずか100セットのみ制作された。入手困難なコレクターズ・アイテムとして知られている。

MC

Can

Prehistoric Future

Tago Mago		Tago Mago 4755	1984

The Can Bookの著者でも知られるフランス人ジャーナリスト、パスカル・ビュッシーが運営するTago Magoレーベルから2000本限定でリリースされたカセットテープ。中心メンバーの4人に、デヴィッド・ジョンソンが加わった編成で、1968年6月に古城で行われた最初期録音だがカン名義。完全なるフリーインプロ・セッションで、映画Agilok & Blubboのサントラに含まれる「革命歌」の原型とおぼしき曲も含まれている。

Can
The Peel Sessions

Strange Fruit	SFRCD135 U.K.	1995

米国BBCの名物ラジオ番組、ジョン・ピール・ショーでは出演バンドが番組用に音源を録音していたことで有名だが、カンもまた4回番組出演し都合6曲の楽曲を残した。とにかく冒頭の「Up The Bakerloo Line With Anne」のアグレッシヴさには圧倒される。録音が73年2月なので『フューチャー・デイズ』の前であり、ダモ鈴木の不明言語も頂点に達している。まさに早すぎたパンク。すべてオリジナル楽曲だが5曲目だけは『ランデッド』収録曲の別テイク。

	3LP	2CD

Can
Sacrilege

Spoon Records	SPOON CD39/40	1997

1990年代の半ば以降、〈リミックス〉はそれまでの概念とは大きく変わったものになってしまった。原形をとどめないほど手が加えられ、新たな作品として生まれ変わるというもの。サクレリッジもそんな時代の徒花として発表された。リミキサーはブライアン・イーノ、ブルース・ギルバート、ソニック・ユースなど。当時このリリースについてメンバーからは好意的なコメントが寄せられていたが、唯一「興味がない」と一蹴したのはダモ鈴木。

	5LP	3CD

Can
The Lost Tapes

Spoon Records	SPOON55 / CDSPOON55	2012

スタジオのキッチンにあった食器棚に長いあいだ忘れ去られていた物、それは50時間にも及ぶ未発表音源のオープンリール・テープだった。ここからCD3枚分の音源が抜粋され、40年近い時を経て日の目を見ることに。収録されたのはデヴィッド・ジョンソン在籍時の古城での録音物から75年の音源まで。元のテープの状態により音質も劣化もしていたようだが、最新のデジタル・リマスタリングによって鮮やかによみがえった第一級の発掘音源。

	LP	CD

The Inner Space
Agilok & Blubbo

Wah Wah Records	LPS061 / WCD010 Spain	2009

シューカイ、シュミット、リーベツァイトとエンジニアのデヴィッド・ジョンソンの顔触れで映画のために制作されたサウンドトラック。1968年当時、タイトル曲のみシングルで発売されていたが、2009年になって全音源補完CDとして発売された。初期カンへとつながるガレージ・サウンドだが、まだカン名義ではない。ちなみに映画はペーター・F・シュナイダーが監督で、時代背景を色濃く反映した反体制実験ピンク作品のようだが日本未公開。

		3xLP	2xCD

Can
Live in Stuttgart 1975
Spoon Records		SPOON63	2021

イルミン・シュミットとルネ・ティナーの監修で過去のライヴ音源を厳選し、最新デジタル・リマスターで復刻する企画『カン:ライヴ・シリーズ』の第一弾。カンは1972年以降にヨーロッパ各地を精力的にツアーしていが、この音源はドイツのシュトゥットガルトでの公演の記録だ。『フューチャー・デイズ』から『スーン・オーヴァー・ババルーマ』の時期の楽曲ソースが溶融しあい、浮遊感にあふれた70年代中期カンの魅力に満ちた演奏といえる。

		3xLP	2xCD

Can
Live in Brighton 1975
Spoon Records		SPOON64	2021

『カン:ライヴ・シリーズ』の第2弾として届けられたのは、イングランドのブライトンでの公演を収録。『スーン・オーヴァー・ババルーマ』期のテイストの楽曲をベースに、トリは彼らのライヴ定番曲「ヴィタミンC」、シンセサイザー「アルファ77」も演奏に加わっている。曲間の観客からのヤジもいかにも英国らしい。上記の『シュトゥットガルト』も含め、このシリーズでは楽曲のタイトルはなく、都市名・演奏年・番号のみが記されている。

		3xLP	CD

Can
The Singles
Spoon Records	SPOON60 / CDSPOON60	2017

マルコム・ムーニー在籍時の1970年の初シングル「ソウル・デザート」から、1988年の再結成アルバム『ライト・タイム』からのシングル・カット曲まで、拾い切れていなかったスタジオ・ワークをコンパイルした全23曲。「タートルス・ハヴ・ショートレッグス」や「サイレント・ナイト」、「シカゴ・マル・テン」といったシングルのみの曲はもちろんのこと、すべてのトラックが忠実にシングルのミックスやエディットのままというこだわり様だ。

		2xLP	CD

Irmin Schmidt, Inner Space Production
Kamasutra - Vollendung Der Liebe
Crippled Dick Hot Wax!		cdhw 108	2009

1969年に公開されたコービー・イェガー監督の映画『ヴァーツヤーヤナのカーマ・スートラ』のために制作されたサウンドトラック。コア・メンバーの4人とデヴィッド・ジョンソン、1曲だけだがマルコム・ムーニーも参加なので事実上のカンである。映画の方は、インドの有名な「性の聖典」から題名が引用されているとおり成人向け作品だ。当時はテーマ曲のみがシングル発売されたが、2009年になりサウンドトラック・アルバムとしてリリースされた。

Holger Czukay / Rolf Dammers

Canaxis 5

Music Factory		1969

1968年に友人のロルフ・ダマーズと制作された ホルガー・シューカイの第1作。当時、世界各国の民族音楽に興味を持っていたシューカイは、未知の国々の奇妙な音楽と伝統的な西洋音楽の融合という興味に駆り立てられ本作を制作したという。ルネサンス期のクラシック音楽とベトナム人女性の嗚咽のような歌声がテープ・コラージュされた「Boat Woman Song」は時代を超えた名曲。「Canaxis」は日本の琴とおぼしき楽器の音まで織り交ぜられたミュジーク・コンクレート作品。なお本作の原盤は「Technical Space Composer's Crew」名義で500枚のみ自主制作されたLP。1982年に再発されるまで屈指のレア音源であったことも付記しておきたい。

Holger Czukay

Movies

Harvest	1C 064-45 754	1979

カン解散の年に発表されたホルガー・シューカイのソロ第2作。ラジオ放送のコラージュまで軽快なポップに仕立て上げたA1「Cool In The Pool」に始まり、カンのメンバー全員が参加したA2はまさしくカンのサウンドそのもの。B1「Persian Love」は前作『Canaxis』の拡張版ともいうべき民族音楽のコラージュ作品で、日本ではCMソングにも起用された。「音楽とは頭の中の交響的な映画」というコンセプトのB2でアルバムは幕を閉じる。本作はシューカイの代表作でもあり、英国NMEの年間ベスト・アルバム5位にも選出。『ムーヴィーズ』とは、制作中にホルガーはいつも映画に行く時のイメージを持っていたからだそうだ。

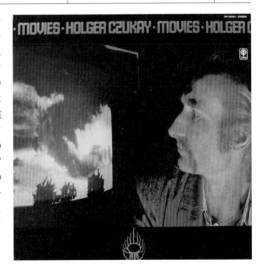

Les Vampyrettes
Les Vampyrettes

EMI	F 667 226	1980

ホルガー・シューカイとコニー・プランク、クラウトロック界の重鎮2人の出会いは意外にも古いものではなかった。そんな彼らが共謀し「心地よい恐怖」をテーマに自主制作シングルとして作り上げたのが本作。まさしく恐怖映画のサントラのような沈みゆく暗黒と、不吉極まりない警告が不気味な声で朗読される。内ジャケットには朗読内容とその各国語訳が記載されており、日本語を担当しているのはダモ鈴木。収録曲にそれぞれ「公害アニマル」、「没落への警告」と邦題が付けられている。またシューカイがこのレコードを真夜中にラジオ放送したところ「恐ろしすぎるのですぐに放送を止めろ！」と苦情電話が来たこともあったという。

Holger Czukay
On The Way To The Peak Of Normal

EMI Electrola	1C 064-46 400	1981

『イマージュの旅人』という邦題で国内盤LPも出されていたシューカイのサード・ソロ・アルバム。収録曲の全てにおいて参加ミュージシャンや制作背景が異なるという少し変わった趣向の作品。A面全長を使った「Ode To Perfume」はゆったりとしたリズムにラジオの音などがコラージュされた純粋なソロ録音。B1はカンを敬愛するゾーリンゲンのパンク・バンド、S.Y.P.H.のメンバー全員が参加した表題曲。このマテリアルはS.Y.P.H.の4枚目のアルバムにも収録されている。B2ではコニー・プランクが参加、B3は1976年録音のお蔵出し音源で、B4にはジャー・ウォブルがゲスト。多彩でありながら散漫に終わらせない求心力と才能を再確認できる。

Holger Czukay, Jah Wobble, Jaki Liebezeit

Full Circle

Virgin	205 866-320	1982

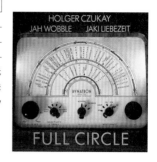

1981年の『On The Way To The Peak Of Normal』でゲスト参加した元
P.I.L.のジャー・ウォブル、リーベツァイトとの共作。前年にこの連名で発
表された4曲入り12インチ「How Much Are They?」の全曲に「Mystery
R.P.S.」のNo.7とNo.8が追加され、LPの体裁で発売されたもの。R.P.S.と
は「Radio Picture Series」の略とのこと。ウォブルらしいダブ・テイストと
エレクトロニクス、サウンド・コラージュが混然一体となった名盤。

Jah Wobble, The Edge, Holger Czukay

Snake Charmer

Island Records	IMA 1	1983

前作の続編ともいえるシューカイとウォブルのコラボレーションだが、今
回はU2のThe Edgeを加えた3人編成での名義となった。ドラム・パート
を担当するのはおなじみのリーベツァイトの生演奏と、ファランソワ・ケ
ヴォーキアンのプログラミング。ダブ色よりもはるかにラテン・ミュージッ
クのカラーが強いダンス・チューンとして仕上げられている。B2の女性ヴォー
カルは人気ディスコ・バンド「ハイ・ファッション」のマルセラ・アレン。

Holger Czukay

Der Osten Ist Rot

Virgin	206 258	1984

ヤキ・リーベツァイトの全面協力で制作され、ヴァージンからリリースされ
たソロ・アルバム。表題曲B1は「The East is Red」を意味し、元となっている
のは中華人民共和国国歌。現代の国家情勢を背景に聞き直すと意味は深い。
A3「Michy」は日本語の女性ヴォーカル曲。こうした嗜好は『カナクシス』に
始まり、後のPhewとの共作に至るのであろう。本作は初版以来、長いあいだ
完全版での再発がなかったタイトルだったが、2018年にはじめてCD化された。

Holger Czukay

Rome Remains Rome

Virgin	208 052	1987

前作から3年を経て制作された5枚目のソロ・アルバムは、カンのミヒャ
エル・カローリ、ヤキ・リーベツァイト、そしてジャー・ウォブルをゲストに
迎えて制作された。シンセのリフが心地よい冒頭の「Hey Baba Beebop」
は1983年にストックホルムで亡くなったカンの後期メンバー、リーボップ・
クワク・バーに捧げられた鎮魂歌。グレゴリオ聖歌からラテン・リズム、お
得意のラジオ・コラージュまでシューカイらしい手法満載のポップ・アルバム。

LP

David Sylvian + Holger Czukay

Plight & Premonition

Venture	VE 11	1988

ジャパンのデヴィッド・シルヴィアンとシューカイの共作は、シルヴィアンのファースト・ソロ『Brilliant Trees』(1984)や、翌年の12インチ「Words With The Shaman」などがあり、これら録音を通じてシューカイは絶大な信頼を得た。こうして制作された本作は、シューカイのコラージュとシルヴィアンのポップさが同居する2曲のロング・チューンのみで構成。また翌年には多才なゲストを迎えて本作の続編『Flux + Mutabilly』も制作されている。

LP

Holger Czukay

Radio Wave Surfer

Virgin	V2651	1991

ホルガー・シューカイ初のライヴ・アルバムは、全曲ともわずか1本のステレオ・マイクで録音され、各プレイヤーのネットワークで自然発生的に演奏し、一切ミックスはされていないという。A面の7曲はインナースペース・スタジオ、他はブレーメンとベルリンでの録音で、時期も1984〜87年とばらばら。演奏にはヤキ・リーベツァイト、ミヒャエル・カローリのほかにファントム・バンドのヴォーカル、シェルドン・アンセルも参加。

CD

Holger Czukay

Moving Pictures

SPV Records	SPV 084-92902	1993

完全なる新作ソロということであれば、1987年の『Rome Remains Rome』以来実に6年ぶりの作品である。シューカイにしては珍しく内省的な雰囲気のトラックが意外な1枚。ジャー・ウォブル、リーベツァイト、カローリ、ルネ・ティナーといった旧知のミュージシャンや、ファントム・バンドのメンバーが参加。またシューカイとの連名で『Time And Tide』(2001)を制作するパートナー、U-Sheの名がすでにクレジットされている。

CD

Holger Czukay

La Luna

Tone Casualties	TCCD9945	2000

ドクター・ウォーカーとの共作『Crash』(1997)という変則リリースを経てシューカイはまたソロ・ワークに戻るが、本作もまた変化球。自宅ラボで96年5月にスタジオ・ライヴ録音された47分ノンストップの音響アンビエント作品。本人によれば「奇妙な電子ガムラン楽団」とのこと。本作は2000年に米国のみでリリースされたが、2007年にはリーベツァイト、カローリらが参加したボーナス・トラックを追加したドイツ盤CDも発売になっている。

	2x10"

Holger Czukay

Eleven Years Innerspace

Grönland Records	LPGRON143	2015

タイトルが物語るとおり、ホルガー・シューカイがカンの「インナースペース・スタジオ」で11年にわたって録音していた未発曲や未発ヴァージョンの秘蔵音源6曲を収録した2枚組10インチ・ボックス。コンテンポラリー風あり、『カナクシス』のアウトテイクあり、ミュージック・コンクレート風ありと、お蔵出し音源集ながら飽きさせない構成だ。2015年のレコード・ストア・デイ限定商品としてリリースされたが、日本のみでCD再版されている。

	5xLP+7"+DVD	5xCD+DVD

Holger Czukay

Cinema

Grönland Records	LPGRON180	2018

ホルガー・シューカイ80歳の誕生日企画としてリリースされたボックスセット。ソロワークからジャー・ウォブルとの共作、クラスター＆イーノ、そして最後のバンド「バイソン」まで、数々の楽曲が厳選され5枚のディスクに収められた。さらにシューカイが出演した1987年のTVドラマ『クリーク・デア・テーネ』(サウンド・ウォーズ)のDVDまで付属。しかし残念なことにホルガーはボックスの発売を待たず、2017年9月5日に79歳で永眠した。

	LP

Irmin Schmidt

Filmmusik

Spoon Records	SPOON 003	1980

カンは結成当初から積極的に映画音楽を制作していたが、'70年代半ば以降はイルミン・シュミットのソロ・ワークへと移行していく。本作は彼が音楽を担当した「Messer Im Kopf」(1978)、「Der Tote Bin Ich」(1979)、「Im Herzen Des Hurrican」(1980)の3つの映像作品のサウンドトラック集。映画ごとに作風はそれぞれ異なるが、どれもテーマ・ソングとそのアレンジ曲などBGM集らしい構成となっている。「Im Herzen〜」にはミヒャエル・カローリ参加。

	LP

Irmin Schmidt

Filmmusik Vol.2

Spoon Records	SPOON 013	1981

イルミン・シュミットによる映像作品のサウンド・トラック第2弾。1980年に制作されたラインハルト・ハウフ監督の「エンドステーション・フライハイト」(英題:スロー・アタック)、アレクサンダー・フォン・エッシュヴェーゲ監督のTVドラマ「Flächenbrand」(1981)、アンドレアス・ヘーフェレ原作でトマス・シャモーニ監督のTV作品「Die Heimsuchung Des Assistenten Jung」(1981)の3作の楽曲を収録。どの曲もカンのメンバー総動員だ。

Irmin Schmidt

Filmmusik Vol. 3 & 4

Spoon Records	SPOON 018/19	1983

映像音楽第3弾。クリストファー・ペティット監督の「フライト・トゥ・ベルリン」
(1984)、ハーヨ・ギース監督のTVドラマ「Ruhe Sanft, Bruno」(1983)、ハイ
ナー・ミュラー原作の「Leben Gundlings Friedrich von Preussen Lessings
Schlaf Traum Schrei」など5作品収録。フィルムムジーク・シリーズの完全
版CD化はないが、この作品だけは3枚組『Anthology - Soundtracks 1978-
1993』のディスク2にほぼ同内容で収録されている。

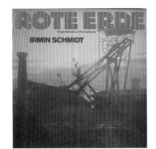

Irmin Schmidt

Rote Erde - Originalmusik Zur Fernsehserie

TELDEC LP	6.2568	1982

ミュンヘンのテレビ局が制作したクラウス・エメリッヒ監督のテレビドラ
マ『赤い大地』のサウンドトラック。ミヒャエル・カローリが参加し、再版
はいっさいない。これは鉱山を舞台にしたドラマで、出演者には実際に炭
鉱での労働経験がありミュージシャンでもあるウーヴェ・フェレンジーク
がいた。彼の役名が「ハインツ・コワルスキー」だったことがきっかけとなり、
彼のバンドが「コワルスキー」と改名することになったという逸話がある。

Irmin Schmidt & Bruno Spoerri

Toy Planet

Spoon Records	SPOON 011	1981

1960年代から映画音楽や効果音、TVのジングルなどありとあらゆる映像
作品の音響を担当し、スイスのチューリッヒにスタジオを構えるミュージシャ
ン、ブルーノ・スペッリと、イルミン・シュミットという映像音楽のエキス
パート2人による共作。各曲とも全く異なるアレンジでヴァラエティに富み、
さまざまな映画のタイトル曲のダイジェストのような趣の作品。ジャケッ
ト・デザインが変更された英国盤もリリースされている。

Irmin Schmidt

Musk At Dusk

WEA	242 010-1	1987

カンからはミヒャエル・カローリ、ヤキ・リーベツァイト、フリー・ジャズ界
の重鎮マンフレート・ショーフが参加し制作されたシュミットのソロ作品。
エンジニアはルネ・ティナー。エスニック、というよりも無国籍で未知の国
の望郷音楽のような旋律に、シュミットのヴォーカルの組み合わせが独自
の世界観を築く名盤。『黄昏の芳香』というタイトルだけあって、どこか夜
の匂いのするラウンジっぽさは、まさしくケルンらしい雰囲気。

	LP	CD

Irmin Schmidt

Impossible Holidays

WEA	9031-72220-1 / 9031-72220-2	1991

この作品を通してイルミン・シュミットのミュージシャンとしての引き出しの多さに驚かされた。クラシック、タンゴ、ロック、ジャズとありとあらゆる音楽を混ぜ合わせ、異形化したポップスに仕上げる才能はシュミットを置いて他にいない。またたくさんの映像作品を手掛けた彼らしく、どの楽曲も視覚的で、映画のタイトル・ミュージックに使えそうなほどのクオリティ。また前作『Musk At Dusk』とのカップリングCDもリリースされている。

		CD

Irmin Schmidt

Gormenghast

Spoon Records	SPOON CD 044	2000

映像作品だけでなくイルミン・シュミットは舞台音楽も手掛けている。本作は同名のファンタジー・オペラの抜粋音源。この演目は1998年11月15日にヴッパータールでプレミアム上演されたが、CDに収録されているのは翌99年10月のブランデンブルクでの公演から。交響楽団とオペラ歌手にエレクトロニクス、そしてヤキ・リーベツァイトのパーカッションという構成は「幻想的な音世界」と評されたそうだ。かなりの異色作品。

		CD

Irmin Schmidt & Kumo

Masters Of Confusion

Spoon Records	SPOON 45	2001

リヴァプール出身のKumoことジョーノ・ポッドモアはTV音楽などを手掛けるマルチ・プレイヤーにしてイルミンの義息。本作はKumoとイルミン・シュミットの共作第一弾である。おもいきりドラムンベースのリズム・パターンにシュミットの即興っぽいピアノがからむ新たな挑戦。彼らは2008年にも共作アルバム『Axolotl Eyes』もリリースしているが、こちらはダーク・アンビエントなサウンドで、一連のシュミットのソロ・ワークの雰囲気を継承した作風。

		LP

Michael Karoli & Polly Eltes

Deluge

Spoon Records	SPOON 016	1984

シューカイ、シュミットの生徒で彼らよりひと世代若いギタリスト、ミヒャエル・カローリ唯一のソロ・アルバム。カンで聴かれたエッジの効いたプレイはなく、ゆったりとしたレゲエ・グルーヴが全体を包み込む。ヴォーカルは英国の女優、ポーリー・エルテス。カローリは後にS.Y.P.H.メンバーのユニット、Bit'sへの参加や、新プロジェクトSofortkontakt!も立ち上げた。またダモズ・ネットワークの来日公演でもギタリストを務めたが、残念ながら2001年に他界。

Phantom Band

Phantom Band

Sky Records	SKY 048	1980

ドイツ人ミュージシャンであれば誰もが一度はセッションしたいドラマーと言われるヤキ・リーベツァイトがリーダーを取るファントム・バンドのファースト・アルバム。後期カンをさらにポップにしラテン・リズムをミクスチュアしたようなサウンド。本作にはホルガー・シューカイとロスコー・ジー参加、プロデュースはコニー・プランク。彼らは翌年にセカンド『Freedom Of Speech』、84年には『Nowhere』もリリースしている。

The Ya-Ya's

2-3-4-5-6-7-8-9

FÜNFUNDVIERZIG	FÜNFUNDVIERZIG 39	1989

ファントム・バンド、ドンクルツィッファーのギタリスト、ドミニク・フォン・ゼンガーとベース、キーボードのアルフレッド・シュメルツァーによるヤー・ヤーズ唯一の作品。ゲストとしてヤキ・リーベツァイトとマルコム・ムーニーといったカンのメンバーの他、何人かのゲストヴォーカリストが参加。カン周辺ミュージシャンによる不定形で大きなシーンからの産物のひとつで、典型的な'80年代ケルンのバンド・サウンド。

Club Off Chaos

Club Off Chaos

EMI Electrola	7243 4 93569 2 4	1998

旧ソビエト生まれのサンプラー奏者、ボリス・ポロンスキーとギタリストのディアク・ハーヴェッヒ、そしてヤキ・リーベツァイトの3人によるクラブ・オフ・カオスのファースト・アルバム。エレクトロニクスと人力ドラムのプロジェクト。セカンド『The Change Of The Century』(1998)、『Par Et Impar』(2001)もリリースされている。またリーベツァイトは後に「Drums Off Chaos」というプロジェクトを始めたが、クラブ・オフ〜とは別人脈。

Malcolm Mooney And The Tenth Planet

Malcolm Mooney And The Tenth Planet

(self-release)	#7012-2	1998

カンの初代ヴォーカリスト、マルコム・ムーニーのリーダー・バンドが米国で自主制作したファースト・アルバム。いきなり談笑から始まり3曲目からようやく音楽になる実験ジャズ・アルバム。カンの「Father Cannot Yell」も収録。ムーニーは当時、西海岸系のバンド Pluto (冥王星)と頻繁に共演しており「第十惑星」というバンド名も納得。彼らは2006年にはセカンド『Hysterica』、2011年にはサード『Incantations』も発表している。

	12"

Dunkelziffer

Stil der Neuen Zeit

Pure Freude		PF14 CK7	1982

かつてケルンにあったチョコレートの廃工場「シュトールヴェルック」は、ミュージシャンや学生、活動家などに占拠された、この街のアンダーグラウンド・シーンの中心地だった。ドゥンケルツィファーは、ファントムバンドのドミニク・フォン・ゼンガー、ヘルムート・ツェルレットらによって結成されたシュトールヴェルックの顔と呼ぶべき存在だった。これはデュッセルドルフのプーレ・フロイデからリリースされた第1作「新時代のスタイル」。

	LP

Dunkelziffer

Colours And Soul

GeeBeeDee		GBD 0050	1983

1983年にリリースされたドゥンケルツィファーのファースト・アルバム『カラーズ＆ソウル』は、カン周辺ミュージシャンの個性が色濃く表れた典型的なケルン系のサウンドの作品。大所帯バンドと知られる彼らだが、本作には14人ものミュージシャンが名を連ね、同じくシュトールヴェルックの住人であるカンのヤキ・リーベツァイトも参加している。このアルバムは同年に前作の12インチの全4曲を追加、曲順変更で「45」レーベルから再発された。

	LP

Dunkelziffer

In The Night

FÜNFUNDVIERZIG		Efa 12-4502	1984

ファントム・バンドの人脈や周辺ミュージシャンによって結成された不定形バンド、ドンクルツィッファー（未知数）。S.Y.P.H.のプーレ・フロイデから12インチでデビューした彼らは翌83年にファーストLP『Colours & Soul』を発表。そして84年にリリースされたのが本作。ヴォーカルにダモ鈴木を迎えて制作された名盤。ジャケットは彼らが拠点にしていた工場跡地にあった巨大グラフィティ。CDでは曲順が入れ替えられたが、LPの方が構成的に優れている。

	LP

Dunkelziffer

III

FÜNFUNDVIERZIG		Fünfundvierzig 23	1986

シュトールヴェルックの住人として受け入れられたダモ鈴木が参加した3枚目。ラインナップは前作とほぼ同じだが、スタジオに来た順に各々でレコーディングに入るという彼ららしいやり方で制作された。日本語で歌われた「秋のある日に」は、偶然ケルンを訪れていた日本のヘヴィメタル・バンド「MARINO」の吉田"LEO"隆がコーラスで参加した日本のサラリーマン哀歌。ダモ鈴木は本作を最後に新たなプロジェクト「ダモ鈴木バンド」に移行する。

Dunkelziffer

You Make Me Happy

FÜNFUNDVIERZIG	FÜNFUNDVIERZIG 10	1985

ケルン近郊のチョコレート工場跡地を拠点に活動していたドンクルツィッファー。セカンド『In The Night』の後に発売された12インチEP。カンの伝説のヴォーカリスト、ダモ鈴木をはじめ友人からサッカー選手まで大人数が参加した、タイトル通り多幸感に満ちたレゲエ・テイストな1枚。4曲中2曲は『III』のCDに追加収録されているが、表題曲に関して「存命中に再発をするつもりはない」とはダモ鈴木の弁。

	LP	CD

Dunkelziffer

Songs For Everyone

FÜNFUNDVIERZIG	Fünfundvierzig 43	1989

ドゥンケルツィファーの拠点だったシュトールヴェルックは、以前から問題視されていたために、1987年には取り壊されることになった。根城を失った彼らは自らの活動様式を大きく変化させ、新メンバーにピアノ奏者のヨルゲ・クインタロと女性ジャズ・シンガーのイレーネ・ロレンツを迎えた6人へと再編成。この布陣で制作された4枚目にして最終アルバムが本作だ。サウンドも以前よりもスリム化し、よりジャズ色の強いものに仕上がっている。

Damo Suzuki BandMasters

V.E.R.N.I.S.S.A.G.E.

Damo's Net Work	DNW 007	1998

カンの収録中に失踪したと言われる伝説のヴォーカリスト、ダモ鈴木。行方不明中とされる'70年代後半にはカンやファントム・バンドのライヴに飛び入り参加もしていたらしい。その後、彼がリーダーを取るダモ鈴木バンドを結成。ヤキ・リーベツァイトらのサポートを受けカン時代の名曲も次々と飛び出す1枚目。彼らはライヴ・バンドのためスタジオ録音はなく、音源の初出はおそらくジャズ系コンピレーション『Stadtgarten Vol.4』(1991)。

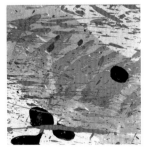

Damo's Net Work

Damo's Net Work

Damo's Net Work	DNW 001-006	1997

1997年の日本公演を皮切りに、ダモズ・ネットワークが始動。第1回のメンバーはダモ鈴木(Vo.)、ミヒャエル・カローリ(G)、マンジャオ・ファティ(B)、マニ・ノイマイヤー(Dr.)、マティアス・コイル(Key.)。ライヴの来場者には後ほど当日の演奏を収録したCDが配送されるという変わった趣向であった。3公演分、それぞれの2枚組CDが制作されたが一般販売はなし。ジャケットはダモ鈴木による直筆巨大絵画を分断したもの。

RAF Baader-Meinhof-Gruppe

バーダー・マインホフとドイツ赤軍

カン初期の未発表曲集『Delay 1968』というタイトルは、ヨーロッパに住む者にとって特別な意味をもつものだ。1968年といえば世界中で同時多発的に学生運動に端を欲した暴動が起きていた。日本では東大安田講堂封鎖事件が起きたこの年、ヨーロッパではチェコの「プラハの春」、フランスの「五月革命」が起きたのだ。そしてドイツでは後に「ドイツ赤軍」となる極左地下組織「バーダー・マインホフ・グルッペ」が結成された年でもある。彼らは狂信的な革命思想に基づき、1972年には15件の連続爆破テロなどを起こす。過激派の活動は社会を震撼させ、暗い影を落としていた。学生の多くもまた左翼的な思想に支配されていたのは言うまでもない。

学生運動やマルクス主義信奉は当時の若者文化と密接な関係にあり、こうした姿勢から発生したバンドも少なくない。その筆頭に挙げられるのはミュンヘンのアモン・デュールだろう。共同体(コミューン)構成員には活動家が含まれ、演奏に関しても共産主義に基づいて楽器パートはメンバー全員に平等に分配されたという。またシュトゥットガルトのギラや、ケルンのフロー・デ・コロンに至っては学生運動集団がそのままバンドになったような存在だった。

1977年になるとドイツ赤軍による誘拐殺人やハイジャックといった一連の犯罪行為、通称「ドイツの秋」が起きたが、ハイジャック失敗の報を受けたバーダーとマインホフは獄中で自ら命を絶った(当時フランスのバンド、エルドンは彼らに捧げる曲を複数発表している)。この悲劇が起きたことでドイツ赤軍は急速に求心力を失い、同時に学生運動も下火になっていく。ちょうどドイツのパンクがようやく萌芽した時期であり、若者の破壊衝動や体制に対する抵抗は形を変え、政治的アナーキズムは文化的アナーキズムへと取って代わる。巷にパンクが台頭する頃になると、学生運動はすっかり時代遅れなものになり果てていた。最後に蛇足情報だが、バーダー・マインホフ・グルッペの別名、ドイツ赤軍(Rote Armee Fraktion)の略称「RAF」は、D.A.F.の元ネタである。

Düsseldorf

日本企業が多数進出していることから日本人が多く住み、我々にもなじみ深いライン河畔の工業都市デュッセルドルフは、ドイツ西部にある人口約60万人の主要都市。デュッセルドルフ芸術アカデミーなど、古くから芸術活動がさかんで、ヨーゼフ・ボイスを筆頭にゲルハルト・リヒター、アウグスト・マッケなどの画家や写真家などの芸術家を輩出した。また世界的に成功したクラフトワークを始めとする電子音楽の中心であり、いわば「テクノ生誕の地」。そのクラフトワークのメンバーだったクラウス・ディンガーに至っては「ラ・デュッセルドルフ」と、自らのバンド名にまで街の名を冠しているのは、多くのファンにはおなじみのことだろう。

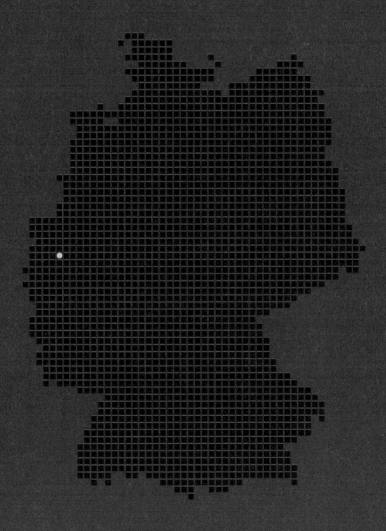

Kraftwerk

クラシックを学んでいたフローリアン・シュナイダー・エスレーベンと、アンダーグラウンド・フュージョンバンド出身のラルフ・ヒュッターの2人の青年はラジオ放送で偶然耳にした電子音楽に触発され共に前衛的な音楽活動を始めた。こんな'60年代後半のドイツにありがちなエピソードに端を発した彼らが、全世界の音楽シーンの流れを変えてしまうほどの大きな存在になるとは、この時は誰も思わなかっただろう。

2人が結成したクラフトワークとは「発電所」を指すことばだが、由来はそれほど意味深いものではないとのこと。黎明期はフルートや生ドラム、オルガン、ギターといったごく普通の編成での即興演奏が中心だった彼らに転機が訪れたのは、楽曲におけるシンセサイザーの立ち位置が確立された『アウトバーン』からだ。後に「テクノ」と呼ばれるその新しい手法に人々は魅了され、数限りないフォロアーを生み出し続けているのは周知のとおりである。

		LP
Organisation		
Tone Float		
RCA Victor	SF8111 UK	1970

廃業した精錬所跡地にあったコニー・プランクの仮設スタジオで録音されたオルガニザッツィオーンの唯一の作品。プランクが設立したレインボウ・プロダクションを介して英国RCAからリリースする運びとなったようだ。このバンドは実質的にクラフトワークの前身バンドにあたり、メンバーはラルフ＆フローリアンの2人に後にIblissに参加するハムモウディを含む5人編成。生楽器による長尺の表題曲や反復リフのフリースタイルの演奏様式にはテクノの要素は皆無。だがコンセプト、バランスとともにクラウトロックとしては高水準であるといえる。なお裏ジャケットには初期クラフトワークのアイコンであるトラフィックコーンがすでに印刷されている。

Kraftwerk

Kraftwerk

Philips	6305 058	1970

日常的に路上で目にされるトラフィックコーンをアイコンに仕立てた第1作。メンバーはラルフ・ヒュッターとフローリアン・シュナイダー、アンドレアス・ホーマン、クラウス・ディンガー。ロック的な要素が解体された実験音楽でいながら潜在的にポップさを内包した本作は、クラウトロックの代名詞的な名盤。A1「Ruckzuck」は『アウトバーン』の頃まで頻繁にライヴ演奏されていた初期代表曲。アルバム発表直後にヒュッターが一時期脱退し、シュナイダーは後にノイ！を結成するディンガーとミヒャエル・ローターとの3人編成で活動、このトリオで伝説の音楽番組「Beat Club」にも出演している。本作の公式＆公認の再発はいまだにない。

Kraftwerk

Kraftwerk 2

Philips	6305 117	1972

ジャケットのトラフィックコーンがオレンジからグリーンに。ポップアートさながらのミニマリズムを前面に出した第2作、その名も『クラフトワーク2』。前作では曲ごとにセッション・ミュージシャンを迎えていたが、本作からは核となるラルフ・ヒュッターとフローリアン・シュナイダーの2人での制作となり、エンジニアとしてコニー・プランクがサポート。全体的にギターやグロッケンシュピールを使った音の実験といった体で、まだテクノとしての萌芽はない。リズムボックスにオルガン、フルートが並走するA1の曲名「Klingklang」は、後に彼らが設立するスタジオの名にそのまま継承される。本作もまた、いまだに公式＆公認の再発はない。

Kraftwerk
Ralf & Florian

Philips	6305 197	1973

前２作のようなセッションや実験といった
混沌路線から、新たにメロディアスな電子
音楽という明確な方向性が提示された本作
は、本当の意味でクラフトワークのシンセ・
ミュージックの原点であろう。リズムボッ
クスやヴォコーダーなど後の彼らのサウン
ドの特色となるような機材は本作でひと通
り出そろい、B1「Tanzmusik」などは早すぎ
たテクノ。系譜でいえば明らかに『アウト
バーン』へとつながる布石である。本作は
タイトルが示す通りラルフ・ヒュッターと
フローリアン・シュナイダーの２人だけで
制作され、エンジニアはコニー・プランク。
またドイツ初回盤にはコミックが付属して
いた。本作もまたいまだに公式＆公認の再
発はされていない。

Kraftwerk
Autobahn

Philips	6305 231	1974

テクノの源流はこのアルバムに集約される
であろう。シンセサイザーでシミュレート
された高速道路のサウンドスケープという
コンセプトが音楽界全体に与えた衝撃は計
り知れない。以降の音楽シーンの流れは大
きく変わってしまい、あまたのフォロアー
が出現したのは周知のとおり。本作LPのB
面はアルバム発表の年に最接近したコホー
テク彗星をモチーフにした楽曲で、初期ク
ラフトワークを継承した作品と言ってもよ
い。本作までコニー・プランクがエンジニ
アリングを担当しているが、以降は自身の
クリングクラング・スタジオでの制作となる。
また本作以降はクラウトロックという枠組
みよりはテクノとして捉えた方が自然だ。

Kraftwerk

Radio-Aktivität

| EMI Electrola | 1C 062-82 087 | 1975 |

クラフトワーク自らが設立したクリングクラング・スタジオで制作された
初のアルバム。通信とラジオが題材に選ばれ、ラジオから連想された放射
能(Radio Activity)が表題曲にされた。あたかも原点に立ち返ったかのよ
うな、ポップさよりも実験性が先行した秀作。この作品からラルフ＆フロー
リアン、バルトス、フルーアのおなじみの顔触れになった。ちなみに最近の
ライヴでは日本語版「放射能」が披露されているが賛否両論のようである。

Kraftwerk

Trans Europa Express

| EMI Electrola | 1C 064-82 306 | 1976 |

デュッセルドルフで録音、米国ロサンジェルスでミックスされたアルバム。
この『ヨーロッパ特急』は輸送手段に興味を持っていた彼らならではの題
材であり、自然発生的な『アウトバーン』の後継作と言われている。当時彼
らはデヴィッド・ボウイと親密な関係にありボウイのツアーへの同行を打
診されるが、にべもなく断ってしまった。また彼らのアルバムは本作以降、
英語盤と独語盤の２種類のフォーマットが作られることになる。

Kraftwerk

Die Mensch·Maschine

| EMI Electrola | 1C 058-32 843 | 1978 |

世の中の動向がパンクを経過しニューウェイヴへと変革するさなか、クラ
フトワークは自身が想定する全く新しいシンセサイザー・ポップを提示した。
「ロボット」から「ディー・メンシュ・マシーネ」に至る全６曲は歴然たる先
進性を持ち合わせた技術と文明への賛歌である。言うまでもなく彼らの代
表作にして最高傑作。また彼らの髪型やファッションはそのまま「テクノ」
のアイコンとして世界中に知れ渡るものとなった。

Kraftwerk

Computerwelt

| EMI Electrola | 1C 064-46 311 | 1981 |

前作から３年、世界中であまたのフォロアーたちが台頭しだした頃、本家ク
ラフトワークはようやく重い腰を上げる。示されたテーマはテクノロジー
の根幹たるコンピュータ。音数を極限まで簡略化させた揺るぎなきサウンド・
スタイルはテクノの創始者としての存在感を知らしめた。この翌年、米国で
はアフリカ・バンバータがクラフトワークに強い影響を受けたシングル「Planet
Rock」を発表。テクノと黒人音楽の融合はエレクトロとして時代を席捲した。

	LP	CD

Kraftwerk

Electric Café

EMI Electrola	1C 064-24 0654 1 / CDP 564-7 46420 2	1986

「ツール・ド・フランス」からさらに 3 年、ようやく発表された 9 枚目のアルバム。時を同じくして巷ではサンプリング・マシンが爆発的に普及していたのだが、目先の派手さを追求したような流行的な機材の使い方を選択しなかったテクノ・オリジネーターたちへの当時の評価は決して高くなかった。しかしながら 4 半世紀経った現在の耳で聴くと、彼らの判断はきわめて普遍的でタイムレスなものだと再認識。やはり本家はタダ者ではない。

	2LP	CD

Kraftwerk

The Mix

EMI Electrola	1C 164-7 96650 1 / CDP 1C 568-7 96650 2	1991

またもや前作から 5 年もの歳月を待たせて発表された本作は、全曲とも過去のリメイクという意外なアルバムだった。単なる焼き直しではなく、サウンド・デザインやリズム構成が一新されているが、全く違和感なく高水準な完成度を保っている。間違いなく21世紀になった現在においても頂点に君臨する「テクノ」作品。この時点でフルーアとバルトスは脱退し、代わってエンジニアだったフリッツ・ヒルパートがフロントに立つことに。

	12"	CD

Kraftwerk

Expo2000

EMI Electrola	7243 8 87986 2 4	1999

さらにまた歳月が流れゆき、ライヴ活動が活発化して新譜が期待されていた中でようやく出されたシングル。タイトル通り2000年のハノーファーでのエキスポ用に制作された楽曲で「新曲」ということなら何年ぶりになるのだろう？　だがそんな葛藤を払拭するほどムダもスキもない構成で聴く者を圧倒する作品。初回盤CDはレンチキュラー装丁だった他、映像特典付CD、さらにはオービタル、フランソワ K やURによるリミックス盤も存在する。

	2LP	CD

Kraftwerk

Tour De France Soundtracks

EMI Electrola	591 708 1 / 591 708	2003

83年に発売されていた「ツール・ド・フランス」は本来『テクノ・ポップ』と題されたアルバムの先行シングルとして発売されたわけだが、それから20年、機材もメンバーも取り巻く環境、タイトルまで変えられてようやくアルバムとして発売になった。背景にはツール・ド・フランスの100周年記念というタイミングもあり、表題曲は公式サウンドトラックとしても認定されている。以前から自転車好きとして知られていた彼ららしい。

Kraftwerk

Minimum-Maximum

EMI Electrola	0946 3 46048 2 6 / 0946 3 12046 2 3	2005

初のライヴ・アルバムで2004年のワールドツアーからの音源。ドイツ本国から英国、ポーランド、ラトビア、エストニア、ロシア、米国そして日本とツアーの大規模さに圧倒される。演奏内容はツアー前年に発表された『ツール・ド・フランス・サウンドトラックス』の楽曲を主軸に往年の代表曲の数々が次から次へと飛び出す。またDVD付きの限定ボックスも発売された。本作から次のアルバムのリリースまでさらに12年もの歳月を要した。

	9xLP	4xBlu-ray

Kraftwerk

3-D (Der Katalog)

Kling Klang	0190295923501 / 0190295924959	2017

ニューヨーク、ロンドン、パリ、ベルリン、東京、オスロなどで行われた「3D・マルチメディア・パフォーマンス」から抜粋された映像と音声が収録されたライヴ・アルバムで、LP、CD、ブルーレイと多種多様なメディアでリリースされた。この時点で創設メンバーのフローリアン・シュナイダーはすでに脱退、現在のラインナップはラルフ・ヒュッターとヘニング・シュミッツ、フリッツ・ヒルパート、ファルク・グリーフェンハーゲンとなっている。

	19xfiles

Kraftwerk

Remixes

Parlophone / Kling Klang	-	2020

クラフトワークはかなり初期から歌詞の言語を変更したり、さまざまなヴァージョン違いやミックス違いのシングルをリリースしたりという戦略をとっていた。これは1991年以降のリミックスを編纂したアルバムで、入手が比較的難しい曲も含まれている。新曲を量産するでもなく手持ちのコマを循環させ、なおかつテクノのトップに君臨し続ける彼らの風格は、たんなるポップカルチャーというよりも、もはや新世紀の伝統芸能の域に達した貫禄だ。

	CD

Elektric Music

Esperanto

SPV Records	SPV 084-92832	1993

腰が重すぎてなかなか新作ができない環境に業を煮やし、クラフトワークを去ったカール・バルトスと、ラインゴルトのローター・マントイフェルによるプロジェクト。その名もエレクトリック・ミュージック。先行シングル「Crosstalk」に続き、ヴォーカルにOMDのアンディ・マクラスキーを迎えて発表されたフル・アルバム。音の質感や響きはクラフトワーク直系のテクノ・サウンドだが、楽曲はより歌物としての比重が高い。

		CD

Elektric Music

Elektric Music

SPV Records	SPV 085-61932 CD	1998

ローター・マントイフェルが抜け、事実上カール・バルトス単身となってし
まったエレクトリック・ミュージックの2枚目にして最終作。前作のシン
セがメインのテクノから一転、ギターまでフィーチャーされたポップ・ミュー
ジック・アルバム。本作発表以降バルトスは個人名義での活動へとシフト
してゆく。本作は4曲追加で日本国内盤も発売されていたが、ボーナス・ト
ラックはすべてシングルからの既存曲を再収録したもの。

		LP	CD

Karl Bartos

Off The Record

Bureau B		BB079	2013

カール・バルトスのソロ名義ではセカンド・アルバムにあたる。ヴォコーダー
ボイスに重厚シンセの直球テクノ作品でメロディラインや音質、構成はエ
レクトリック・ミュージック初期作品と同系列の親しみやすさがある。アル
バムに先駆けて限定発売されたシングル「Atomium」には同曲の独語ヴァー
ジョンが収録された。バルトスはライヴ活動も積極的に行い、ソロになった
現在でも自らが作曲したクラフトワーク時代の曲も演奏しているとのこと。

		CD

Yamo

Time Pie

Hypnotic	CLP 0119-2	1996

クラフトワークのエレクトリック・パーカッション奏者だったヴォルフガ
ング・フルーアのプロジェクトで現在のところ唯一のアルバム。マウス・オン・
マーズが全面的にバックアップしており、彼らのカラーが色濃く出た王道
テクノ作品。フルーアはこのリリースの後、ミュージシャンとして目立っ
た活動もなく、皮肉にも暴露本の著者として名を馳せることになる。言う
なればクラウトロック界のダン池田といったところか。

		14xfiles

Henning Schmitz

Global Mind Prints

Magnetic Records	MAG6010	2016

1991年からクラフトワークに加入したヘニング・シュミッツによるソロ・
アルバムで、配信のみのためフィジカル・リリースは存在しない(全曲無料
公開中)。おそらくクラフトワークのツアーで訪れた世界各国の印象を曲
にしていると思われ、コンビニエンスストアの入店チャイムや、鉄道のア
ナウンスなどの日本人には耳馴染みのある音までサンプリングされている。
ヴァーチャルとフィジカルの中間を行く、独自のフィールド・レコーディング。

Rheingold

Rheingold

| EMI Electrola | 1C 064-46 160 | 1980 |

ボド・シュタイガー、ローター・マントイフェルの2人によって結成された
ラインゴルトの第1作で、大手EMIから発売された。ヨーロッパ的なメロ
ディとエレクトロニクスを大胆に融合させた過剰なほどのオプティミズム
に満ちたシンセ・ポップ。そのためデビュー当時はクラフトワークの再来
などとも称されていた。彼らの活動時期やサウンドのスタイルはニューウェ
イヴそのものだが、人脈としては'70年代クラウトロックの系譜である。

Rheingold

R.

| EMI Electrola | 1C064-46480 | 1981 |

エックハルト・シュミット監督のホラー映画「Trance Der Fan」(邦題：トラ
ンス愛の晩餐、1982年公開)のために制作された2枚目。映画の主人公の
ロックスターを演じるのはメンバーのボド・シュタイガー本人で、Rとは劇
中での役名。このアルバムより女性メンバー、ブリギッテ・クンツが参加、
プロデューサーは前作に続きコニー・プランク。収録曲の「FanFanFanatisch」
はかなりのヒット作となった。この曲は英語ヴァージョンも存在する。

Rheingold

Distanz

| CBS | CBS 25871 | 1984 |

『R.』から3年、レーベルをCBSに移籍してリリースされたサード・アルバム。
前作よりもさらにエレクトロニクスが導入されている。このアルバムとほ
ぼ同時期にシュタイガーはクラウス・ディンガーの『ネオンディアン』に参加。
そのせいか、これら2枚のアルバムの音質や雰囲気が極めて酷似している。
穴あき＋見開きジャケットの特殊装丁で、これまでに一度も再発されてい
ない。彼らはこのアルバムの発表から20年以上沈黙を続けることになる。

Rheingold

Im Lauf der Zeit

| Soulfood | LB17C0008 | 2017 |

前作のトリビュート・アルバム『エレクトリック・シティ』以来、10年ぶりに
リリースされたラインゴルトの最終作『イム・ラウフ・デア・ツァイト』(時の
流れの中で)。ボド・シュタイガーと、以前からメンバーだったボドの姉妹の
ブリギッテ・クンツとふたりで制作され、グラフィックデザインはもうひと
りの姉妹ニナが担当し、シュタイガー家総動員のアルバムだ。ボドは2019
年12月4日にデュッセルドルフの自宅で心不全のため永眠、70歳だった。

Neu!
Klaus Dinger

「'70年代には重要な３つのビートが存在した。フェラ・クティのアフロビート、ジェイムズ・ブラウンのファンク、そしてクラウス・ディンガーのノイ！ビートだ」とブライアン・イーノの言葉どおり、音楽史におけるノイ！のビートが果たした役割は極めて大きい。1946年生まれのクラウス・ディンガーは縁あってクラフトワークのファースト・アルバムにドラマーとして参加、前後して加入したギタリスト、ミヒャエル・ローターと盟主フローリアン・シュナイダー・エスレーベンの３人編成でライヴ活動やTV番組出演などを果たした。その後、ディンガーとローターの２人で結成されたのがノイ！である。

ノイ！のサウンドはパンク、テクノ、音響派、サイケデリック・リヴァイヴァルなど音楽シーンに新たなムーヴメントやブームが起きるたびに再評価されている。それは彼らのサウンドがきわめてシンプルなエレメントのみで構成され、普遍性に満ちているからに他ならない。

		LP
Neu!		
Neu!		
Brain	BRAIN 1004	1972

クラウス・ディンガーは'60年代中ごろにフリー・ジャズ・バンド「The No」でドラマーとして音楽活動を開始した。'60年代末にはいくつかのバンドを経て70年にはクラフトワークに参加する。もう１人のメンバー、ミヒャエル・ローターはヴォルフガング・リーヒマン、ヴォルフガング・フルーアとガレージ・バンドを結成していたが、彼もまたクラフトワークに参加した。そして２人は新たなバンド「ノイ！」を結成する。エバーハルト・クラーネマンが加わりコニー・プランクのプロデュースのもとデビュー・アルバムである本作は制作された。バンド名は「新しい」を意味するが、宣伝広告で頻繁に目にする「新製品！」のアオリも連想させるものだ。

Neu!

Neu! 2

Brain	BRAIN 1028	1973

前作のコンセプトを継承しながらも、より
エフェクティヴで空間的なバランスに構成
されたセカンド・アルバム。A面のトラッ
クではプロデューサーのコニー・プランク
の手腕が発揮され、高揚感と疾走感にあふ
れた楽曲に仕上がっている。だが一方でア
ルバム制作には想像もつかない紆余曲折が
あった。それは予想した以上に制作費がか
かってしまい、A面の曲を録音した時点で
予算が尽きてしまったのだ。そして彼らが
出した打開策は、前年に発表されたシング
ル曲を使いまわすことだった。シングル曲
「Neuschnee」と「Super」の再生速度を変
えてそのまま収録するというアナーキーな
発想は、後のリミックスの原点と捉えられ
ることもある。

Neu!

Neu! '75

Brain	BRAIN 1062	1975

ミヒャエル・ローターはクラスターの2人
と合流し、ハルモニアとしての活動を並行
させる。その理由のひとつにライヴ活動へ
の欲求があったと言われている。また一方
のディンガーも自らのレーベル、ディンガー
ランドの設立を経て新たなメンバーでのバン
ド活動を画策していた。そんな中で突如
ノイ!のサード・アルバム『Neu! 75』はリ
リースされた。メンバーはローターとクラ
ウス・ディンガーの2人に、クラウスの弟、
トマス・ディンガーとセッションマン、ハ
ンス・ランペの4人。そしてもう1人のメン
バーと呼ぶべきプロデューサー、コニー・
プランク。もともと確執のあったローター
とディンガーだけに、本作をもってノイ!
は解散した。

44

La Düsseldorf

La Düsseldorf

Nova	6.22 550	1976

ミヒャエル・ローターが去った後、クラウ
スとトマスのディンガー兄弟、セッション
マンのハンス・ランペの3人によってラ・
デュッセルドルフが始動した。このバンド
名はもともと、クラウスのレーベル「ディ
ンガーランド」の設立記念パーティ（1973）
でノイ！、ライラック・エンジェルズ、フリッ
ツ・ヒルパートらによってステージ上で一
堂に会し行われた、一度きりのセッション
に名づけられたもの。彼らは実験的な電子
音楽として認識されがちだが、当時のメン
バーは革ジャンにリーゼントにサングラ
ス、バンド・ロゴの型抜きスプレーという
ロックンロール・スタイルだった。白いオー
ヴァーオールは相変わらずなのがクラウス
らしい。

La Düsseldorf

Viva

Strand	6.23626	1978

このアルバムほどクラウス・ディンガーの
個性を反映した作品は他にないだろう。多
幸感、メランコリズム、根拠のない楽天的
な未来像をアパッチビートのロックンロー
ルに乗せて歌いあげる大名盤のセカンド・
アルバム。無駄な音が一切ないドライヴ感
はクラウトロックのひとつの頂点である。
森羅万象の生命を讃えあげる「ヴィヴァ」
に始まり、B面全長を使って演奏される
「チャチャ2000」はクラウスの代表作で、後
の作品でも度々再演されている。難解な文
脈をすべてかなぐり捨てて制作されたアル
バムで、いわゆる「実験」なんて入口。向こ
う側に到達した、真っ白にチルアウトした
彼岸がここにある。

		LP

La Düsseldorf
Individuellos

TELDEC	6.24524	1980

『個人主義』として国内盤LPもリリースされていた3枚目のアルバム。アッパーなサウンドとヴォーカルの突き抜け方が他バンドの追随を許さない。だがシングル・カットもされた「Dampfriemen」のユルさとメランコリックなメロディが極上のアクセントを与えている。これはクレジットの通り、クラウスとトマスのディンガー兄弟のそれぞれの個性がうまくかみ合った結果に他ならない。このアルバムをもってトマスはバンドを脱退。

		LP

Klaus Dinger + Rheinita Bella Düsseldorf
Néondian

TELDEC	8.26019	1985

『個人主義』から5年、バンドから弟トマスとハンス・ランペも去り、1人になってしまったクラウス・ディンガー。ヤキ・リーベツァイトやボド・シュタイガー(ラインゴルト)、ラオール・ウォルトンとチャーリーTチャールズ(ベルフェゴーレ)らのサポートを受けて制作された実質的なラ・デュッセルドルフの4枚目。2006年にはデザインと曲順変更のうえシングル曲と新録音が追加され『La-Duesseldorf.de / Mon Amour』として再発された。

	LP	CD

Neu!
Neu! '86

Grönland Records	LPGRONIV / CDGRONIV	2010

水と油ほど性格が違うディンガーとローターが何を思ったのか3度目の合流。85年10月～86年4月録音の音源がディンガー亡き後に公式発売された4作目。オリジナル3作からずいぶん年月が経っている分、数々のソロワークを経たローターとラ・デュッセルドルフを経過したディンガーのそれぞれの新たな感性がぶつかりあった趣が強い。先駆けて'90年代に日本のみで別ヴァージョンCDも発売されていたが、現在では半公式という扱い。

	LP	CD

Die Engel Des Herrn
Die Engel Des Herrn

LSD	2.000-1 / 2.000-2	1992

ラ・デュッセルドルフの後、忽然とシーンから姿を消したと思われていたクラウス・ディンガー。だが彼は友人のミュージシャンたちを従え、小規模なライヴ活動を続けていた。そして1992年に完全自主制作で発表されたのが本作である。ラ・デュッセルドルフから継承したメランコリックなメロディ、ディンガー本来のパンキッシュな演奏など、まさしくノイ!から脈々と継承したサウンドそのもの。代表曲「Cha Cha 2000」の新録音も収録されている。

La!Neu?

Düsseldorf

Captain Trip Records	CTCD-051	1996

1996年に伝説の来日公演をしたクラウス・ディンガー率いるラ！ノイ？の
ファースト。バックを務めるのはクライドラーやズーパービルクのメンバー
など。贅肉をそぎ落とした反復リズムにルー・リードを彷彿とさせるディン
ガーの渇いたヴォーカルは、自身がいうヒッピー・パンクスという肩書に相
応しい。この作品以降ラ！ノイ？名義で数々の作品が発表されたが、アルバ
ムごとに参加メンバー・作風・コンセプト・制作背景など著しく異なっている。

La! NEU?

Cha Cha 2000 - Live in Tokyo 1996

Captain Trip Records	CTCD-100/101	1998

ラ！ノイ？を率いたクラウス・ディンガーの最初で最後の来日は、1996年12
月に大阪と東京で2公演だけが行われた。ステージ上にはグランドピアノ
やスタンドライトまで設えられ、まるでリビングルームを思わせる演出が
印象的だった。東京での演奏時間は3時間半を軽く超え、その無軌道ぶりに
誰もが圧倒された。これはトリとなった90分にも及ぶディンガーの代表作
である「2000年のチャチャ」全1曲を2枚に分割収録したドキュメンタリー盤。

La!NEU?

Blue (La Düsseldorf 5)

Captain Trip Records	CTCD-178	1999

ラ！ノイ？名義だが、実質的には1984〜86年にレコーディングされ、長い
あいだ未発表だったラ・デュッセルドルフの5枚目のアルバム。前作『ネオ
ンディアン』の正統な続編であり、参加メンバーの多くが重複している。前
作にも収録された「アメリカ」も輪をかけて凄みを増したヴァージョンで
再収録。完成後はヴァージン・レコードにリリースの打診をしていたよう
だが、その時のお断りの手紙が大きく裏ジャケットに印刷されている。

Klaus Dinger

Klaus Dinger + Japandorf

Grönland Records	LPGRON124 / CDGRON124	2013

Miki Yui, Kazuyuki Onouchiらによる Japandorf（日本村）とクラウス・ディ
ンガーによるコラボレーション。日本人アーティストだけあって、コミカル
な日本語の歌詞とアパッチビートの意外な邂逅。ラ・デュッセルドルフ時代
の名曲も「Cha Cha 2008」として生まれ変わった。しかしながらディンガー
はこのアルバムの発売を見ることもなく、2008年3月21日に他界。あと3
日で62歳の誕生日だった。ジャケットはディンガーの手による漢字の「愛」。

Thomas Dinger

Für Mich

| Telefunken | 6.25126 AP | 1982 |

ノイ！～ラ・デュッセルドルフに参加したクラウスの弟、トマス・ディンガー
の唯一のソロ・アルバム。ラ・デュッセルドルフの延長線上にある穏やかで
メランコリックな作品。トマスのことを関係者に尋ねると、誰からも「やさ
しい人だった」と答えが返ってくる。そんな彼の人柄がそのまま映し出さ
れた作品といえよう。一時期はファッション・モデルもしていたというト
マスらしい百面相写真がジャケットの内側にちりばめられている。

CD

1-A Düsseldorf

Fettleber

| Captain Trip Records | CTCD-160 | 1999 |

もともとはトマス・ディンガーを中心にダモ鈴木なども参加したプロジェ
クトで、名称の発案はコニー・プランク。'80年代にはすでに存在しており、
当時アルバム発売の予定もあったようだが実現には至らなかった。本作は
その後にディンガーとクリスチャンセンの2人で新規制作されたフル・ア
ルバム第1作。ノイ！のユルい要素だけをメタ拡張したような本作のタイ
トルは『脂肪肝』。トマス・ディンガー2002年没、享年49歳、死因は肝不全。

CD

1-A Düsseldorf

Uraan

| Suezan Studio | SSZ3026 | 2016 |

デビュー作以降『Königreich Bilk』(1999)、『D.J.F.』(2000)、『Live』(2001)と、年
に1作のペースでリリースを続けていた1-Aデュッセルドルフだったが、2002年
の創設者のトマス・ディンガーの没後も、ニルス・クリスチャンセンとシュテッフェ
ン・ドムニッシュらによって活動が継続された。本作は2003年の『Pyramidblau』
から13年ぶりに発表された6作目。アルバムの9曲中2曲でバンド設立にかか
わったとされるダモ鈴木がアグレッシヴなヴォーカルで参加している。

LP

Michael Rother

Flammende Herzen

| Sky Records | SKY 007 | 1977 |

ノイ！、ハルモニアを経たギタリスト、ミヒャエル・ローターのファースト・
ソロ・アルバム。ドラムにはカンのヤキ・リーベツァイトが参加し、プロデュー
サーはコニー・プランク。ローターはギターだけでなく、シンセやピアノな
ど数々の楽器を演奏、9カ月もの期間をかけて本作は制作された。明るく
透明でメロディアスなハルモニア期のサウンドを継承している。なお'80
年代になってから日本国内盤LPも発売され、邦題は『燃える心』だった。

48

	LP

Michael Rother

Sterntaler

Sky Records	SKY 013	1978

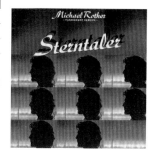

前作『Flammende Herzen』と同じコンセプトで制作されたセカンド・ソロ・アルバム。ドラムには今回もリーベツァイトが参加。各曲のタイトルは「日輪」や「青い雨」そして表題曲に至ってはグリム童話「星の銀貨」(Die Sterntaler)から取られたのだろう、その響き同様にきわめて抒情的でヒーリングやニューエイジへのアプローチにも近い。また1993年にCD化された際に新作3曲が追加されているが、機材の違いから本編との印象がかなり異なる。

	LP

Michael Rother

Katzenmusik

Sky Records	SKY 033	1979

Sky Recordsからのサード・ソロ・アルバム。タイトルは『猫の音楽』だが、前2作と同路線の作風でとりたてて大きな変更はない。アルバムには単純に番号だけ割り振られた12曲が収録されている。また本作からは「猫の音楽9」と「同2」が「スーパーサウンドシングル」として12インチでシングル・カットされている。後に開発されたレコードの新規格「DMM」の以前のアナログ盤なので、新技術の導入はなさそう。また新曲追加でCD化もされている。

	LP

Michael Rother

Fernwärme

Polydor	2372 111	1982

レーベルをPolydorに移し発表された4枚目のソロ・アルバム。これまでのローターらしいメロディを踏襲しながらも各曲ヴァラエティに富んだアレンジが施され、アルバムとしてカラフルな構成に仕上がっている。そのためか日本ではこのアルバムがローターの最初のリリースとなった(邦題『熱地帯』)。本作にもリーベツァイトがドラマーとして参加しているが、録音とプロデュースはローター自身が手掛けており、ブランクの参加はない。

	LP

Michael Rother

Lust

Polydor	815 469-1	1983

デジタル機材が大幅に導入された5作目ソロ・アルバム。これ以降のアルバムはしばらくのあいだ、ローター単身による録音&セルフ・プロデュースが続く。オプティミズムに満ちた雰囲気はどこか同時代のラインゴルトを彷彿とさせる。さてローターの一連のソロ作品の作風から鑑みると、ノイ！の強烈な個性の大部分はもう1人のメンバー、クラウス・ディンガーに由来し、ローターはそれにロジックを与える役割分担だったと感じずにはいられない。

Michael Rother

Süssherz Und Tiefenschärfe

Polydor		825 619-2	1985

『甘美なハートとフォーカス』と題された6枚目ソロ・アルバム。この作品でもローターの個性的なメロディは健在だが、シンセ・ビートはかなりタイトな使い方がされている。時期的にいえばクラウス・ディンガーとの一時的なノイ！の再結成寸前に録音された作品というのも興味深い。CD化された際にジャケット・デザインは変更され、新録音の2曲が追加収録された。またこのアルバムの後1987年には7枚目『Traumreisen』も発表されている。

Michael Rother

Esperanza

Random Records		SPV CD 084-26182	1996

前作『Traumreisen』から9年ものブランクの後に発表された8枚目のソロ・アルバム。彼のトレードマークであるギターは影をひそめ、キーボード中心の曲構成となっている。サウンド・コラージュなど意欲的な試みもされたアンビエントな仕上がりだが、リズム・パターンが'90年代半ばのトレンドそのものなのは時代背景を強く感じさせられる。また本作には2枚組LP（4曲追加収録）もあり、米国から1000セット限定で発売された。

Michael Rother

Remember (The Great Adventure)

Random Records		5050467-2938-2-3	2004

2004年に発表された9枚目のアルバムは、なんとローター作品では初の歌物となって登場した。ヴォーカルに起用されたのはドイツの国民的歌手でGrönlandレーベルの主催者のハーバート・グローネマイアーと女性歌手ソフィ・ウィリアムズ。他にもアスムス・ティーチェンスやマウス・オン・マーズのアンディ・トーマなど意外な顔ぶれが参加している。全体的に歌物アンビエントといった趣だが、ティーチェンスの曲だけずばぬけた異彩を放っている。

Michael Rother

Dreaming

Grönland Records		LPGRON231	2020

前作からさらに16年を経て発表されたミヒャエル・ローターのソロ・アルバムは、1995年以降に録りためられていた音源集で、一部のトラックは農村フォルストにあったハルモニア・スタジオ（現カッツェンムジークスタジオ）でレコーディングされたものだ。90年代にハンブルクに短期滞在していた英国の女性シンガー、ソフィー・ジョイナーが参加した、アンビエントのエレメントを昇華させた歌物リラクゼーション・ミュージック。

Fritz Müller

Fritz Müller Rock

Roth-Händle	6.23159 AO	1977

フリッツ・ミュラー、別名エバーハルト・クラーネマンは黎明期クラフトワークのセッションマンの1人にしてノイ！の初期メンバー。その後はエンパイア、ママ、ブルー・ポイント・アンダーグラウンドを経たクラウトロック史上重要な位置にいる人物。彼がミュラー名義で出した唯一のアルバムが本作で、プロデューサーはコニー・プランク。ハード・ロックにエフェクトのかかった独特な作風だが、どこかノイ！3枚目のB面のような雰囲気が漂う。

Lilac Angels

I'm Not Afraid To Say "Yes"!

Dinger-Land	0949/0211	1973

クラウス・ディンガーとコニー・プランクのプロデュースで、新生ディンガーランド・レーベルから鳴り物入りでデビューしたライラック・エンジェルズ。ジョー・スティックが繰り広げる野太く濃厚なグラム・スタイルの王道ロック。しかしながら録音中に両プロデューサーに逃げられたり、レーベルが多大な負債を抱えたりと立て続けの不遇に出鼻をくじかれてしまい、彼らがふたたび音楽シーンに姿を現すのに4年の歳月を要することになる。

Lilac Angels

Hard To Be Free

Harvest	1C 066-45 056	1977

新メンバーにペーター・ヴォレックとボド・シュタイガーを迎えHarvestから発表されたセカンド・アルバム。前作同様むくつけきグラム・ロックで、バンドの姿勢に全くブレはない。本作とシングル「Rock & Roll Lady」は商業的な成功を収めた。しかしながら世間はノイエ・ドイッチェ・ヴェレの時代へと突入しつつあり、奇しくもバンド脱退直後にシュタイガーが結成したラインゴルトは大人気に。アーティストとしての明暗が分かれ始める。

Lilac Angels

I'm Not Afraid Of Tomorrow

Pentagramm	PR 03XS19	1980

サード・アルバムの企画が持ち上がりバンドはこれまで同様コニー・プランクにプロデュース依頼をしたが、紆余曲折があってカンのインナースペース・スタジオでの制作となる。アルバムからはこのシングルが先行発売されラジオ局や音楽誌など方々にプロモーションで配布されたものの、反応は皆無に近くアルバムの発売自体が中止になってしまう。正式なクレジットはないが、アルバムにはホルガー・シューカイも参加していたようだ。

Riechmann
Wunderbar

Sky Records	SKY 017	1978

ストリートマークのメンバーで、ルーツをたどればヴェルフガング・フルーア、ミヒャエル・ローターとガレージ・バンドをやっていた人物。これは1978年に発表されたファースト・ソロで、マルチ・シンセ・プレイヤーの異名をとる彼らしく、ほぼ1人で制作されたエレクトロニック・アルバム。リーヒマンはアルバム発売の直前に、パブでの乱闘で流れ弾に当たり理不尽にも命を落とす。そのため彼がこのレコードを手にすることはなかったという。

Streetmark
Nordland

Sky Records	SKY 003	1976

ストリートマークは1960年代からデュッセルドルフで活動していたバンドだが、長いあいだメンバーが入れ替わり立ち替わりの不定形な編成だった。本作はヴォーカルのゲオーク・ブッシュマンを中心に再編成されたラインナップで制作されたファースト・アルバムで、コニー・プランクのプロデュースによってプログレ系シンセ・ポップに仕上がっている。彼らは翌年に2枚目『Eileen』、79年に『Dry』そして81年に『Sky Racer』を発表している。

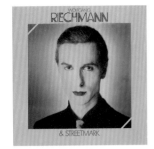

Wolfgang Riechmann & Streetmark
Wolfgang Riechmann & Streetmark

Sky Records	SKY 030	1979

ストリートマークのセカンド・アルバム『Eileen』('77)から1曲減らしただけで同内容。それを無理やりヴォルフガング・リーヒマンとの連名に仕立て上げ、彼の写真をでかでかと印刷した特殊事情再発盤。もちろんこれは31歳で夭折したリーヒマンの死に便乗したハイエナ商法で、当時からかなりの批判があったようだ。ちなみにこのアルバムがCD化された時はまたストリートマーク名義に戻されたが、なぜか『Dreams』と再改題されている。

Deutsche Wertarbeit
Deutsche Wertarbeit

Sky Records	SKY 049	1981

ストリートマークの女性キーボード奏者、ドロテア・ラウケスの単発プロジェクト。コルグのシンセによるミニマルでメジャーコードのシンセ・ポップ。何曲かはヴォコーダーの歌声入りで、プログレというよりは完全にテクノ寄り。同じくストリートマークのヴォルフガング・リーヒマンのソロ・アルバムが内省的であるのとは対称的なポジションにある。オリジナル盤は銀色のジャケットだが、デザイン変更で米国から再発盤が出されている。

Hamburg

正式名称「自由ハンザ都市ハンブルク」は、ブラームスやメンデルスゾーンなど著名な音楽家の出身地。北部ドイツの経済の中心地で、二次大戦中の爆撃のため多くの建物が失われ、比較的新しいビルが多い街並みの都市である。レーパーバーン地区など歓楽街も多く、レコード・デビュー前のザ・ビートルズが演奏活動で出稼ぎに来ていたのもハンブルクであった。このことからも国外のロックンロールが早い段階で普及していた文化的背景があったと思われる。ハンブルク出身のバンドといえば、ファウストが第一に挙げられるだろう。後にブレーメン近郊のヴュンメでの共同生活が印象深いが、メンバーたちはハンブルクのバーを介して出会ったという。

53

Faust

音楽ライターだったウーヴェ・ネッテルベックはレコード・リリースのキャリアもないミュージシャンたちを集め、ブレーメン近郊のヴュンメという街の廃校で共同生活させた。そこには録音機材や常駐エンジニアまで用意され、さらには大手レコード会社からきちんと資金援助までしてもらえるという嘘のような好待遇だった。バンドの名はファウスト。ゲーテの戯曲でも有名だが、独語で「拳」を意味する。英語での発音が面白い、という事もバンド名に選ばれた理由だという。ファウストはヴュンメで連日のセッションを繰り返し、おびただしい録音物を残す。

ドイツでリリースされた２枚のアルバムが話題になり、1973年には英国進出を果たすが、ほどなく解散してしまい、長いあいだ「失踪したバンド」として伝説の存在となった。だが彼らは'80年代後半から活動を再活発化させる。現在では「ファウスト」は分裂し、複雑な状況に陥っているが連綿と続く実験精神とポップさは健在である。

		LP
Faust		
Faust		
Polydor	2310 142	1971

拳のレントゲン写真が印刷された透明なスリーヴに収められた透明なレコード盤、文字媒体まで透明なシートに印刷された前代未聞のインパクトの装丁。ギュンター・ヴストホフ、ヨアヒム・イルムナー、ジャン・エルヴェ・ペロン、ザッピ・デアマイアー、ルドルフ・ゾスナそしてアルヌルフ・マイファートの６人によるファウストのファースト・アルバム。前衛性とロックを融合させた特異な個性は、プロデューサーのネッテルベックの助力もあり比類のない作品として完成した。緻密なアイデアで構築されたA面に対し、B面の曲はほとんど一発録りのような勢い重視での制作だったそうだ。「げんこつ」(Faust)はバンドのアイコンとして現在も機能中。

LP

Faust

So Far

Polydor		2310 196	1972

思想的な理由でマイファートが脱退し、5人編成でのセカンド・アルバム。ジャケットからレコードのレーベルに至るまで真黒。そこに収録曲をイメージした9枚のカラフルなイラスト・シートが付属するというネッテルベックのプロデュースによる奇抜な装丁。録音中、過激なフリー・ミュージックをやろうとするバンドに対しネッテルベックが「遠くに行くな(Don't Go So Far)」とたしなめたところからタイトルは付けられた。その助言のおかげで前作とは異なる小曲で構成されたアルバムとなった。また表題曲の「So Far」は別テイクでシングル・リリースされた。B面の「It's A Bit Of A Pain」は未収だが、翌年発表の『Faust IV』に収録されている。

LP

Faust

The Faust Tapes

Virgin		VC 501 U.K.	1973

設立間もないヴァージン・レコードから英国進出第一弾としてリリースされた3枚目のアルバムだが、当時ファウストは本作をサード・アルバムと認めたくない、という発言をしていた。収録されたのはヴュンメ時代に録り溜められた26片の小曲が切れ目なく再構築された長尺のトラック。各曲がヴァラエティに富んでいるのは、それぞれのメンバーの個性を色濃く反映したからだろう。当時、収録曲にはタイトルが付けられていなかったが、CD化された際に初めて曲名が公開された。オリジナルLPでは表に音楽誌などのレヴューのコラージュ、裏にブリジット・ライリーのオップアートという装丁だったが、再発されるたびに毎回デザインが変更されている。

55   **Krautrock**   **Hamburg**

Faust

Faust IV

Virgin	V 2004 U.K.	1973

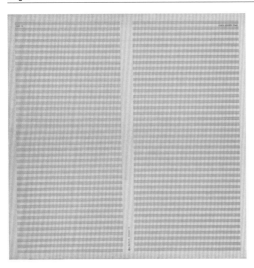

初の英国での録音は様々な軋轢のために難航したという。だがそんな苦境を乗り越えて制作された第一期ファウストの最終アルバム『IV』は、紛うことなきクラウトロック史上に残る大名盤として完成した。この五線譜を模したジャケットのLPには、その名も「クラウト・ロック」から始まる8曲が収録され、まさしくファウストのずば抜けた個性の縮図として世に放たれた。本作でファウストは「解散」ということになるが、最終コンサートではメンバーはステージ上でテレビを見ているだけだったとか、ピンボール（ピンポンは誤訳）をしたとか伝説は尽きない。ピーター・ブレグヴァドとウリ・トレプテも参加したライヴ音源が発売される予定もあったようだ。

Tony Conrad With Faust

Outside Of Dream Syndicate

Caroline	C1501 U.K.	1973

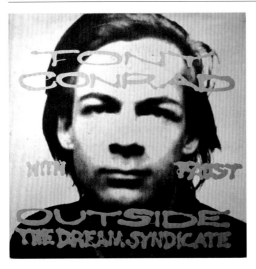

米国の前衛映像作家にして音楽家でもあるトニー・コンラッドとファウストのジャン・エルヴェ・ペロン、ザッピ・ディアマイアー、ルドルフ・ゾスナの共演。LP両面ともトニー・コンラッドの開放弦ヴァイオリンに、ドラムとベースによるワン・コード、ワン・リフがほぼ同じテンポで反復する究極のミニマル・ミュージック。本作はドイツでもLP発売が検討されていたようで、テスト・プレスが数枚だけ確認されている（Polydor 2310 251）。またこのセッションのアウト・テイクも1993年になってからシングルで発表されているほか、2002年には前述のシングル曲や新規未発テイクを追加収録した2枚組豪華版ボックス・セットも発売された。

Faust
Munic & Elswhere

Recommended	RR/25 U.K.	1986

ヴァージン除籍後の74年にイルムラー、ペロン、ゾスナらがミュンヘンの高級スタジオで勝手に録音、莫大な使用料を踏み倒して留置所行きに。裏ジャケの「失踪後の録音を含む」の記述通り、この時の録音（A1,B1）と'70年代初期の未発表音源を編集したLP。初回1000枚のみ白盤。ちなみに未払いの料金と保釈金はイルムラーの母によって支払われたとのこと。本作と『The Last LP』との抜粋カップリングCD『71 Minutes Of…』も発表されている。

Faust
The Last LP

Recommended	RéR 36 U.K.	1988

1971年に録音されながら未発表に終わった幻のアルバム『Faust Party』。後年になって何曲かはオムニバスやコレクターズ・シングルとして部分的に発表されていたが、1988年になりようやくタイトル変更のうえ1988枚限定、シリアル番号入りのフル・アルバムLPとしてリリースされた。録音時期的にはファウストが渡英する以前のもので、「Party1～7」など全8曲を収録。一部の曲は既存曲の別テイクや別ヴァージョン。なお再発盤のジャケットは色違い。

v.a.
Chemical Imbalance

Chemical Imbalance	CI 008 USA	1993

米国の同名音楽誌の付録6曲入り7インチ。ファウストの曲は90年ハンブルクでのライヴ1曲のみ収録されている。当時、ファウストは解散したとばかり思われていたので、このレコードは往年のファンにとって驚愕のニュースだった。実際には彼らは解散などしておらず、ただ単に情報が伝わってこなかっただけなのだが。なお空白期間の活動は当時のインタヴューやLiveカセット・シリーズなどでさらに詳細を確認することができる。

Faust
The Faust Concerts Vol.I

Table Of The Elements	Fe 26 USA	1994

1990年ハンブルクでのライヴ音源。'70年代のおなじみの代表曲だけでなく、後年のアルバム『Rien』の収録曲もすでに演奏されている。テープ・コラージュやチェーンソーまで飛び出し、アヴァンギャルドでインダストリアルな雰囲気さえ漂う。同時に『Vol. 2』も発売されたが、こちらは1992年ロンドンでのライヴ。両アルバムとも初回は500枚限定でサイン付き。第2回・第3回再発盤にはサインはないが、紙質や印刷色が毎回変更されている。

		LP	CD
Faust			
Rien			
Table Of The Elements		Cr 24 USA	1994

再始動ファウストの新アルバム第一弾はペロンとディアマイアーの2人に、ジム・オルークをはじめとする米国ミュージシャン、そして灰野敬二も参加し米国のレーベルThe Table Of The Elementsよりリリースされた。プロデューサーのオルークらしい前衛的でノイジーな構成のため、'70年代ファウストの面影は希薄。アルバムにはメンバー・クレジットの記述はなく、最後のトラックで音声情報として紹介されるという変わった趣向がなされている。

		LP
Faust		
London 1-3		
ReR Megacorp		ReR F3V U.K.	1996

それまで海賊版などでのみ存在が知られていた73年のBBCセッションの初公式リリース。IVの制作と同時期ということもあり「クラウトロック」や『テープス』収録曲の別テイクなど3曲がA面に収録されているが、曲名についてのクレジットはない。またB面には96年の新録音が収録されている。無地ジャケットの装丁で300枚のみのリリースだが、ライヴ会場などではアクション・ペインティングを施されたものもごく少数販売されていたようだ。

		CD
Faust		
(untitled)		
Klangbad	---	1996

'70年代の代表曲のイルムラーによるリミックスと、'90年代のライヴ音源、そして翌年発表の新作『You Know Faust』から2曲を収録した特別編集ミニ・アルバム。全6曲ともこのCDにのみ収録されたヴァージョンで、そのうえわざわざ原題を想起させるような別タイトルに変更されている。新作というよりは、どちらかというとプロモーション用のプレ・リリース的側面が強い作品。彼ら自身のレーベル、Klangbad初のタイトルと言われ、1000枚限定。

		LP	CD
Faust			
You Know Faust			
Klangbad		MS 0169 / ---	1997

再始動ファウストのフル・アルバム2作目。オリジナル・メンバーのペロン、イルムラー、ディアマイアーの3人のみで制作され、攻撃的なキーボードと時としてメランコリックなギターと味のある歌、そして力強いドラムの絶妙なバランスは、あきらかに'70年代ファウストの延長線上にあるサウンド。残念ながら本作の直後にペロンはバンドを離れてしまい、これ以降3人の共演はない。またCDとLPは同内容だが、デザインがまったく異なる。

Faust
Edinburgh 1997

Klangbad	Klangbad 5	1997

このアルバムの時点ですでにペロンは参加しておらず、イルムラーとディアマイアー、そして新メンバー数人での編成となっている。'90年代中〜後期特有の殺伐とした金属音や破壊音で構成され、工場の中のような音(文字通りインダストリアル)。クレジットによればすべて新曲なのだが、演奏自体が不定形なので既存曲との比較は不可能。エジンバラでのライヴという表記だけで、録音の日時や場所といった詳細のクレジットはない。

Faust
Faust Wakes Nosferatu

Klangbad	---	1998

1922年に公開されたF・W・ムルナウ監督のドイツ表現主義映画『吸血鬼ノスフェラトゥ』に合わせてライヴ制作された企画音源。本作品はCDとLP(内容はまったく異なる)そしてブックレットが封入されたサイン付き限定ボックス。CDとLPは個別でも販売された。サウンドはイルムラー主導で制作されただけあって、かなりノイジーで実験的。ちなみに97年暮れの日本公演会場で先行発売されたが、制作が間に合わなかったLPは入れられなかった。

Faust
Ravvivando

Klangbad	FRAV 119 / ---	1999

1990年頃から活発化した再始動ファウストであったが、途中からバンドはイルムラーとディアマイアーが主導権を取る体制となり、この時期の音作りを代表するのが本作。ノイジーなイルムラーのキーボードを中心にドラムが淡々とリズムを刻むヴァイオレンスなインダストリアル・サウンドで、往年のファンたちが戸惑った97年初来日公演が忘れられない。このアルバムは翌年、LPと10インチの限定アナログ盤(曲追加＆一部リミックス)でも発表された。

Faust
The Land Of Ukko&Rauni

Ektro Records	EKTRO-006CD	2000

2000年にフィンランドのヘルシンキで行われたライヴを収録した2枚組。アルバム『Ravvivando』の収録曲を中心に演奏され、イルムラー主導期のファウストのインダストリアルなサウンド。リリースを手掛けたEktro Recordsは、日本でも紹介されたサークルなどが所属するスペース・ロック系レーベルで、インダストリアルな時期のファウストのサウンドとの親和性がよかったのだろう。ちなみにUkkoもRauniもフィンランド伝承の古代精霊の名前だそうである。

Faust

Live Cassette

Klangbad	---	2000-

モノクロ・コピーのレーベルにクレジットが手書きされただけのType IIカセットテープという簡素な装丁だが、れっきとした公式リリース。おもにライヴ会場で販売されていた。これまでに30種以上が確認されているが、オフィシャル・カタログに掲載されていないタイトルも存在しているので、正確には何種出ているのかは不明。ほとんどが'90年代以降のライヴ録音だが、中には'80年代初頭のデモやセッションなど貴重な空白時期の音源も含まれている。

LP | CD

Faust

Freispiel

Klangbad	FRR 1993 / FRR 1992	2001

1999年発表のアルバム『Ravvivando』のリミックス・シングル「Ravvivando Remix」の評判が良かったのか、翌年にはアルバムまで出されることに。リミキサーは元ソフト・セルのデイヴ・ボール率いるGEL、クライドラー、サージョン、ダニエル・ミラー&ガレス・ジョーンズ、ザ・レジデンツといった世界各国の有名&実力派から、ローカルな無名DJまで。曲によっては原形をとどめていないほど手が加えられた物まである。

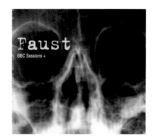

Faust

BBC Sessions +

Recommended	RéR F5 U.K.	2001

73年のBBCセッションの3曲に、コンピレーションなどに散逸していたアルバム未収曲、「So Far」の7インチ・ヴァージョン、未発表曲など'70年代ファウストの拾いきれなかったレア音源の数々を1枚にコンパイル。アーカイヴィング・アルバムにしては各曲とも完成度がきわめて高い。なお、このCDと初期3作、『71 Minutes Of…』の5枚と写真満載のブックレットを収めたボックス・セット『The Wümme Years 1970-73』も同時に発売された。

LP | CD

Faust

Patchwork 1971 – 2002

Staubgold	staubgold 37	2002

冒頭から初期曲のおざなりなコラージュで幕を開け、進むにつれポリドール時代のアウト・テイクとおぼしき曲が始まる構成。インタヴューによれば、ヴュンメ時代のファウストには大量の未発表音源が残されていたが、多くはテープの劣化により再生不能だったらしい。おそらく生き残ったテープの中から抜粋・再編集された貴重な音源なのだろう。だがアルバムとしては既発表曲のリミックスのような上げ底音源も含まれ玉石混合。

		LP	CD

Faust vs. Dälek

Derbe Respect, Alder

Klangbad		Klangbad 23	2004

さあ困った。'90年代半ばからイルムラーとディアマイアーがファウストを
名乗っていたが、ディアマイアーは去りペロンと合流しファウストの名で活
動開始。残されたイルムラー側もファウスト（ああ！ ややこしい！）を名乗
り続けている。つまり2004年以降は「ファウスト」という名のバンドが二つ
存在することになってしまった。これは後者、イルムラー勢と米国前衛ヒッ
プホップ、Dälekとの共作。もろにインダストリアル。抜粋シングルもあり。

			CD

Tony Conrad With Faust

Outside The Dream Syndicate – Alive

Table Of The Elements		Cd 48	2005

1995年2月17日にロンドンのクイーンエリザベスホールで行われたライヴを
収録。『Outside Of Dream Syndicate』のLPから実に22年の歳月が流れてい
るが、まったく変わることのない演奏内容に驚かされる。ファウストからはペ
ロンとディアマイアー、ヴァイオリンにはトニー・コンラッドだけでなくジム・
オルークも演奏。CDは2005年に米国Table Of The Elementsから発売され
たが、数年前にはライヴ・カセット・シリーズの1作としてもリリースされていた。

		2LP	CD

Faust / NWW

Disconnected

Art-errorist		D/DIS1/07	2007

ペロン＆ディアマイアー組ファウストと英国インダストリアル界の大物、NWW
ことナース・ウィズ・ウーンドのまさかの共演。元となるファウストの音源を英
国のNWWに送り、そこでエフェクトが加えるという流れで制作されたようだ。
本作は4曲入りCDだが、ファウストのライヴ（と無音部）が追加された限定盤
CDもあるが外観はシール以外まったく一緒。さらに翌年には本作音源にファ
ウストとNWWのスプリットLPを追加した2枚組LPも英国から出されている。

			3CD BOX

Faust

...In Autumn

Dirter Promotions		DPROMCD59 U.K.	2007

この時期のペロン＆ディアマイアー組ファウストは、多数のライヴアルバ
ムを出しているが、本作は英国からリリースされたCD 2枚とDVD 2枚が
収められたボックス・セット。'90年以降のアブストラクトな作風で幕を開
け'70年代の代表曲が次々と飛び出すが、現代風なアレンジが面白い。なお
本作にはライヴCD-Rが2枚追加された金属缶入りの特装限定盤もあるが
一般販売はされず、ファウストのメーリング・リストを通じて配給された。

	LP	CD

Faust
C'est Com... Com... Compliqué

Bureau B	BB21	2009

Klangbadはイルムラー側ファウストのレーベルとなり、一方のペロン＆ディアマイアー組のファウストはArt-erroristレーベルを立ち上げ、フェスティヴァル開催など積極的な活動を始める。これは後者ファウスト初のスタジオ・フル・アルバム。ファズギターとファウストらしいドラムを組み合わせた曲構成なのが前者とは対照的。オリジナルの2人にアミューリ・コンピューザ(ウラン・バートル)の3人で制作され、往年のメロディや音の断片も見え隠れする。

	2LP	2CD

Faust
Faust Is Last

Klangbad	Klangbad 046LP / 046CD	2010

これまでのイルムラーが主導していたファウストといえば、実験的でノイジーなインダストリアル・バンドとして認識していた人も多いだろう。だが2006～2008年に録音された本作では、いきなりメロディアスで情景的な'70年代ファウストを彷彿とさせる曲を織り交ぜ、ひとつの新しい方向性を提示したかのように思える。CDはボール紙ケース入りの2枚組で、ディスク表裏とも真っ黒なのもファウストらしい。またポスター付き限定2枚組LPも存在する。

	LP	CD

Faust
Something Dirty

Bureau B	BB65LP / BB65CD	2011

2008年来日公演とほぼ同じラインナップで制作されたスタジオ・アルバム。新メンバーのジェームズ・ジョンストンは英国のガロン・ドランクのギタリストで、一時期はニック・ケイヴ＆ザ・バッド・シーズにも在籍していた人物。もう1人のジェラルディーン・スウェインは女性画家、映像作家。前述の来日公演ではステージ上で公開描画を披露した。ヘヴィなギターとスウェインの艶のある歌声、ファウストらしい音色の融合が印象的。

	LP	CD

Hans Joachim Irmler
Lifelike

Staubgold	staubgold 44	2003

ファウスト創設メンバーの1人、キーボード奏者のハンス・ヨアヒム・イルムラーはKlangbadレーベルを運営し、2004年以降は自らが頭となって分裂した一方の「ファウスト」を率いる人物である。これはフランスのレーベルから発売されたイルムラーのソロ・アルバム。ここでは'70年代のファウストの面影は皆無、ただひたすらに無機的なノイズが垂れ流され、彼が率いるファウストの根幹がインダストリアルな実験だということを思い知らされる。

	LP+7"/CD

faUSt

Fresh Air

Bureau B	BB 267	2017

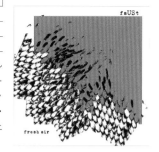

2014年の『jUSt』は、ほぼペロンとザッピのふたりだけで制作されたアルバムだったが、3年後にリリースされた本作は、多彩なゲストを迎えてレコーディングされた。ニューヨークのトータル・アーティストのロバート・ペッパー、サンフランシスコからはシンガーのバーバラ・マニング、LAのイザンネ・スペバック、ディー・クルップスのユルゲン・エングラーなど総勢10人以上が参加。アルバム全体を覆う、渇いたスポークンワードが印象的な1枚。

	LP

Faust

„Daumenbruch"

Erototox Decodings	ETD 0051	2022

オリジナル・メンバーのギュンター・ヴュストホフが戻り、ザッピ・ディアマーアーと合流、アインシュトゥルツェンデ・ノイバウテンのNUウンルー、ヨッヘン・アルバイトらを迎えて製作された2022年スタジオ新録音アルバム。ファウストの最もラディカルだった部分と、ノイバウテンのパブリックイメージがそのまま融合したかのようなインダストリアル作品。『骨折した親指』というタイトルと、ペロンの不在にはなにか因縁めいたものを感じる。

7xLP+2x7"	7xCD

Faust

1971 - 1974

Bureau B	BB374	2021

ファウストの活動50周年を記念した限定ボックスセット。定番の初期4作に、未発表アルバムとして1974年録音の『ミューニック＆エルスホエア』の新解釈と未発音源を追加した『Punkt.』、ジョルジオ・モロダーが運営するミュンヘンのミュージックランド・スタジオに保管されていた完全未発音源『Momentaufnahme I』と『同II』など、第一級の発掘音源を収録した7枚組。ブックレットには各メンバーや関係者による回顧録もあり、資料的価値がきわめて高い。

LP	CD

Gut und Irmler

500m

Bureau B	BB 177	2014

ファウストの創設メンバーで、21世紀になってからは自らが頭となって、もうひとつのファウストを率いるハンス・ヨアヒム・イルムラーと、ベルリンの重鎮、グドルン・グートという異色の取り合わせは、サウンド・コラージュとエレクトロニクスのアブストラクト作品だ。イルムラーはほかにも、元E.ノイバウテンのF.M.アインハイトとの共作『ノー・アパラジャイズ』や、ヤキ・リーベツァイトとの『Flut』など、精力的にコラボ作品を発表している。

The Cha.Cy.
Minicd 3-99

Spider Records	Spider 0001 France	1999

ジャン・エルヴェ・ペロンと7人のミュージシャンによる単発企画、ザ・チャ・シィ。ヴァイオリンとサックスにはアモン・デュールⅡのクリス・カーラーも参加。本作はフランスで自主制作された唯一の作品で、3曲入りCD。ジャズ・テイストなアート・ロックで、聴きようによってはフランク・ザッパのような印象も受ける。また3曲目の12分にも及ぶ「Do The Woodoo Woodoo」の呪術的反復リズムは、他のクラウトロックにはない作風。

Andrew Liles & Jean-Hervè Peron
Fini!

Dirter Promotions	DPROMCD62	2008

Art-errorist側ファウストの中心人物、ジャン・エルヴェ・ペロンとナース・ウィズ・ウーンドのアンドリュー・ライルズとの共作。ペロンのギターやトランペットそしてしわがれた声、そこにライルズのヘヴィでノイジーなエレクトロニクス、さらに自然音などもコラージュされた実験作品。だがクラウトロック的な要素がいたるところに見受けられるのがイルムラー組との大きな差異。またライルズはこの作品と前後しておびただしい数のソロCDを発表している。

Slap Happy
Sort Of

Polydor	2310 204 U.K.	1972

映画制作のために渡独していた英国人、アンソニー・ムーアとその恋人、ダグマー・クラウゼ、そしてムーアのロンドン時代の友人の米国人、ピーター・ブレグヴァドの3人によって71年暮れにハンブルクで結成されたスラップ・ハッピーのファースト・アルバム。気負いもなく透明なクラウゼのヴォーカルが美しい前衛ポップの大傑作。ファウストのペロン、ディアマイアー、グラウブナーらが参加、プロデュースはウーヴェ・ネッテルベック。

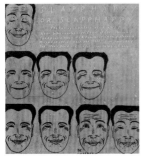

Slap Happy
Acnalbasac Noom

Recommended Records	RR 5 U.K.	1980

本作は1973年、ファウストのコミューンがあったヴュンメで録音された。当初はセカンド・アルバムとして制作されていたが、事情により長いあいだ未発表に。1980年になってようやく日の目を見たアルバムで、前作同様ファウスト周辺のミュージシャンとプロデューサーによって録音されている。収録曲の多くは英国ミュージシャンのバックアップで大きくアレンジを変え、翌年に英国ヴァージンから正式なセカンド・アルバム『Slap Happy』として発売された。

	LP

Anthony Moore

Pieces from The Cloudland Ballroom

Polydor	2310 162	1971

ロンドン生まれのアンソニー・ムーアは、高校卒業後にインド古典音楽をヴィ
ラム・ジャサニに師事し、1971年に渡独して友人のピーター・ブレグヴァド、
ダグマー・クラウゼとスラップ・ハッピーを結成。これはムーアのファース
ト・ソロ・アルバム。A面は、3人の歌手による同一音階の発声と言葉遊び
と抑揚のないピアノの組み合わせ、B面はストリングスとピアノ無調音と、
反復メロディの2曲。実験的だが弛緩した空気は他に類がない。

	LP

Anthony Moore

Secrets of The Blue Bag

Polydor	2310179	1972

前作と同じくポリドールからリリースされたアンソニー・ムーアのセカンド・
アルバム。クルト・グラウプナーによってヴュンメで録音され、プロデュー
サーはウーヴェ・ネッテルベックというファウストを支える強力な布陣によっ
て制作された。アルバムは3楽章で構成されており、どの曲も「ドレミファ
ソ」をひたすら繰り返す音遊びだ。クラシカルな構成だが、コンテンポラリー
と言うには権威主義的でなく、陶酔感とポップさに満ちている。

	LP

Anthony Moore

Reed Whistle and Sticks

Polydor	2310 250	1972

わずか12枚のプロモーション盤のみプレスされたものの、発売が見送られ
た幻のサード・アルバム。竹の棒をさまざまな素材の上に落としたときの音
を録音したテープを、ループ再生した全1曲。長いあいだ超高額な入手困難
アイテムとして知られていたが、90年代に英国のレーベルから低音質のま
まCD再発された。2022年には宇都宮泰によって繊細かつ独創的な手法で
プロモLPから音源が修復され、日本盤としてCDとヴァイナルで再発された。

	LP

Anthony Moore

OUT

Virgin	V2057	1976

ムーアは1974年に英国に戻りヘンリー・カウに合流した。だが思想的な理由
からバンドを去ることを決意したが、それはスラップ・ハッピーの解散へと
波及した。その後ヴァージンとソロ契約し、ケヴィン・エアーズなど新世代
のミュージシャンたちとで制作したのが『OUT』だ。ポップで洗練された完
成度でありながら、市販されることはなくテスト・プレス段階でお蔵入りとなっ
てしまったが、2021年にヒプノシスのオリジナル・デザインのまま再発された。

Mick Farren

ミック・ファレン、かく語りき

2004年、筆者はとある英国紳士の東京観光の案内役を仰せつかり、その夜にお礼として一杯ご馳走になった。酒席の雰囲気が盛り上がる中、彼はおもむろにこう尋ねてきた。

「君はドイツのロックなんかが好きなのか？ 『クラウトロック』ねぇ……」

彼は少し遠い目をし、口元をゆがめながらビールを一口飲んでこう続けた。

「クレイジー……」

紳士の名はミック・ファレン。1960年代から伝説のサイケ・バンド、ザ・デヴィアンツを率い、またモーターヘッドやホークウィンドといった数々の名だたるロック・バンドに関わったミュージシャン。そして雑誌NMEの音楽ジャーナリストとしても活躍していた人物。言うなれば英国アンダーグラウンド・ロックのいちばんヤバい部分をリアルタイムで体験してきた生き証人だ。

ファレン氏がジャーナリストをしていた当時、ロックンロール発祥の米国や、ザ・ビートルズやローリング・ストーンズを輩出した英国と比べれば「ドイツのロック」なんて単なる亜流という扱いだったに違いない。ましてやヒットチャートにものぼることもなく、武骨で理屈っぽいワケのわからない存在にすぎなかった。米英のロックは観客に馴染みの曲を積極的にカヴァーまでして場を盛り上げたのに対し、ドイツの連中は「人と違う事」に重きを置いた反骨姿勢だったのだから価値観を相容れないのは無理からぬことだ。きっとファレン氏の「クレイジー」という発言にはこんな当時の英国人からの嘲笑の意味あいが含まれていたのだろう。だが当のクラウトロックのミュージシャンたちの多くが、ごく普通に英米のロックをファンとして敬愛しているのは不思議なところ。そういえばファウストに英国進出を決心させた殺し文句が「ピンク・フェアリーズに会わせてやる」だったと聞いたことがある。

悲しいことにファレン氏は2013年に帰らぬ人になってしまった。ひょっとすると「クレイジー」とは筆者自身を指していたのかもしれないが、今となっては知る由もない。

Berlin

東西統一ドイツの首都となり、大都市となったベルリンも、1970年代当時はまだ「ベルリンの壁」に囲まれた東ドイツの中にある飛び地だった。そんな冷戦の影が色濃く支配したこの特殊な街は、もともと交響楽団などクラシックがさかんで、いつしかクラウトロックの原動力となる礎が次々と生まれた。'60年代末にはゾディアック・フリー・アート・ラブが開設され、クラウトロックの名だたるバンドが続々とデビューを飾った。またオール、ピルツ、コスミッシェといったレーベルも設立、バンドの作品制作の拠点として機能していく。ベルリンのサウンドは前衛的でぶっ飛んでいた。それは'70年代に限ったことではなく、パンクを経過した'80年代でさらに顕著となる。

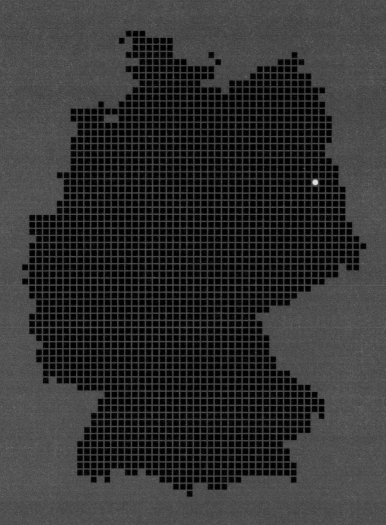

67

Conrad Schnitzler
Zodiak Free Arts Lab

1960年代末、当時は飛び地として壁に囲まれた街、西ベルリンに画期的なクラブ「ゾディアック・フリー・アート・ラブ」が誕生する。クラブを運営するのは、コンラッド・シュニッツラーとハンス・ヨアヒム・レデリウスというクラウトロックの重鎮2人であった。ここではサイケデリックロックやフリージャズ、アヴァンギャルドなどありとあらゆる前衛音楽が公演されていた。主催者シュニッツラー、レデリウスによるKlusterをはじめタンジェリン・ドリーム、カーリー・カーヴ、ジ・アジテーション（後のアジテーション・フリー）、クラウス・シュルツェ、アシュ・ラ・テンペルなど後のドイツの音楽シーンに大きな影響を与えた顔ぶれがクラブ所属バンドとして名を連ねる。
1969年に惜しくも閉店してしまうがその功績はきわめて大きく、クラウトロックのムーヴメントの源流のひとつがゾディアック・フリー・アート・ラブであることは間違いない事実だ。

		LP
Conrad Schnitzler		
Con		
Paragon Records	66052	1978

タンジェリン・ドリーム、Klusterを経てソロ活動に達したベルリンの狂った天才、コンラッド・シュニッツラー。本作はドイツ国内のみならずフランスのエッグ・レコードからもリリースされた国外進出ソロ作品の第一弾。プロデューサーはタンジェリン・ドリームのピーター・バウマン。シンセによる明確なリズムとビートの整然とした構成の本作は初期シュニッツラーの代表作にして、独電子音楽の大傑作であるが、楽曲自体は'70年代初頭の音源も含まれている。裏ジャケットの写真は「Intermedia-Life-Action」と称された生活そのものが芸術であるというパフォーマンス。ヨーゼフ・ボイスとも深く親交のあったシュニッツラーならでは表現活動だ。

Kluster

Klopfzeichen

	STUDIO 511	1971
Schwann		

ベルリンの前衛クラブ、ゾディアック・アート・ラブの2人の創設者、シュニッツラーとレデリウスはクラブの常連客であったディーター・メビウスを音楽活動に巻き込みKlusterは始動した。そんな折、新聞広告で新しい教会音楽を募集しているのが目にとまり、運よく彼らは教会のスポンサリングのもと2枚のアルバムを制作することができた。本作はその1枚目にあたり、電子楽器はほとんど使用されず音響操作によるドローン作品で現代音楽レーベルであるSchwannからリリースされた。A面の朗読はシュニッツラーの最初の妻クリスタ・ルンゲ、サウンド・エンジニアはコニー・プランク。原盤LPは真っ黒なプラスティック・レリーフの異様な特殊装丁。

Kluster

Zwei-Osterei

	STUDIO 512	1971
Schwann		

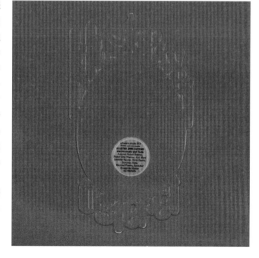

Klusterの第2作『復活祭の卵』。前作同様に非電子楽器によるサウンド・アートと朗読の組み合わせであるが本作の朗読は男性に代っている。録音はコニー・プランクの勤務先であるレヌス・スタジオ。原盤LPのジャケットはマゼンタ色のプラスティック・レリーフで、壊れやすく完全な形で現存するものがきわめて少ない。さて、これまでKlusterはClusterの系譜として位置付けられてきた。間違いなくClusterの源流ではあるのだが、新たに発掘された音源を含めて再考察し、シュニッツラーのソロ・プロジェクトへと集約されるユニットだと判断した。よって本書ではKlusterの全作品をシュニッツラーのセクションに掲載したことをお断りしておきたい。

Kluster

Admira

| Important Records | IMPREC179 USA | 2008 |

コンラッド・シュニッツラー、ヴォルフガング・ザイデル、クラウス・フロイディッ
ヒマンの3人で1970年にスタジオ録音され、21世紀になってから発売され
た音源。これまでの作風とは異なり、リズムボックスの使用など実験的な試
みがされている。こちらの音源は部分的に2005年にイタリアのQbicoから
「Eruption」名義で326枚限定のアナログLPとして発売されていた。本作は
CDのみのリリースで、初回盤のみ見開き紙ジャケット＋エンボス仕様。

CD

Kluster

Vulcano

| Important Records | IMPREC180 USA | 2008 |

Kluster、Eruptionのライヴはきわめて特殊なもので、演者が観客を円形状に
囲んで演奏するスタイルだったそうだ。参加者も流動的でアシュ・ラ・テンペ
ル、アジテーション・フリーそしてクラウス・シュルツェなども参加していた
という。本作は『Admira』と同じメンバーによる1972年にヴッパータールで
のライヴ音源で初回盤のみ見開き紙ジャケット＋エンボス仕様。『Eruption
/ Live Action, 1972 Wuppertal』というタイトルでQbicoからも発売された。

LP

Conrad Schnitzler

Schwarz

| (self-release) | KS 1001 | 1971 |

色シリーズ第1作の『黒』。初期Klusterのラインナップであるメビウス、レ
デリウス、シュニッツラーとフロイディッヒマンの4人で行われたライヴ・セッ
ション音源で、真っ黒な厚紙ジャケ入りの自主盤としてわずか200枚のみ
制作された。余談ではあるが、このリリースに関しコニー・プランクが苦言
を呈したことがきっかけとなり、シュニッツラーとのあいだに確執が生ま
れてしまったと言われている。後年になってKluster名義でも再発された。

LP

Conrad Schnitzler

Rot

| (self-release) | KS 1002 | 1973 |

1972年に録音され翌年に500枚限定でプライベート・リリースされた色シリー
ズの『赤』。シュニッツラー作品で初めてシンセサイザー(EMS Synthi A)が
導入されたプリミティヴな音響作品。A面は「Meditation」(瞑想)、B面には
「クラウトロック」のそれぞれ1曲を収録。73年当時すでにクラウトロック
という単語を暗喩的に使用しているのは興味深い。後年になってCD再発さ
れたが、その際に「Red Dream」と題された未発表曲が追加収録されている。

	MC
Conrad Schnitzler	
The Red Cassette	

(self-release)	---	1973

1974年に考案されたプロジェクト「ザ・レッド・カセット」はニューヨーク
のヤンキース・スタジアムで参加者800人それぞれにカセット・プレイヤー
を持たせ、同時に本作の音源を再生するという大規模なものだったが、残念
ながら実現には至らなかった。だが89年にローリー・アンダーソンの呼び
かけによりニューヨークのアトリエ・キッチンで参加者を50人に減らし実
現した。2006年にイタリアからピクチャーLP『Zug』として再発されている。

	LP
Conrad Schnitzler	
Blau	

(self-release)	KS 1003	1974

色シリーズの第三弾LP『青』。シンセ音だけでなくギターや肉声までコラージュ
された傑作。後年にCD再発された際には「Wild Space1〜6」と題されたボー
ナスが追加。また同年に本作を含む初期色シリーズの黒・赤・青の3枚のLPを
収めたボックスセット『Work In Progress』が100セット限定で発売された。ボッ
クスには50時間コンサートと題されたライヴ音源のカセットが付属している
が内容は100個ともすべて音源が異なり、しかもマスターテープであるという。

	12" EP
Conrad Schnitzler	
Auf Dem Schwarzen Kanal	

RCA	PC 5908	1980

大手RCAからリリースされた4曲入り高音質カッティングの12インチ。ヴォ
ルフガング・ザイデルがドラムで参加し、全曲ともニューウェイヴにも通
じるビートの効いた歌入り作品。そのためジャケットの「ディスコ・リミッ
クス」のキャプションもあながち外れではないが、表題曲の「黒いチャンネ
ルで」などの実験とポップが交差するミニマルな作風は、発表された時代
が早すぎた感が否めない。また時系列からいって本作が「Con 2」に該当する。

	LP
Conrad Schnitzler	
Consequenz	

(self-release)	KS 1004	1981

政治的ロック・バンド、トン・シュタイネ・シャーベンのドラマー、ヴォルフ
ガング・ザイデル(シークエンツァ)とシュニッツラーのユニット、コンシー
クエンツの第1作。明確なリズムの12曲が収録されており、封入されたシー
トには「このLPの音源にきみの歌を入れて送ってくれ」という変わったメッ
セージが掲載されており、それに呼応した1人にジェン・ケン・モゴメリがいた。
ステッカー貼りの白ジャケット、500枚限定での完全自主制作盤。

71 **Krautrock Berlin**

Conrad Schnitzler

Con 3

| Sky Records | SKY 061 | 1981 |

ピーター・バウマンのパラゴン・スタジオで録音され、Sky Recordsからリリースされた全編歌物というシュニッツラーとしては異色のアルバム。録音にはKluster時代からの盟友、シークエンツァことヴォルフガング・ザイデルがドラムで参加の他、ヴォーカルには奥さんと息子グレゴールまで参加し、ノイエ・ドイッチェ・ヴェレの時代性にも通じるポップ作品。論理的でアブストラクトな作風で知られるシュニッツラーだけに、通俗的な歌詞には驚かされる。

Conrad Schnitzler

Control

| DYS | DYS 04 USA | 1981 |

ニーモニスツが運営するコロラドのDYSからリリースされたアルバム。本作のコンセプトは鍵盤での演奏ではなく、タイトル通りコンピュータの直接コントロールによるまったく新しい作曲である。どこかドローンな雰囲気もある実験楽曲で曲名は一切付けられていないが、1995年にCD再発された際に各曲にタイトルが付けられた。しかしながらシュニッツラーによればレーベル側が勝手に付けたもので、アーティストの意向ではないそうだ。

Conrad Schnitzler

Gelb

| Edition Block | EB 110 | 1981 |

もともとは1974年に自主制作された『ブラック・カセット』の音源をLP再発したもので、黄色い厚紙のスリーブに収められた色シリーズの『黄』。タイトルのない12の小曲で構成されており、一部の音源は映像作品「Slow Motion」から抜粋されたもの。また瑣末なことだが本作の音源マスターは2種類存在し、2002年の再発LPにはエフェクトなど細部の異なる11曲入り音源が収録されている。シュニッツラー本人も筆者に指摘されるまで違いに気づかなかった。

Conrad Schnitzler

Grün

| Edition Block | EB 111 | 1981 |

ハンブルクの老舗レーベル、エディション・ブロックからリリースされた色シリーズの『緑』。音源自体は1972〜73年(一説には1976年)に録音されていたもの。A面の「美女と野獣」は全長を使ってプリミティヴなビートが刻むシュニッツラーとしては異色の作品。B面には「青い花が咲くまで」と題されたメロディックな1曲のみで、こちらは33回転だけでなく45回転で再生しても楽しめる、という遊び心に満ちた趣向になっている。

Gregor Schnitzler / Conrad Schnitzler
Conrad & Sohn
| (self-release) | GS 1001 | 1981 |

現在では『みえない雲』など社会派映画の監督やテレビ作品などを手掛ける映像作家となったグレゴール・シュニッツラーはコンラッドの息子。タイトルの『コンラッドと息子』のとおり父子による共作アルバムでA面が息子サイド、B面が父サイドという構成。当時十代のグレゴールの影響か若干ニューウェイヴに傾倒したサウンドだが、そのカラーは後の父子プロジェクトのベルリン・エキスプレスやルーフ・ミュージックで顕著になる。

Conrad Schnitzler
Conal
| Uniton Records | U 002 Norway | 1981 |

ノルウェーのレーベルUnition RecordsからリリースされたAB面とも各1曲の長尺のトラック収録のドローン作品。このアルバムは都合4000枚もプレスされ一連のシュニッツラー作品の中ではかなりのヒット作となったらしい。また残念なことにマスターテープの劣化により現時点では完全版の再発は不可能。2001年にはマスターの使用可能部分のみを編集しなおした別ヴァージョン・アルバム『Conal 2001』が米国のレーベルから発表されている。

Conrad Schnitzler
Contempora
| (self-release) | CT 1001 | 1981 |

こちらも白ジャケットにスタンプ押しだけという簡素な装丁の自主制作LPで、完全限定500枚プレス。アルバムには比較的ポップな13曲が収録されているが、曲名嫌いのシュニッツラーらしくタイトルは一切付けられていない。なおLPには実際に刊行された新聞の一片が封入されている。注意深く記事を見ると、本作のタイトル「Contempora」のロゴがひっそりと印刷されているのに気づく。前史的なメディア・ミックスというわけだ。

Conrad Schnitzler
Convex
| (self-release) | GS 1002 | 1982 |

内容の異なる複数のカセットを同時に再生し、その場の偶発性で新たな曲がミックスされていくというシュニッツラーお得意の手法で制作されたアルバム。オリジナルLPは500枚限定の完全限定自主制作プレスで録音クレジットはおろか曲名のインフォメーションすらも一切排除されている。こうしたミステリアスな姿勢こそがこの作品の概念だったのだろうが、95年の再発CDではカラフルな装丁・曲名付きに変更されずいぶんと印象が変わってしまった。

Conrad Schnitzler

Con '84

| (self-release) | --- | 1984 |

シュニッツラーは作品の流通・配給に関しても実験的な試みをしており本作はその好例。音楽誌にリリースの広告を載せ通販での購入者を募り、レコードは後日シュニッツラーから直送された。222枚限定、本人の手形付きのハンドメイド・ジャケット。本作の直前にシュニッツラーは使用機材を一新したため作曲や操作にずいぶん苦労したと回想している。これまでと音色がずいぶん変わり、曲によっては教会音楽のような荘厳な響きさえある。

12" EP

Berlin Express

The Russians Are Coming

| Portrait | 4R9 03218 | 1984 |

コンラッドとグレゴールのシュニッツラー父子とピーター・バウマン(タンジェリン・ドリーム)によるプロジェクト、ベルリン・エキスプレスの唯一の作品。ニューウェイヴの雰囲気に満ちた歌物でタイトル通り冷戦時代を背景としたアイロニカルな歌詞の12インチ作品。本作は大手CBS傘下のレーベルからリリースされたが、現存するレコードのほとんどにプロモーション用コピーの刻印があり一説によれば一般流通しなかったとされる。

LP

Conrad Schnitzler & Wolfgang Seidel

Consequenz II

| Discos Esplendor Geometrico | EG 006 Spain | 1986 |

シークエンツァとのユニット、コンシークエンツ第2作。1984年に録音され1986年にスペインのDiscos Esplendor Geometricoから発表された。LPのA面はリズミック、B面がメロディックというまったく異なるふたつのコンセプトで構成されている。なおシークエンツァことザイデルはシュニッツラーの命を受け代行で各地に出張し、代理ライヴを行っていた。シュニッツラーの死後も活動は継続しているので、最も信託を受けた人物といえよう。

LP

Conrad Schnitzler

Concert

| Idiosyncratics | I-86-103 | 1986 |

米国の特殊漫画家マット・ハワースの手による飛び上がるシュニッツラーの線画が印象的な本作は、米国の自主レーベルから発売された。『コンサート』と題されているが、シュニッツラーのそれは一般の概念とは大きく異なる。シュニッツラーは'70年代初頭から複数のカセットテープを使用したライヴを行っていた。本作はそのコンセプトをさらに発展させたアルバムで、今回も曲名のクレジットが一切ない。初回1000枚のみホワイト・ビニル盤。

LP

Conrad Schnitzler & Michael Otto
Micon In Italia

AND	DMM 003 R Italy	1986

イタリア人ミュージシャン、マイケル・オットーとシュニッツラーの共作で
コンセプトは1982年頃にはすでに2人の中で完成していたとのこと。エレ
クトリック・ヴァイオリンやグロッケンシュピールといった生楽器を使用
したコンテンポラリー風作品。イタリア人ミュージシャン、ジャンカルロ・
トニウッティやベルリンのヴォルフガング・ヘルツが参加。ジャケット表面
にはシュニッツラーが偶然に見つけたアンティーク写真が使用されている。

LP

Conrad Schnitzler
Congratulacion

Discos Esplendor Geometrico	EG 009 Spain	1987

『Consequenz II』に引き続きスペインのDiscos Esplendor Geometricoからリ
リースされたコンテンポラリー風の異端のアンサンブル作品で、録音日のみ
が記載された16曲入り。レーベル側からの情報によれば、シュニッツラーとの
間でヴィデオレターのやり取りが何度かあり、親交を深めたことでリリースに
至ったとのことである。ちなみにアルバムの完成したのがシュニッツラーの
誕生日だったため祝辞を込めた「おめでとう!」というタイトルとなったそうだ。

LP

Conrad Schnitzler & Gen Ken Montgomery
ConGen: New Dramatic Electronic Music

Generations Unlimited	GC-LP02 USA	1988

ニューヨーク在住の前衛音楽家、ジェン・ケンことケン・モンゴメリーとシュ
ニッツラーとの出会いは1981年にまで遡る。アルバム『コンシークエンツ』
には購入者に音楽に合わせた歌のテープを送ってくれ、という変わったメッ
セージが記されていたのだが、それに呼応した1人がモンゴメリーであった。
1988年に共作第1弾のカセット『GenCon Dramatic』が発表され、本作はそ
の別ヴァージョン。なお現在モンゴメリーはアートギャラリーを運営している。

CD

Conrad Schnitzler
Constellations

Badland Records	BAD NO. 005 France	1989

オカルトファンにはおなじみの火星の人面石を配した本作『コンスタレーショ
ン』(星座)には30分以上に及ぶ長尺の2曲のみを収録。リズムはなく冷た
い電子音と肉声、ピアノなどわずかな生楽器のコラージュされた前衛サウン
ド・アート作品。また本作はシュニッツラーにとって初のCDリリースで、
その収録時間の長さを生かした曲作りがなされていたようだ。フランスの
レーベルから発売されたが後にシュニッツラーが個人的に再発している。

Giancarlo Toniutti · Conrad Schnitzler

Кула́к (camma)

| Urlo Panseri Editore | 1990-UR-Ri Italy | 1990 |

ロシア語で「富農」を意味するタイトルをもつ本作は、イタリアの実験エレクトロニクス・ユニット、Airthrob Inのメンバー、ジャンカルロ・トニウッティとの共作。彼との出会いは数年前に発表された『Micon In Italia』への参加から始まる。A面はトウニウッティが1985～87年に録音した素材をもとに再構成、B面は1987年に一緒に録音した音源のようだ。リズムはなく生音のコラージュと音響が鳴り響く前衛作品。500枚限定で再発はない。

CD

Schnitzler / Thomasius

Tolling Toggle

| FÜNFUNDVIERZIG | Fünfundvierzig 57 | 1992 |

ベルリンの壁崩壊はシュニッツラーの活動にも影響を与えた。東ベルリン出身のミュージシャン、イェルク・トマジウスと邂逅し、創作パートナーとして数年の時を過ごすことになる。『トーリング・トグル』はその第1作としてリリースされた。彼らのコラボレーションは当時「東西ベルリンの友好」というキャプションで大々的に宣伝されたようだ。トマジウスは東ドイツ時代、Das Freie Orchestraという前衛バンドの初期メンバーだった。

CD

Conrad Schnitzler / Jörg Thomasius / Lars Stroschen

Tonart Eins

| Tonart | --- | 1992 |

ラーズ・シュトロッシェン、イェルク・トマジウスそしてシュニッツラーのベルリンの音楽家3人による「音の芸術」(Tonart)プロジェクト。この第1集は各人の個別の楽曲が収録されたコンピレーション作品。翌年の第2集は3人が同時にスタジオにこもり複数のマイクで自然音などを生音一発録りした非音楽、その名の通り「芸術」。シュニッツラーはここで抜けてしまうが、プロジェクトは2人で続行。時にはゲストを呼んで第5集まで作り続けられた。

CD

Schnitzler / Thomasius

Clock Face

| Musical Tragedies | MT-214 / HS-114 | 1993 |

イェルク・トマジウスとシュニッツラーのスタジオ録音第2作は、前年に発表された『トーリング・トグル』の延長線上にある作品で1000枚限定のCDのみのリリース。金属音・機械音が多用されているのでサウンド・アートというよりはインダストリアルに近い雰囲気を持つ15曲で構成されている。なお本作が2人の最後の共作にあたり、以降トマジウスはラーズ・シュトロッシェンとのプロジェクト、Tonartでの活動へとシフトしていった。

Conrad Schnitzler			CD
00/44			
Marginal Talent		MT 366	1993

シュニッツラーの曲作りはテープによる音のミックスだけでなく、通常の
作曲もあり本作はその一例。「Dramatic Electronic Music」とサブタイトル
が付けられ、ストリングスなどの楽器と若干のシンセ音で構成されたコン
テンポラリー作品で、本来は1993年のプライベート・リリース・シリーズと
して自主制作されていたCD-Rの正規発売版。ちなみにプライベート・リリー
スはカセット～CD-Rとメディアを変えながら1000作近いタイトルを抱える。

Conrad Schnitzler			CD
Con Brio			
Spalax Music		CD 14274	1993

1989～92年に制作されたプライベート・リリース・シリーズから抜粋され
た音源集。選曲したのは後にArtgalleryレーベルを設立するセルジュ・ルロ
ア。全編オーケストラ楽器のシミュレーションと電子音で構成された現代
音楽作品。アルバムは3章から構成され、それぞれ「コン・ブリオ」、「認可
された娯楽」、「ピアノ曲」と副題が付けられている。時にオーケストレーショ
ンの響きが人工的な感触があるが、逆にそれが本作の持ち味でもある。

Conrad Schnitzler			CD
Con Repetizione			
Artgallery		AG 004 CD France	1994

こちらもプライベート・リリース・シリーズ『90/07』の正式リリース。タイ
トルが示す通り反復、つまりはミニマル・ミュージックである。スティーヴ・
ライヒ風の曲を試みての作曲ということだが、特にオマージュというわけ
ではないとのこと。長尺の2曲が収録され、1曲目はほぼピアノのみ、2曲
目は電子音での演奏。またジャケットには生前に個人的交流のあったナム・
ジュン・パイクの作品の写真が使用されている。

Conrad Schnitzler			CD
The Piano Works, Volume 1			
Individuelle Mythologie		IM 001	1997

プライベート・リリース・シリーズの中からシュニッツラー自らが選曲した
ピアノ曲集。全11曲で各曲にはそれぞれの出自を示す番号が付けられてい
る。また関係者の見解によれば音源自体はCD-Rのものとは異なり、同じ
シーケンス・パターンでライヴ演奏されたものではないか、とのこと。本作
はPlate Lunch傘下のIndividuelle Mythologieレーベルよりリリースされ
た。当初はVol.10まで出される予定だったが1作のみで終了してしまった。

Conrad Schnitzler

Live Action 1977

Very Good Records	VGR LA1977	2002

ベルリンのVery Good RecordsよりLPのみで発売されたアルバムで、1977年に西ベルリン(当時)にあった工場でのライヴ音源を収録。シュニッツラーが人前で「演奏」するライヴは80年を最後に、以降は「Con-Cert」という全く異なる概念のものへと進化する。それは複数のテープ音源のミックスするもので、演奏者が本人である必要性すらも存在しない。本作はエンボスされた銀色の装丁だが色シリーズの『銀』ではない。また初回盤のみクリア・ビニル。

Conrad Schnitzler

Con '72

Qbico	QBICO 06 Italy	2002

72年にロンドンのGerman Instituteで行われたライヴ音源。当時の新製品EMS Synthi Aを演奏し、まだテープは使用されていない。このシンセは初期作品に欠かせない機材だが、シュニッツラーはロンドン滞在中に2台購入しドイツに持ち帰っていた。1台は自分用で、もう1台はクラフトワークにお土産としてプレゼントされたそうだ。特殊装丁リリースで知られるイタリアのQbicoから326枚限定でリリースされ、2004年には続編も発売されている。

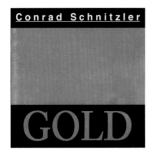

Conrad Schnitzler

Gold

Marginal Talent	MT-526	2003

前作の『緑』から20年以上を経て発表された色シリーズ『金』。音源は1974～78年に友人宅で録音されたもので、そのテープは長いあいだ友人に保管されていたとのこと。全14曲で曲名はないが、メロディックな作品。オリジナルはCDでのリリースだが、装丁は盤面やケースのトレイさらにブックレットは10ページにもおよぶ文字のない金色のページという徹底ぶりがシュニッツラーらしい。だが最近の再発盤は金色ではなく侘しい黄土色。

Conrad Schnitzler

Silver

Qbico	QBICO 89 Italy	2009

『金』と同時に発見されたテープから後年に発売された『銀』。74～75年の録音で、当初は『金』と同時期にCD発売が予定されていたものの諸事情により中止。後にイタリアのQbicoから特殊装丁の限定盤LPとしてリリースされた。残念ながらCONの逝去により本作が色シリーズ最後の作品となってしまった。また近年タイトルを独語表記の『Silber』に変更のうえボーナス4曲追加で再発盤が出ているが、装丁は銀色ではなくネズミ色。

Conrad Schnitzler

1000枚以上の作品を残した奇才

コンラッド・シュニッツラーは1937年生まれ。残念ながら2012年に帰らぬ人となってしまった。彼は毎日のように創作活動にいそしみ、その結果おびただしいリリース抱え、作品数は1000タイトル近くを誇る。筆者は生前に本人の自宅にお邪魔させてもらったことがあるのだが、驚いたことに自宅地下室が立派なスタジオになっているのだ。ここに籠って何年も孤独に作曲していた日々を想像して筆者はめまいがした。その際にシュニッツラーは自らの作品に対するスタンスを語ってくれたのだが、どうやら我々凡人が考える「作品」という概念にはまったく当てはまらないということを思い知らされた。

よく日本のファンから「シュニッツラーの来日公演を生前に実現してほしかった」というような声を耳にすることがある。だがあえて言うが、こうした意見の人はシュニッツラー作品の「真意」を理解していない。シュニッツラーにとっての作品とは媒体に刻まれた音

Conrad Schnitzler

そのもので、コンサートとは
その媒体を介して偶発的に構
築される「場」なのだ。言い換
えるならば、コンサートには作
者本人が存在する必然性がな
く、代理人が演奏すればよい、
とシュニッツラーは考えてい
た。実際に筆者も日本での公
演を打診したことがあったが
「ならば日本には代理人を派遣
する」という予想だにしない回
答に拍子抜けしたことがある。
確かに'70年代にはシュニッツ
ラーは人前で演奏していたが、
80年を最後に公演は一切行わ
れていない。

複数の音源を同時に再生され
たときに生じる新たな音や場
こそがコンラッド・シュニッツ
ラーが考える「コンサート」に
他ならない。そのため作品の
購入者自らが演奏者(コン・ダ
クター)となって「コンサート」
を各自で開くためのCD-Rセッ
トも制作されていた。シュニッ
ツラーはもうこの世にいない
が「コンサート」の精神は継承
され、信託を受けたヴォルフガ
ング・ザイデルが今もなお各地
で公演を続けている。

Cluster

ベルリンのクラブ、ゾディアック・フリー・アート・ラブでKlusterとして活動いたコンラッド・シュニッツラー、ハンス・ヨアヒム・レデリウス、ディーター・メビウスの3人であったが、ほどなく分裂してしまう。シュニッツラーはKluster/Eruptionとしてバンドを継続。残った2人はバンド名のスペルを変えCluster(以下:クラスター)としてあらたな道を進むことになった。

クラスターの音楽は初期こそ実験電子音楽ではあったが、途中からレデリウスの甘い旋律と、メビウスの奇妙な電子音という全く正反対の要素から成り立つ唯一無二のエレクトリック・ポップの始祖となった。

またアンビエントやエレクトロニカなど、彼らの影響を受けた後続のシーンは数え切れない。

		LP
Cluster		
Cluster		
Philips	6305 074	1971

Klusterを抜けたハンス・ヨアヒム・レデリウスとディーター・メビウスの2人によるClusterのデビュー・アルバム。後に知られたポップ路線とはまったく異なり、電子パルスと残響音のカオスでアルバムは構成されている。だが不定形の音の海からは彼らが内包していたポップへの傾倒や萌芽が見え隠れしているのが聴きとれるだろう。録音時期はKlusterの最初の2枚とほぼ同時期に行われている点も興味深い。本作はフィリップス・レコードから発売されたが長らく再発さず、入手困難なレコードとして知られていた。1980年になってジャケットと曲順を入れ替えて『Cluster '71』と改題のうえハンブルクのSky Recordsから再発となっている。

Cluster
Cluster II

		1006	1972
Brain			

前作『Cluster』のアイデアとコンセプトをさらに発展させたセカンド・アルバム。長尺で混沌としていた楽曲も趣向の異なる6編の小曲に分断された。見開きジャケットの内側には、レトロというよりもマッド・サイエンティストの研究所のごとき旧態依然としたアナログすぎる機材が並べられ、これらから実験電子音が作られたという事実は何よりも特筆すべきことだ。演奏にはギターも使用されているが、同じリフを反復するという通常とはまったく異なる使われ方。これはある意味、シーケンサーが普及する以前のミニマリズムへの傾倒であり、当時からすでにクラスターのポップ・ミュージックとしての骨格は構築されていたことを意味する。

Cluster
Zuckerzeit

		1065	1974
Brain			

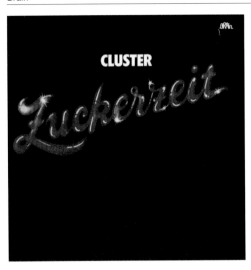

本作はレデリウス、メビウスそれぞれがリードを取る楽曲が交互に織り込まれたサード・アルバム『甘美の時』。2枚の実験電子音楽のアルバムを経てクラスターのサウンドも劇的に変化し、実験的でありながらメロディアスなポップスとして再生したのである。この時期にレデリウスはソロワークとしてキーボード主体の曲を作り始めていたが、その旋律が本作のアトモスフィアにフィードバックした感が強い。この当時まだ「シンセ・ポップ」という言葉は発案されていなかったが、すでにその要素は本作で出揃っており、間違いなくその源流のひとつである。邦題『電子夢幻』というタイトルも一回りした現在では意味深い。

Harmonia
Musik Von Harmonia

Brain		1044	1974

ノイ！のギタリスト、ミヒャエル・ローター
はライヴへの欲求が高まっていた。ノイ！
は数えるほどのライヴしかやってこなかっ
たのだから、ガレージ・バンド出身のロー
ターには無理からぬことだったろう。クラ
スターは共演をもちかけたローターを受
け入れ、3人のバンド名は「ハルモニア」と
なった。クラスターの反復シンセにノイ！
仕込みのローターのギター、そして時にピ
アノ・ソロでアクセントが与えられた傑作
ファースト・アルバムが完成した。当時、国
内盤LPも出ていたのだが、邦題は『摩訶不
思議』。ある意味、日本におけるこの時代の
クラウトロックのパブリック・イメージを
如実に表す言葉ではなかろうか？

Harmonia
Deluxe

Brain		1073	1975

「くり返し、上に行ったり下に行ったり、前
に行ったり、重くなったり、軽くなったり
……」と、いきなり不思議な歌詞で幕を開
けるセカンド・アルバム。グルグルのドラ
マー、マニ・ノイマイヤーをゲストに迎え
てレコーディングされ、きわめてメロディ
アスでドラマティックな大傑作アルバムが
完成した。本作の少し前からフォルストの
スタジオでクラスターと共同生活してい
たローターであったが、この後いったんノ
イ！に戻り最終アルバム『75』を録音する。
ハルモニアでの経験は少なからず『75』に
フィードバックされているのだろう。なお
冒頭に記した歌詞はメンバーたち、とりわ
け自分自身の人生観であるとレデリウスは
語ってくれた。

Harmonia

Live 1974

Grönland Records	LPGRON78 / CDPGRON78	2007

ライヴ活動を前提にミヒャエル・ローターはノイ！からハルモニアに移籍したと言われ、実際にハルモニアはかなりのコンサートを開いていたことが記録されている。長いあいだその音源が出回ることがなかったが、2007年になってようやく公開されたライヴ音源が本作である。1974年3月23日にドイツのグリーッセムにあるクラブ、ペニー・ステーションでの公演。比較的長尺の5曲を収録だが全曲ともアルバム未収。あらかじめ作曲されたトラックではなく自然発生的な即興だったのだろう。古めかしいリズムボックスとギターのフィードバック、そしてハルモニアのサウンドには欠かせないファルフィーサ・オルガンの残響音が美しい。

Harmonia 76

Tracks & Traces

Rykodisc	RCD 10428	1997

1975年にブライアン・イーノと出会ったクラスターは、根城であるフォルスト・スタジオへイーノを招く。当時クラスターはミヒャエル・ローターとの「ハルモニア」での活動もあり、4人での共作はごく自然なことだった。本作は1976年9月にフォルストで録音されながらも長らくお蔵入りになっていた未発表アルバム。バックで鳥のさえずりが響く開放的で美しい旋律。「Luneburg Heath」は後の「By This River」の原石。本作を聴きなおし、アンビエント＝環境音楽であったことを改めて思い知らされる。2009年には3曲が追加され、デザイン変更のうえGrönland Recordsから再発。イーノとの最初期音源はレデリウスの『Theaterworks』にも収録されている。

Cluster & Eno

クラスターとブライアン・イーノの出会いは1975年にハンブルクで行われたクラスターのコンサートであった。最前列で陣取っていたイーノをクラスターは目ざとく見つけ、何の躊躇もなく演奏の合間にステージに招き入れた。コンサートは3人のジャム・セッションという予想だにしない展開になってしまったという。

これをきっかけに親交を深めた彼らは共作をし、「ハルモニア76」(これは後ほど名付けられた名称ではあるが)と「クラスター&イーノ」というドイツ初のアンビエント・プロジェクトを残した。マイペースでのんびりとしたクラスターの2人に対し、英国メジャー出身のイーノはペースの違いに翻弄されることもたびたびあったようだ。

		LP
Cluster & Eno		
Cluster & Eno		
Sky Records	SKY 010	1977

コンサートで思わぬ出会いをしたクラスターとブライアン・イーノは、ハルモニアでの共作を経て、1977年にコニー・プランクのスタジオで3週間にわたるレコーディングに突入する。本作『クラスター&イーノ』と続編である『アフター・ザ・ヒート』の全曲は、どうやらこの時すべて録り終えていたようだ。カンのホルガー・シューカイのほかB4ではクラスターと親交の深いハンブルクの鬼才、アスムス・ティーチェンスとそのパートナー、オッコー・ベッカーも参加した、アンビエントの大名盤。このときに録音されたトラックのうち「By This River」の1曲だけは、ブライアン・イーノが翌年発表したアルバム『Before And After Science』に収録された。

Cluster
Sowiesoso

Sky Records	SKY 005	1976

ハルモニアの『Deluxe』を経てクラスターは Brain から Sky Records へと移籍する。本作はメンバー自らインタヴューで「クラスター史上最も重要なアルバム」と言わしめた、クラウトロックにおいて重要な作品のひとつである。クラスター名義では4枚目にあたる本作のタイトルは「どのみち同じこと」といった意味であり、肩肘を張らずマイペースに作品制作を続けるクラスターに実に似つかわしい。また本作のリリース年を時系列でみると、ちょうどブライアン・イーノと出会った後の作品である。この時点ですでに「ハルモニア＆イーノ」として共作を経ており、イーノとの邂逅がクラスターの作品を新たなステップへと推し進めたのは間違いない。

Eno - Moebius -Roedelius
After The Heat

Sky Records	SKY 021	1978

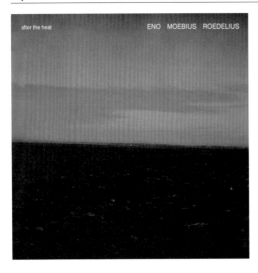

アーティスト名義が「イーノ・メビウス・レデリウス」となっているが、『クラスター＆イーノ』の実質的なセカンド・アルバム。音源は前作の録音時に既に出揃っていたようだが、本作の大きな違いは歌物であるということだろう。LP の B 面後半に収録された「Broken Head」、「The Belldog」、「Tzima N'Arki」の3曲ではブライアン・イーノがヴォーカルを取っている。中でも「Tzima N'Arki」はイーノの『ビフォア・アンド・アフター・サイエンス』に収録の「キングス・レッド・ハット」の歌詞を逆回転で再生した異色のトラック。またピアノの旋律が美しい A4「The Shade」はレデリウスの代表曲で、彼のソロ・アルバムでもたびたび再演されている。

Cluster

Grosses Wasser

Sky Records		SKY 027	1979

ブライアン・イーノとの共作を終え、クラ
スターはコニー・プランクのスタジオを離
れ、タンジェリン・ドリームのピーター・バ
ウマンの下で新アルバムの制作に突入す
る。シンプル、いや驚くほど簡素すぎるメ
ビウスのアートワークが本作の音楽性を物
語っていると言えよう。楽曲から察すると、
『Zuckerzeit』と同様にメビウスとレデリウ
スがそれぞれリードを取る形でアルバムは
構成されていると思われる。さてこの当時、
バウマンの運営していたパラゴン・スタジオ
では本作を筆頭にクラウトロック史上重要
なアルバムが次々と録音されている。例を
あげるとシュニッツラーの『Con』、ティーチェ
ンスの『Nachtstücke』そしてレデリウスの
セカンド・ソロ『Jardin Au Fou』などである。

Cluster

Curiosum

Sky Records		SKY 063	1980

ラテン語で「好奇心」を意味するこのアル
バムは、レデリウスとメビウスによる第一
期クラスターの最終作である。パラゴン・
スタジオで録音されたダイナミックな前作
に対し、本作での楽曲は極限まで音数が減
らされただけでなく余計なエフェクトも一
切排除されており、まさしくジャケット・
ワークの蛍光色の幾何学模様のようなシン
プルさと抽象性を持ち合わせている。本作
をもってメンバー2人は、それぞれソロ活
動へと移行していく。時系列で言うならば
このアルバムの前年にメビウス＆プランク
の『ラスタクラウト・パスタ』が、翌年には
レデリウスの『Lustwandel』があり、互い
のソロ・スキルが本作に影響しているのだ
ろう。

(sound track)

Ausgeflippt (Sound Track)

Metronome	SMLP 080	1972

クラスターとノイ！の両方の名がクレジット！　人知れずリリースされた
マニア垂涎の貴重な音源か？　と思いきや、その正体は単なる表題映画の
サウンドトラック・アルバム。どうやらドラッグ・カルチャーを題材にした
映画らしい。レコードには映画のシーンがそのまま収録され、ときどき思
い出したように『ノイ！』と『クラスターII』の曲が浮かんでは消えるだけ。
これらの音楽が当時、社会にどう受け入れられていたのかを物語る珍奇盤。

Moebius + Roedelius

Apropos Cluster

Curious Music	CURIO 1 USA	1990

クラスターは1980年リリースの『クリオズム』を最後に活動休止し、メビウ
スとレデリウスはそれぞれソロで活動していたが、1989年に突如また共同
で作品制作を再開する。ただしクラスター名義ではなく、アルバム・タイト
ルが『ときにはクラスター』。機材は変わったものの、2人の異なった個性の
融合はクラスターそのもの。本作は彼らにとって初の米国からのリリースで、
以降のクラウトロック・リヴァイヴァルのきっかけとなったアルバムでもある。

Cluster

One Hour

Prudence Cosmopolitan Music	398.6165.2	1994

『アプロポー・クラスター』の後2人は再びソロ活動に戻る。そして数年が
過ぎて突如また共同作業を再開。今回はついにクラスターとしての正式な
再結成で『クリオズム』から実に14年もの年月が経っていた。こうして届
けられた本作はタイトル通り1時間ノンストップの一発録りのトラックで、
機材の変化はあったにせよサウンド・デザインや空気感はまさしく往年の
クラスター。本作が足掛かりになり後の日米ツアーが実現することになる。

Qluster

Fragen

Bureau B	BB76 / BB076	2011

クラスターは'90年代の米国ツアーの直後にふたたび解散してしまうが、後
に和解。2000年代には再々結成、アルバム発表やライヴ活動を行っていた
が2010年にはついにまた再解散となった。レデリウスは新たな相方オンネン・
ボックとQクラスターを始動する。こうして発表された第一弾が本作。ボッ
クは1973年生まれというから1934年生まれのレデリウスとは親子ほどの年
齢差があるが相性が良いらしく、これまでに4枚のアルバムを発表している。

Hans-Joachim Roedelius

1934年、当時は壁すらなかったベルリンで生まれたレデリウスは、東ドイツ人民軍の兵役を経て音楽の道へと進む。クラシックや現代音楽に影響を受けていたレデリウスであったが、'60年代の米国ロック、特にジミ・ヘンドリクスやヴェルヴェット・アンダーグラウンドに感銘を受け、独自の感性を確立して行く。1969年、ともにヨゼフ・ボイスと親交のあった友人、コンラッド・シュニッツラーとベルリンの伝説的クラブ、ゾディアック・フリー・アート・ラブを設立、自らも Kluster の一員としてシーンに身を投じる。レデリウスの作風はクラシックの手法に裏打ちされたオールドスクールな作曲方法と電子楽器の融合だ。こうした彼の姿勢がアンビエント・ミュージックの誕生に大きく機能したのは間違いない。

また彼はきちんとした音楽教育を受けておらず、楽譜も読めないという。だが数え切れないほど多くの作品を生み出し続けている姿は、まさしく孤高のディレッタントである。

		LP
Hans-Joachim Roedelius		
Durch Die Wüste		
Sky Records	SKY 014	1978

『荒野をぬけて』と題されたハンス・ヨアヒム・レデリウスのファースト・ソロ・アルバム。キーボード奏者というイメージが強いレデリウスだが、この作品では主にパーカッションとベースをプレイしているほか、コニー・プランクもミュージシャンとしてキーボードにギターや生のパーカッションなどを演奏している。生楽器主体の演奏に自然音や柱時計の音などがコラージュされた作品のため、後のキーボード主体の一連のソロ・アルバムとは趣がかなり異なる。また本作の発表は1978年だが録音自体は1976年。ハルモニアがイーノと出会って間もなくの時期であり、このことを踏まえて聞きなおすとレデリウスの音の変遷や原点が垣間見られるだろう。

Roedelius

Jardin Au Fou

Egg		90 291 France	1979

ピーター・バウマン（タンジェリン・ドリーム）のパラゴン・スタジオで録音、バウマン本人との共同プロデュース作品。そしてフランスのエッグ・レコードから発表されたセカンド・ソロ・アルバム。ピアノの練習曲や大道芸を彷彿とさせるようなメランコリックな作風で、クラスターのメロディアスなエレメントだけが抽出されたような趣のある１枚。当時、日本国内盤LPも発売されていたが『美しい世界』という邦題もあながち外れではない。

LP

Roedelius

Selbstportrait

Sky Records		SKY 028	1979

レデリウスのライフワークともいうべきセルフポートレート・シリーズは、言うなれば未発表音源集だが、アルバム用のコンセプトを持たされていない分、さりげない日常を収めた写真集のような趣がある。本作はシリーズ第1作でレデリウスのソロ・アルバムとしては３枚目にあたる。'70年代初期〜中期にフォルストにあったハルモニア・スタジオで録音され、コニー・プランクによってミックスされた全編インストのメロディアスなアンビエント。

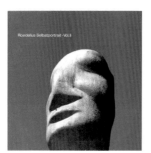

LP

Roedelius

Selbstportrait - Vol. II

Sky Records		SKY 040	1980

セルフポートレート・シリーズの第２作目。前作と同様にハルモニア・スタジオで制作された旋律の美しいアンビエント。長らく入手困難だったが、2009年に初の完全版で再発された。さてジャケットを飾るモアイ像のような彫刻が印象的だが、1996年のクラスター初来日時にレデリウスが現物を持参していたので見せてもらった。手にすっぽりと収まるほどの小さな木彫で、どうやらライヴ演奏中はいつも一緒にステージに上げられているようだ。

LP

Roedelius

Selbstportrait Vol. III - "Reise Durch Arcadien"

Sky Records		SKY 044	1980

３作目ともなり『アルカディアの旅』とサブタイトルのつけられたセルフポートレート・シリーズ。1973〜78年にかけてフォルストのハルモニア・スタジオで録音された音源でシリーズの前２作と同路線のメロディアスな曲を中心に、実験的な雰囲気の曲も収録されている。ちなみに本作と同じ肖像画を使った装丁のアルバム『Auf Leisen Sohlen』もあるが、こちらはベスト・アルバム。ただし１曲目の「Johanneslust」だけは原曲とは別テイク。

Roedelius		LP
Lustwandel		
Sky Records	SKY 058	1981

『Jardin Au Fou』と同じくペーター・バウマンのプロデュースで制作された通算 6 枚目のソロ LP。全編を通してピアノをメインにしたシンプルで透明感のある曲をメインに構成されている。だが中には B5「Langer Atem」(長い呼吸)のようなミニマルでパーカッションを配した今までのソロ作品にはない音の位相と雰囲気の曲もあり、どちらかというとクラスターの作風に近い。本作は時系列で言うならばクラスター『クリオズム』直後の作品。

Roedelius		LP
Wenn Der Südwind Weht		
Sky Records	SKY 064	1981

『南風が吹くとき』と題された通算 7 枚目のソロ LP。オルガン主体で制作された本作は、同年に発表された『Lustwandel』とはずいぶん印象が異なる。さてセルフポートレート・シリーズはここまでで 3 作、そして1995年に『第 6 集』が発表されている。つまり 4 と 5 が欠番になっているのだ。気になったのでレデリウス本人に尋ねたところ、本作が『セルフポートレート IV』に該当するとのこと。「内緒にしてね」と言われたのだが、あえて書いてみた。

Roedelius		LP
Offene Türen		
Sky Records	SKY 072	1982

通算 8 枚目ソロ LP『開かれた扉』。純粋にシンセやドラムマシンといった電子機材のみを使いウィーンのエルペル・スタジオで録音された。ここはミュージシャンでエンジニアのエリック・シュピッツァー・マーリンが運営しており、このアルバムも彼によって手掛けられている。ユーモラスなパーカッションサウンドによって独特のアクセントが与えられたヴァラエティにとんだ 12曲を収録。長いあいだ入手困難だったが最近になって再発された。

Roedelius		LP
Flieg Vogel Fliege		
Sky Records	SKY 078	1982

通算 9 枚目ソロ LP にして Sky Records での最終作。タイトルは言葉遊びのため和訳しづらいので英訳すると『Fly, Bird Fly』なるのだが、2 番目のフライには蝿の意味もある。音源はレデリウスの自宅スタジオで録音された11曲が収録され、レデリウスの特徴的なエフェクトがかかったオルガンの音色の鳴り響くアンビエント作品。ちなみにレデリウス本人から聞いた話によれば、本作が欠番になっている『セルフポートレート V』だとのこと。

Hans-Joachim Roedelius
Wasser Im Wind

Schallter	204 686	1982

ソロ作品としては初めてゲスト・ミュージシャンを迎えトリオ編成で制作されたアルバム『風の中の水』。基本はレデリウス特有の優しくメランコリックなメロディ。だが実験的なアレンジやサウンド・デザインが絶妙で一連のソロ作品とは異なるダイナミズムを内包し、まごうことなき屈指の名盤。また本作は以降のレデリウス作品には欠かせないサックス・プレイヤー、アレクサンダー・クシゼックとの初の共演でもある。

Hans-Joachim Roedelius
Geschenk Des Augenblicks

Editions EG	EGED 34 U.K.	1984

日本でも『ネオバロック』なるタイトルで国内盤LPが発売されていたレデリウスのソロ・アルバム11作目にして英国での初リリース作品。本作『瞬間の贈り物』はまずレデリウスによるピアノのみが録音され、後にチェロやヴァイオリンがミックスされる流れでアルバムは制作された。本作はチェンバーな構成のため「ネオ・クラシック」として評されているが、曲は3〜4分程度で大衆音楽のフォーマットを踏襲している。

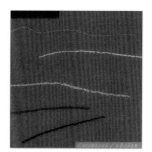

Roedelius / Czjzek
Weites Land

Amadeo	831 627-1	1987

オーストリア出身のサックス・プレイヤー、アレクサンダー・シゼックはジャズ畑出身のミュージシャン。彼のサックスとアンビエント・ミュージックとの融合というレデリウスの以降の作風を決定づけた1枚。ときにはサックスが濃厚すぎる演出となるが、レデリウスの無意識の過剰さによって相殺され、多幸感に満ちた環境音楽に仕上がっているのが面白い。長年入手困難であったが、近年になってレデリウス自身によって音源が配信されている。

Hans-Joachim Roedelius
Momenti Felici

Venture	CDVE 4 U.K.	1987

当時設立間もないヴァージン傘下のヴェンチャーに移籍して制作されたアルバムで当時『歓喜の時』と題されて国内盤CDも発売されていた。レデリウスのグランドピアノにアレクサンダー・クシゼックのサックスがアクセントとなり、ネオクラシカルに構成されたアンビエント作品。なおA1「Im Frühtau」(朝露の中に)は『Offene Türen』収録の「Allemande」(アルマンド)のリメイクだがチェンバー・ミュージックなアレンジで印象がずいぶん異なる。

Hans-Joachim Roedelius
Bastionen Der Liebe

Venture	CDVE 42 U.K.	1989

英国ヴェンチャーからの2枚目。タイトルを直訳すると『愛の砦』と激甘な響きのとおり情緒的な作品だが、この路線を極めた突き抜け方が逆に心地よい。「ハッピーバースデイ」や「スマイル」といった曲名通りアルバム全体には多幸感に満ち溢れ、それは最後の曲「Ordre Du Coeur」（心の順番）のレデリウス自身のしわがれた歌声で頂点に達する。この時期のレデリウス作品は軽視される傾向にあるが、先入観なく聴けば本作は間違いなく名盤。

Roedelius
Der Ohren Spiegel

Multimood	MRC 010 Sweden	1990

スエーデンのレーベルから変形スリーヴ入り特殊装丁CDとして発表された『聴者の鏡』は、この時期のレデリウス作品としてはきわめて異質だ。まるで原点に回帰したかのような実験作として完成しているからだ。冒頭の24分にも及ぶロングチューン「Reflektorium」（反射鏡）では自分の曲を素材にサウンド・コラージュした異色作。もし初期クラスターが90年当時の機材を使っていたら、こんな作品を作っていたのではないかと思わせる。

Hans-Joachim Roedelius
Variety Of Moods

Nova Era	640043 Spain	1990

1989〜90年に録音されスペインのノヴァ・エラからリリースされた作品。本作にもクシゼックが参加し、全体的な雰囲気は『Momenti Felici』によく似ているが、E-コントラバスが使われているので他の作品とは印象がかなり異なる。アルバムの後半にはウィーンでのコンサートの音源が収録されているが音質も良い。また96年のクラスター来日公演で突然飛び出したピアノ・ソロの原曲「Due, Uno, Tres」も収録されている。

Roedelius
Piano Piano

Materiali Sonori	MASO CD 90031 Italy	1991

レデリウス初のピアノ曲だけで構成されたアルバム。純粋にピアノの演奏がそのまま収録され、オーヴァーダビングやエフェクトのたぐいは一切排除されている。オリジナル・アルバムの注意書きには「ピアノフォルテのためのニューエイジ＆アンビエント・ミュージック」とあるが、ニューエイジ要素は希薄。イタリアのMateriali Sonoriから出されていたレア盤であったが、近年になってデザイン変更のうえ再発されている。

Hans-Joachim Roedelius

Frühling

| Prudence Cosmopolitan Music | 572 1756-2 | 1992 |

レデリウスのキーボード類にE-コントラバス、チェロ、トランペットといったチェンバーな編成で制作されたアルバム。サックス・プレイヤーも参加しているが、今回はクシゼックの演奏ではない。タイトルの意味は『春』だが、穏やかでうららかな春ではなくストラヴィンスキーの『春の祭典』のような荒ぶる力強さの方が近い。本作は1999年に『Romance In The Wilderness』と改題＆デザイン変更で再発された。

Roedelius

Cuando....Adonde

| Nova Era | NECD 1006 Spain | 1992 |

少々お堅いチェンバー・ロック風の曲で幕を開ける『クアンド・アドンデ』(スペイン語で「いつ、どこで」)はスペインのノヴァ・エラからリリースされた。7曲目「Schattierung」はクラスター＆イーノの名曲「シェード」のサックス入り新録、また11曲目「Amistat」はバルセロナで行われたフェスティヴァルでのライヴ音源が収録されている。レデリウス自身は'90年代初頭のソロ作の中で、最も思い入れのある作品だと語っていた。

Roedelius

Tace!

| Prudence Cosmopolitan Music | 39861012 | 1993 |

ギターでアクアレロに参加していたファビオ・カパーンニ、サックス・プレイヤー、ニコラ・アレッシーニのイタリア人ミュージシャンのサポートを受けて制作された全編インストゥルメンタルのアンビエント・アルバム。レデリウスはいまやビンテージ・シンセとなったKurzweil K1000できわめてゆったりとした曲を演奏している。なおタイトルの『Tace!』は「タシェ」と読むらしいが、何を意味しているのかはレデリウス本人しか知らない。

Aquarello

To Cover The Dark

| Deep Wave | DWMC 001 U.K. | 1993 |

英国のレーベルからカセットのみでリリースされた作品。レデリウスのピアノとシンセの他にサックス、ベース、ギター、パーカッションやフルートなど大人数のミュージシャンによるユニット、アクアレロの第1作。いわゆるニューエイジにも似た部分はあるものの、音響処理やサウンド・デザインはアンビエントのフォーマットを呈している。このアクアレロは1998年にセカンド・アルバム『Aquarello』もリリース、国内盤CDも発売されていた。

Roedelius
Sinfonia Contempora No. 1 "Von Zeit Zu Zeit"

| Prudence Cosmopolitan Music | 398.6164.2 | 1994 |

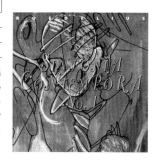

レデリウス齢60歳にして発表された『シンフォニア・コンテンポラ第一集
〜時から時へ』には「Klangbild」(音響作品)と題された4篇の楽曲が収め
られている。キーボードにヴァイオリン、サックスといった楽器の音にフィー
ルド・レコーディングされた街の雑踏などがコラージュされた実験アンビ
エント作品。「Klangbild #3」ではエレクトロニクスでアスムス・ティーチェ
ンスが参加。なお第1集とあるが、現在までに続編は発表されていない。

CD

Hans-Joachim Roedelius
Theaterworks

| Multimood | MRC 016 Sweden | 1994 |

レデリウス個人所有のアーカイヴス音源を編纂し、『Der Ohren Spiegel』
と同じくスエーデンのレーベルからリリースされたアルバム。多くは1992
年頃の音源だが、特筆すべきは1975年、ハルモニアがブライアン・イーノと
出会ったばかりの頃にフォルストで録音され、長いあいだ未完のままだっ
た音源が含まれているのだ。イーノとの録音は後にハルモニア76名義のア
ルバムがリリースされたが、そこには収録されていない音源である。

CD

Roedelius
Lieder Vom Steinfeld Vol. 1, Vom Nutzen Der Stunden

| (self-release) | ROED 1 | 1995 |

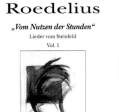

1995年にレデリウス自身によって制作された完全自主制作アルバム『シュ
タインフェルトの楽曲・第1集』。本作の一番の特徴といえば「歌物」である
ことに他ならない。それもゲストシンガーではなくレデリウス本人が歌っ
ているのだ。レデリウス当時61歳。山水画のような歌声の奥深さは、そのま
ま彼の音楽人生を体現しているのだろう。本作が2000年にデザイン変更の
うえ再発された際に、続編である『第2集・時空の恩恵』も同時に発表された。

CD

Global Trotters
Drive

| Biosphere | BICL-5011 Japan | 1999 |

レデリウスと平沢進、小西健司らがインターネット上のヴァーチャル・スタ
ジオで制作したとされる作品。サーバーを介したクラウドシステムが一般化
した現代の先駆けと捉えることも出来なくはない。本作発売に合わせてレ
デリウスは来日したのだが、平沢氏が公演を訪問することもなく交友もヴァー
チャルな関係だったようだ。また帯のコメントに当時の人気声優、宮村優子
を起用するあたり時代を感じる。曲の差替えでRYKOからも発売された。

Roedelius

Roedeliusweg

| PRUDENCE | 398.6563.2 | 2000 |

多産で知られるレデリウスであるが、20世紀最後の年である2000年の1年間でなんと6枚ものソロ・アルバムを発表している。本作はそのうちの1枚で『レデリウス通り』と題されたアルバム。自宅スタジオで録音されたキーボードに、ギターがオーヴァーダビングされた淡くほのかなアンビエント作品。派手な演出はないが、'90年代以降の一連のレデリウス作品を総括するような普遍性を強く感じさせるような仕上がりになっている。

CD

Roedelius & Arvanitis

Digital Love

| Plag Dich Nicht | PDN 014 Austria | 2002 |

ギリシャ人ミュージシャン、ニコス・アルヴァンティスとレデリウスによるダンス・ミュージック、否、シルバー・レイヴ。キーボード以外はすべてアルヴァンティスによって手掛けられておりレデリウスの個性は希薄。さらに表題曲に至っては後にオムニバスにアルヴァンティスの個人名義で収録されている。それにしてもレデリウス当時68歳、BPM120以上の曲を演奏している状況に余計な心配をしてしまうのは筆者だけではあるまい。

2CD

Roedelius

Works 1968 - 2005

| Grönland Records | CDGRON039 | 2006 |

レデリウス72歳、2006年に2006枚限定で出された彼の音楽史を総括したベスト・アルバム。'60年代末のゾディアック・アート・ラブ時代の「ヒューマンビーイング」からKクラスター～クラスター～ハルモニア、そしてソロと長きにわたり彼の表現活動の変遷が2枚のCDにつづられている。アルバムはノイ！の再発などで知られるグローネランドからのリリースで、再編成された1枚ものCDの他、銀色の特殊装丁の2枚組など数種類ある。

CD

Hans-Joachim Roedelius & Tim Story

Inlandish

| Grönland Records | CDGRON64 | 2008 |

オハイオ在住のミュージシャン、ティム・ストーリーとレデリウスの出会いはオーストリアのアルプスだったそうだ。親子ほど年が違う2人だったが、すぐに打ち解け2000年の『The Persistence Of Memory』を皮切りに次々と共作を発表することになる。本作は彼らの3作目にあたるアルバムで、前作『Lunz』(2002)にも通じるクラシック楽器が多用された、ストーリーお得意のチェンバーな雰囲気の作品。グローネマイヤーのグローネランドからのリリース。

	3xLP	3xCD

Hans-Joachim Roedelius

Tape Archive 1973-1978

Bureau B	BB193	2014

フォルストにあった「ハルモニア・スタジオ」(現・カッツェンムジークスタジオ)
で録音されていたレデリウスの未発表曲26曲を、3枚のディスクに収録し
たLP+CDの限定ボックスセット。時期的に『セルフポートレート1』から
『2』の時期のアウトテイクにあたる。ファルフィーサ・オルガンをメイン
に使用した楽曲集で、ルヴォックスのオープンリールテープに録音されて
いたものだという。至極シンプルな構成ながら良質なアンビエント作品集。

		2xLP

Roedelius & Muraglia

Ubi Bene

Passus Records	Passus Records 1	2015

2000年頃からノルウェーのオスロを拠点に活動していたエレクトロ・バン
ド「サルヴァトーレ」や「レイディオ9」の中心人物、レオン・ムラグリアと、
レデリウスという世代もバックグラウンドも違ったふたりのコラボレーショ
ン。レデリウスが生み出す旋律を若いムラグリアがアコースティックギター、
SE、エフェクトで繊細にトレースしていったかのようなリラクゼーション・
ミュージック。ムラグリアの個人レーベルから自主リリースされた。

	CD	LP

Roedelius

Selbstportrait Wahre Liebe

Bureau B	BB 335	2020

レデリウスのライフワークともいえる『セルフポートレート・シリーズ』は
1979年から始まった自叙伝的作品群で、本人にとってはたんなるソロ作品と
は違った特別な位置づけのようだ。もともとは「Senfte Musik」(ソフト・ミュー
ジック)と銘打って市場に出回っていた。「真実の愛」とサブタイトルが付け
られたこのアルバムは、シリーズ開始40周年記念で新規で制作されたセル
フポートレートの9作目だ。曲調や質感は初期2作目までによく似ている。

		LP

Hans-Joachim Roedelius

Drauf und Dran

Grönland Records	LPGRON237	2021

クラウトロック界の最長老であるレデリウスが、齢87歳にしてリリースし
た『ドラウフ&ドラン』(さあ行こう)は、2021年のレコード・ストア・デイ用
のタイトルとして制作された。おもにピアノのみが使われた9曲が収録さ
れており、録音時期はさまざまだが時系列で並べられているわけではない
とのこと。彼のもの柔らかで温厚な人柄が現れたかのような穏やかな小品集。
音質にこだわった45回転の白色ヴァイナルは、たたずまいも愛くるしい。

Dieter Moebius

クラスターの「変な音」担当のディーター・メビウスは1944年スイス生まれ。ベルリンに移り住んだ彼はステーキハウスで働きながら伝説のクラブ「ゾディアック・フリー・アート・ラブ」に足しげく通う常連客の１人だった。そんな折、クラブ運営者であった2人の重鎮、ハンス・ヨアヒム・レデリウスとコンラッド・シュニッツラーに声をかけられKlusterとして活動を開始する。Klusterとして２枚のアルバムを残した後、メビウスはレデリウスとのデュオとなりバンド名をClusterへと変更し、クラウトロック史上不可欠な数々のアルバムを発表する。

またメビウスはClusterでの活動と並行して数々のサイド・プロジェクトでも活動し、コニー・プランク、ゲルト・ベーアボーム、カール・レンツィーハウゼンなどとコラボレーションしている。さらに様々な録音物にゲスト参加したことが知られ、グルグルやブライアン・イーノ、ディー・クルップスの作品でも彼の名がクレジットされている。2015年に惜しまれつつ永眠した。

		LP
Moebius - Plank – Neumeier		
Zero Set		
Sky Records	SKY 085	1983

リリースされた当時はまったく話題にならなかったが、後になって好評価を得たアルバムと言えば本作が真っ先に挙げられるだろう。シリアスでタイトなミニマル・シンセビートに、トライバルな生ドラムの組み合わせという '80年代のプランク仕事の真骨頂ともいえるコンセプトを展開した歴史的名盤。'90年代半ばのクラウトロック再評価のムーヴメントのきっかけになった１枚に数えられる。また本作に限ってラインナップにマニ・ノイマイヤーが加わった３人になっているが、前2作にほれ込んだノイマイヤーが「次のアルバムには必ず参加させてくれ」と自ら売り込んだということだ。A面の３曲ばかりが評価されがちだが、B面も名曲ぞろい。

Moebius & Plank

Rastakraut Pasta

| Sky Records | SKY 039 | 1980 |

「ラスタ」(レゲエ)と「クラウト」(ドイツ)の融合という意味だろうが、クラウトには「草」も意味するので「ラスタ草」(カナビス)のダブル・ミーニングのタイトルをもつメビウス&プランクの第1作(「パスタ」は単なる語呂だろう)。レゲエとの共通点はユルさだけ。グルーヴは電子還元された出所不明な浮遊感と酩酊感にあふれた名作。ホルガー・シューカイもベースで参加しているが演奏、というよりひたすらリズムを刻んでいる。

Moebius & Plank

Material

| Sky Records | SKY 067 | 1981 |

うずたかく積み上げられた黒いゴミ袋、タイトルが『マテリアル』というからてっきり物質文明へのアンチテーゼかと思いきや、そんな思想も気負いもなさそうなメビウスとコニー・プランクの合作第二弾。ギターやドラムといった生楽器も演奏されているが、テクニックなんてどこ吹く風と言わんばかりに我が道を行く中春シンセ親父の回春電子音楽作品。この作品がニューウェイヴ全盛時代に出されたということが何よりも意味のあること。

Liliental

Liliental

| Brain | 0060.117 | 1978 |

メビウスとプランクにクラーンのヘルムート・ハトラーとヨハネス・パッペルト、そしてアスムス・ティーチェンス、シタール奏者のオッコー・ベッカーによる6人組、リリエンタールの唯一の作品。プランク周辺のミュージシャンたちの自由なセッション音源といった趣で、音源自体は1976年に6日間かけて録音されていたのだが、発売元の決断の遅延により2年後の発表となった。ジャケット違いの日本盤も存在し、邦題は『未来への飛翔』。

Moebius & Beerbohm

Strange Music

| Sky Records | SKY 071 | 1982 |

メビウスのパートナー、ゲルト・ベーアボームについては長いあいだ正体が不明で謎の人物とされていた。機会があったのでメビウス本人に素性を聞いたところ「なにも語ることはないただの友人。ミュージシャンでもない」という予想だにしない回答だった。こうしたフットワークの軽い共作はメビウスならではだ。生楽器も使用されているがメビウスのフィルターを通すと、まさしくタイトル通り「奇妙な音楽」となるのが彼の真骨頂。

Moebius

Tonspuren

| Sky Records | SKY 083 | 1983 |

クラスターの変な音担当、ディーター・メビウスの『音のスプレー』と題され
たファースト・ソロ・アルバム。メロディや構成の奇妙さだけでなく、なんといっ
ても音そのものが奇妙なのがメビウスならではの特徴だろう。どんなにわず
かな曲の断片であろうとも、メビウスの音はすぐに特定されてしまう「あの音」
なのだ。こんな個性はメビウス以外にはありえないことなのだ。とはいえメ
ビウスの個性は機材の性能に依拠したものではないのはご存知のとおり。

Moebius & Beerbohm

Double Cut

| Sky Records | SKY 091 | 1984 |

ゲルト・ベーアボームとの共作2作目、前作同様Sky Recordsからリリース
された。ドタバタとした調子はずれなドラムと手弾きのベースが生み出す
人力によるミニマル・アンビエント。21分にも及ぶ表題曲は耳慣れない音
ばかりで構成されているにも関わらず、ヒプノティックな響きを放つ。残
念ながら本作をもってベーアボームとの共作は終了してしまうが、数年後
にメビウスは新しい相方レンツィーハウゼンとタッグを組む。

Moebius

Blue Moon - Original Motion-Picture Sound-Track

| Sky Records | SKY 109 | 1986 |

1986年公開のカルステン・ヴィヒニアルツ監督の劇場公開映画「Blue
Moon」(日本未公開)のために制作されたサウンドトラック。アルバムには
映画の各場面に合わせたタイトルが割り振られているが、いつものメビウ
スらしいグニャグニャしたシンセのつかみどころのない音楽であるのは言
うに及ばず。メビウスはテレビの舞台美術や小道具制作にも携わっており、
映画音楽に起用されたのは視覚的なサウンド・デザインの才能からだろう。

Moebius & Plank

En Route

| NO-CD Rekords | CDNO 11 Spain | 1995 |

1995年にリリースされたメビウス&プランクの未発表だった4枚目のアルバム。
プランクのポップなメロディとメビウスの変なシンセの組み合わせという安
定のサウンドだがBPMは若干遅め。中にはD.A.F.っぽいシーケンスビートの
曲もあり、改めてプランクの仕事の幅を感じさせられる。当初、録音年は1986
年とされていたが、1983年録音・86年ミックスというのが正解らしい。オリジ
ナルはCDのみでの発売でボーナスとしてリミックスが3曲追加されている。

	LP	CD

Moebius - Plank – Thompson

Ludwig's Law

Drag City	DC143 / DC143CD USA	1998

『En Route』のマテリアルはプランク亡き後に発表されただけでなく、全く
異なる作品へも進化した。この計画に新たに加担したのはレッド・クレイ
オラのメイヨ・トンプソン。残された音源にトンプソンの鼻歌のようなヴォー
カルとギターがメビウスの手によってミックスされ、新たなるアルバム『ルー
トヴィヒの法典』として転生した。若干のアレンジが加味されただけで作
品の印象が『En Route』とずいぶんと異なるのが興味深い。

	LP	CD

Moebius & Renziehausen

Ersatz

Pinpoint Records	08581 / 08581 26	1990

1988年頃たまたまメビウス宅の近所に住んでいた画家、カール・ミュゲ・レ
ンツィーハウゼンが電子音楽を始めたことから自然発生的にコラボレーショ
ンをすることに。こうした自然な流れから生まれたアルバムが本作、エルザッ
ツ（代用品）だ。レンツィーハウゼンは'80年代初頭にベルリンのバンド、ヴェ
スドイチェ・クリステンに関わっていた人物だが、それ以来はずっと絵画
や彫刻の方面で活躍し米国や豪州などでも展覧会を開いていた。

	CD

Moebius & Renziehausen

Ersatz II

Nova Era	NECD 1007	1992

前作エルザッツから2年、レンツィーハウゼンとメビウスの共作第2弾が
完成、その名もエルザッツII（代用品・その2）。オリジナル盤はスペインの
ノヴァ・エラ・レーベルからCDのみ発売された。前作同様、主流のアンビエ
ントから外れた独自解釈のエレクトロ・ミュージックだが、誰と組もうと
個性が没しない電子音が出せるのはさすがメビウスである。なおレンツィー
ハウゼンは現在も世界をまたにかける芸術家として活動中のようだ。

	CD

Cosmic Couriers

Other Places

Hypnotic	CLP 9823-2	1996

メビウスと旧知の盟友ノイマイヤー、そしてディー・クルップスのユルゲン・
エングラーの3人によるセッション。まとめ役であるプランクが参加して
いない分、人的な呼吸と間合いで構成された作品。そのためマンパワーな
プレイが聴きどころ。『ゼロ・セット』と比較されがちだが、本質的に作品コ
ンセプトが異なるので安易な類推は的外れ。また本作品から17年、彼ら3
人はまた共謀し『Another Other Places』と題された新作を発表した。

CD

Space Explosion
Space Explosion

Purple Pyramid	CLP 0175-2 USA	1998

『Other Places』の3人にクリス・カーラー(アモン・デュールII)、ジャン・エルヴェ・ペロンとザッピ・ディアマイヤー(ファウスト)が参加、まさしくクラウトロック・オールスターとでも呼ぶべき大所帯セッションが敢行された。もともとは60分以上もある一発録りの長い音源で、そこから各曲が抜粋されている。また近年「アモングル」名義でのアルバムが複数発売されているが、すべて本作の音源に曲を追加した編集盤。

CD

D. Moebius
Nurton

Blue Pole Records	BLOOP1 Canada	2006

1999年の『Blotch』(シミ)から7年、まったくアティチュードも気負いも変化することなくリリースされたソロ・アルバム、タイトルは『音だけ』。気だるくグニャグニャのシンセがあったかと思えば、いきなりタイトに刻まれるシーケンスビートにワケのわからないエフェクトのコラージュなど誰もが思い浮かべるメビウスの音の応酬。雰囲気でいえば『Ersatz』をだらしなくしたような作風。なおメビウスはこの後、アスムス・ティーチェンスとタッグを組む。

CD

Moebius & Neumeier
Zero Set II

Music Mine	IDCF-1006	2007

コニー・プランクへのトリビュート企画という事で、日本でのみ発売されたアルバム。タイトルからして安直な二匹目のドジョウ企画か? と思いきや、いつものメビウス節全開なシンセに、トライヴァルでプリミティヴなノイマイヤーのパーカッションがせめぎ合い、本家ゼロ・セットとは別路線ながらなかなかの出来。2010年には収録曲のリミックス・シングルも3種類リリースされた。装丁は新境地ともいえるファッショナブルなデザイン。

CD

Moebius
Ding

Klangbad	Klangbad 56CD	2011

前作『Kram』(2008)と同じくファウストのKlangbadから発表されたフル・アルバムで、録音自体もファウスト・スタジオで行われている。いつものグニャグニャのシンセながらドラムマシンが導入されているのでビートは明確。BPM速めのミニマル・アブストラクト作品といえば体裁は良いが、実際の音の前ではそんな聴き手都合の分類も一蹴されてしまう。メビウスはこの後、Phewと小林エリカによるProject Undarkとの共作『Radium Girls 2011』を発表している。

D. Moebius
Blotch

Scratch Records	SCRATCH #32	1999

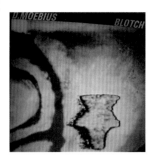

コラボレーション企画が多いディーター・メビウスの『トンシュプーレン』以来のソロ名義アルバムで、バンクーバーのスクラッチ・レコードからCDのみでリリースされた20世紀最後の作品。当時のメビウスはまだMTRなど旧世代の機材を使っており、安直に技術に依拠しない創作方針を貫いていた。にもかかわらずいちど聴いたら忘れられない個性的な「音」を作り出し、聴く者の記憶に「シミ」(ブロッチ)を残していく唯一無二の存在だった。

Moebius
Kram

Klangbad	Klangbad 41	2009

ファウスト(イルムラー側の)が運営するレーベル「Klangbad」からのソロ名義作品。独創的でいかにもメビウスらしい音色と背景音で構成されているが、シーケンサーとプログラミングで作られた曲の構成は、むしろハードなインダストリアルに近い。とはいえ流れにきびすを返すように割って入るコミカルなSF的サウンドが、聴く者の緊張感を弛緩させる。愛妻家だった彼らしく、ジャケットには妻のイレーネが撮影したカラフルな写真が使用されている。

Moebius, Story, Leidecker
Snowghost Pieces

Bureau B	BB167	2014

レデリウスとの共作でおなじみのオハイオのティム・ストーリーと、ウォブリーことサンフランシスコ在住のアーティスト、ジョン・ライデッカーとメビウスによる共作第一作。ライデッカーはこれまでフレッド・フリス、デヴィッド・トゥープらとも共演してきた人物だ。ストーリーとライデッカーの情景描写と、メビウスの「音」が融合したサウンドスケープ作品。メビウス没後の2017年にはプロジェクトの続編『ファミリアー』も発表された。

Moebius
Musik für Metropolis

Bureau B	BB 248	2017

フリッツ・ラング監督の1927年の名作無声映画『メトロポリス』のために制作されたサウンドトラック・アルバム。残念ながらメビウスは2015年にがんで永眠したため、未完成だった音源は妻イレーネ、ティム・ストーリー、ジョン・ライデッカーらによって編集され、2017年になってリリースに至った。過去にも『メトロポリス』の音楽を手掛けたミュージシャンは複数いたが、古いフィルムの傷まで再現したかのようなメビウスの作品は、出色の完成度だ。

Asmus Tietchens

Nachtstücke

Egg	91 040 France	1980

メビウスらとのリリエンタールやクラスター＆イーノにも参加したアスムス・ティーチェンス。彼がレデリウスに渡したデモテープが偶然にもピーター・バウマンの手に渡り、それを気に入ったバウマンのプロデュースでアルバム・デビューすることに。本作の音源は1975〜78年に取りためられていたもので、フランスのエッグ・レコードから発表された。どこか病んだ光を放つダウナーなシンセサイザー・アンビエント。メロディが異様。

Asmus Tietchens

Biotop

Sky Records	SKY 057	1981

目も覚めるような蛍光色の強烈なジャケットに包まれたセカンド・アルバム。これ以降の4作品は大胆なツートーンのデザインが印象的な連作で、一部からヨーロッパ4部作と呼ばれている。前作同様に異様な旋律で構成されたダウナーなアンビエントだが、ポップな要素も取り入れられている。最近になってオリジナル・デザインを踏襲した再発盤が出されたが、印刷色がボンヤリと濁り作品自体のインパクトさえも半減しているのが惜しい。

Asmus Tietchens

Spät-Europa

Sky Records	SKY 070	1982

Sky Recordsからの2枚目で通算3作目のアルバム。『晩期欧州』と題された本作には、ティーチェンスの爛熟し異形化した電子楽曲が20曲収録されている。前作からレコーディングにはティーチェンスを筆頭に総勢8人ものレコーディング・メンバーがクレジットされているが実際にはオッコー・ベッカーとの2人で制作され、水増しされたメンバーについてはすべてティーチェンスのアルファベットの組み換え。つまりアナグラムのティーチェンス本人。

Asmus Tietchens

In Die Nacht

Sky Records	SKY 077	1982

ティーチェンスとその変名による3作目で通算4枚目。『夜に』と題された本作はSky Records時代に特有な「透明感のある音で構成された混濁したメロディ」の全編インストゥルメンタル曲集。各曲にタイトルがきちんと付けられているのは、シュニッツラーと対照的。『Biotop』〜『Litia』までの連作は、時代が下るごとにポップな雰囲気に変わる。しかしながらSky Recordsから移籍した後はいきなり硬派な実験的なインダストリアルに傾倒していく。

Asmus Tietchens

Litia

| Sky Records | SKY 087 | 1983 |

Sky Recordsからの4連作の最終作品。これまでの作品と比較するとメロディやリズムが明確なポップの要素が多分に取り入れられ、ダウナーなアンビエントというよりは特殊シンセ・ポップのような仕上がりである。オリジナルLPジャケットの表面にあるDMM（ダイレクト・メタル・マスタリング）のロゴも時代性を感じさせる。また21世紀になってからSky Records時代の未発表曲のみを編纂した『Der Fünfte Himmel』がシリーズのデザイン踏襲のうえ発売されている。

Asmus Tietchens

Geboren, Um Zu Dienen

| Discos Esplendor Geometrico | EG 003 Spain | 1986 |

のっけからオールディーズ風の歌物が始まるが、次の曲からはZ'EVのような激しいインダストリアル・ビートの曲へと一変し、以降は工場内のような機械音のコラージュが延々と続く。Sky Records時代の作品のようなカラフルなメロディは一切排除されている。ティーチェンスはこの'80年代後半〜'90年代初頭にかけての時期にノイズ／インダストリアル寄りの作品を多産していた。本作はスペインのDiscos Esplendor Geometricoからリリースされた作品。

Asmus Tietchens

Notturno

| Discos Esplendor Geometrico | EG 011 Spain | 1986 |

前作に引き続きスペインのレーベルからリリースされたアルバム。タイトルは『ノクターン（夜想曲）』というだけあって宴の後のような静けさが支配したアルバムで、前作のかまびすしさとは全く対照的な作風。ピアノやエコーのかかったシンセなど、限られた音数で空間的なサウンドスケープが広げられているが、曲名によるとティーチェンスなりのピアノ曲ということらしい。プロデューサーは盟友、オッコー・ベッカー。

Asmus Tietchens + Okko Bekker

E / U

| DOM | DOM V 77-05 | 1988 |

オランダ人シタール奏者、オッコー・ベッカーとの共作で、管楽器やマリンバといった生楽器と摩擦音などの生ノイズを主軸に構成されたコンテンポラリー風アルバム『E』。B面にはティーチェンスお得意の異様なメロディのシンセも入る。彼らは'70年代にリリエンタールですでに顔合わせをしている旧知の仲。また本作の初回500枚は7インチ「U」が付属しており、こちらは共作ではなくそれぞれのソロを収録。2枚ともクリア・ビニル。

LP

Asmus Tietchens

Marches Funèbres

Multimood	MRC-008 Sweden	1989

スウェーデンのMultimoodレーベルからリリースされた、レコード各面1曲ずつの長尺トラックを収録したLP。スペインのレーベル時代のようなインダストリアルではなく、オーケストレーションによるクラシック・ミュージックのような作品。本作は2度CD再発されているが、初回は1987年の『Zwingburgen Des Hedonismus』とのカップリング。2度目のDie StadtからのCDではLPのB面曲「Grünschattiger Nachmittag」の1979年ヴァージョンが追加。

LP

Asmus Tietchens

Stupor Mundi

Discos Esplendor Geometrico	EG 018 Spain	1990

『知覚麻痺』と題されただけあって、メロディもなく機械音と不吉な電子音がサウンド・コラージュされたインダストリアルなアルバム。スペインのインダストリアル系レーベルDiscos Esplendor Geometricoからリリースされたが、本作がこのレーベルでの最後の作品。後にDie StadtレーベルからボーナS曲追加でCD再発もされているが、LPにはなかった曲間にブランクが挿入され、ずいぶん印象が変わってしまった。

3LP

Asmus Tietchens

Ptomaine

RRRecords	RRR 101 USA	1996

米国のノイズ専門レーベル、RRRecordsから500枚限定でリリースされた3枚組クリア・ビニルLP。実験エレクトロニクス作品だが、音だけでなく媒体としても実験的な試みがなされており、レコードの各サイドには8〜10曲が収録されているが、それぞれの曲でエンドレスカッティングになっているため、次の曲を聴くためにはわざわざプレイヤーのピックアップを手で移動させなければならないという変わった趣向のアルバム。

LP	CD

Moebius + Tietchens

Moebius + Tietchens

Bureau B	BB109LP / BB109CD	2012

リリエンタール、クラスター＆イーノ以来30年ぶりに2人の鬼才が再会した。クラスターで「変な音」担当のディーター・メビウスと、黒衣の怪人アスムス・ティーチェンスによるその名も『メビウス＋ティーチェンス』。個性の強すぎるグニャグニャの音を出す2人ながら意外なほど調和のとれた作品に仕上がっていが、唯一無二、誰にもマネのできないような高みに達した「変な音」なのだ。続編の計画もあったが実現には至らなかった。

Ash Ra Tempel
Manuel Göttsching

アシュ・ラ・テンペルは10代のギタリスト、マヌエル・ゲッチンと友人のハルトムート・エンケが作ったブルース・バンド「Steeple Chase Bluesband」を母体にクラウス・シュルツェが加わる形で結成された。ベルリンで最も先鋭的だったクラブ、ゾディアック・フリー・アート・ラブで演奏するようになり、その頭角を現す。初期はブルースを基調にしたサイケデリック・ロックだったが、徐々にそのサウンド・スタイルを変化させてゆく。彼らはエレクトロニクスとミニマルの開祖ともいうべき存在となり、バンド名をアシュラと簡略化する。
今日では彼らはハウス、ミニマル、アンビエントといった各種ジャンルのリスナーからオリジネーターとして敬愛されている。

		LP
Ash Ra Tempel		
Ash Ra Tempel		
Ohr	OMM 56.013	1971

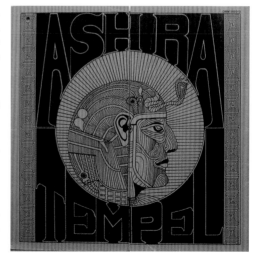

当時まだ18歳の青年だった若きギタリスト、マヌエル・ゲッチンとベース・プレイヤー、ハルトムート・エンケ、そしてドラマーのクラウス・シュルツェの3人によって制作された、アシュ・ラ・テンペルのデビュー・アルバム。1971年3月、ハンブルクにてコニー・プランクのエンジニアリングで本作は録音された。レコードの片面全長を使った2曲のみが収録され、A面はブルースをベースにエジプト音階を取り入れたサイケデリックなギターに、電子音とやり過ぎともいえるエフェクト、そこに疾走感のあるシュルツェのドラムがからむアグレッシヴ・チューン。対してB面はチルアウトしたかのような静寂と漆黒が支配したダウナーなトラック。

Ash Ra Tempel
Schwingungen

Ohr	OMM 556 020	1972

ドラマーがシュルツェからヴォルフガング・ミュラー（D.T.ドーリスの人とは別人）に代り制作されたセカンド・アルバム。「Light And Darkness」と副題が付けられたA面収録の2曲は、強烈なヴォーカルで一度聴いたら忘れられない。B面の副題はアルバム・タイトルでもある「Schwingungen」（振動）。残響音がなりひびく酩酊感に満ちた幻想的なトラックで、当時ドラッグ・カルチャーに浸かっていたアシュ・ラ・テンペルらしい世界観といえよう。なお息も絶え絶えに地団太を踏むかのような特徴的なヴォーカルはJohn.L。彼はアジテーション・フリーに短期在籍したほか、カルトなクラウトロック・バンド、スケアクルーでも歌声を披露している。

Timothy Leary & Ash Ra Tempel
Seven Up

Kosmische Musik	KK 58001	1972

当初は米国詩人、アレン・ギンズバーグとの共作を望んでいたアシュ・ラ・テンペルだったが、何の因果かスイスに亡命中だったLSDの伝道師、ティモシー・リアリー博士との共作に急遽変更された。顔見せの際に手渡された炭酸飲料「Seven Up」を回し飲みしたメンバーだったが、そこにはLSDが仕込まれ、そのままバンドと博士の原色幻覚セッション大会が始まったという。A面に収録されたのは、ギンギンになって録音された、やり過ぎエフェクトのブルース・サイケ。B面にはベルンのフェスティヴァルでのライヴを収録。本作は「コズミック・コーリアーズ」につながるセッション第一弾でもある。

Ash Ra Tempel

Join Inn

| Ohr | OMM 556032 | 1972 |

ヴァルター・ヴェグミュラーの『タロット』
のセッションが行われたのは1972年12月。
その顔合せの時に一緒に録音されたのが本
作である。ゲッチン、エンケの2人にクラ
ウス・シュルツェがファースト以来戻って
きた。やはり彼のドラムが入ったアシュ・ラ・
テンペルのサウンドは、一線を画す完成度
である。またB面には当時ゲッチンのガー
ルフレンドだったロジ・ミュラーが参加。
さて、シュルツェの方が年上だったことも
あり、当時ゲッチンは彼に対する発言を臆
すこともあったと回想している。そんなこ
とからもシュルツェの参加は彼本人の主導
の下で行われたのだろう。そう思うとタイ
トルの『Join Inn』(つれ込み宿)という意味
も深い。

Ash Ra Tempel

Starring Rosi

| Kosmische Musik | KM 58007 | 1973 |

いったい何があったのか？　と勘繰りたく
なるほど作風が一転してしまったアシュ・
ラ・テンペルの5枚目のアルバムは、その
名のとおりゲッチンのガールフレンド、ロ
ジ・ミュラーを主役に仕立てたスイートな
アルバム。演奏者もゲッチン以外はヴァレ
ンシュタインのドラマー、ハラルド・グロ
スコフとロジだけ。ごく内輪で作られた私
的な作品だが、明るく軽快に突き抜けたサ
ウンドは『Correlations』あたりの源流と捉
えることもできる。ロジの声も愛くるしく、
前作とは別人と思えるほどだ。さて前作
『Join Inn』でエンケは人間をリタイヤ、そ
んな惨劇を目の当たりにしたゲッチンの心
境変化がこの作品の原点か？　というのは
邪推かも。

Ash Ra Tempel VI
Inventions For Electric Guitar

Kosmische Musik	KM 58015	1974

アシュ・ラ・テンペル名義であるが、実際はマヌエル・ゲッチンただ1人によって制作された6枚目のアルバムで、1974年7〜8月にベルリンの自宅にあるスタジオ・ローマで録音された。A1「Echo Waves」はギターとエフェクターと4チャンネルのレコーダーのみでの録音である。注目すべきは、ギターのカッティングによる短いリフとエコーという、後の「アシュラ」のミニマル・サウンドの方法論が本作ですでに確立されていることだ。ある意味、以降のアルバムの手法とは本作の派生形であると捉えることも出来るだろう。このアルバムがもつ独自の浮遊感とトリップ感は、発表から40年を経た今日でも通用するゲッチンの偉大なる「発明品」である。

Ash Ra Tempel
New Age Of Earth

Isadora	ISA 9003 France	1976

ブルース・サイケだった初期のサウンド・スタイルから、ミニマリズムを導入したトリップ・ミュージックへと大きく変わった名作7枚目のアルバム。アシュ・ラ・テンペル名義としては最終作にあたる本作はマヌエル・ゲッチン1人で制作され、フランスのIsadoraから発表された。初来日公演でも演奏されたA1の「Sunrain」はきらびやかなシンセの旋律が美しい代表曲。また他の曲も初期の呪縛から解放された自由度と浮遊感、多幸感に満ちたトラックばかりだ。B面全長のロング・チューンでさえも、内側に向かう自傷的な衝動は皆無である。本作は翌年にはヴァージンから再発になるが、その時からバンド名は「アシュラ」と簡略化され、今日に至る。

110

		LP

Ashra

Blackouts

Virgin	25 686 XOT	1978

ヴァージン・レコードに移籍後の第2作。前作『ニュー・エイジ・オブ・アース』の作風を踏襲しながら、よりシーケンス・パターンが多用され、ほぼマヌエル・ゲッチン1人で制作された。そのせいか最近の再発ではゲッチン個人名義に変更されている。これまでの長尺のトラックを中心にした作りから、短めの曲の構成になり、後の方向を決定づけた作品と評されている。本作はゲッチンのアメリカ旅行からインスパイアされたという。

		LP

Ashra

Correlations

Virgin	200 431	1979

ヴァージン時代の第3作で、もともとのタイトルは『Phantasus』として企画されていたアルバムだという。アジテーション・フリーのルッツ・ウルブリッチとヴァレンシュタインのハラルド・グロスコフが参加して制作され、バンド編成での重厚な音作りに。2002年には本作のアウトテイクやセッションを収録した3枚組CD『The Making Of』も発表された。さらに両者に音源を追加した5枚組特装盤CDも2008年にリリースされている。

		LP

Ashra

Belle Alliance

Virgin	202 284	1980

『美女同盟』と題されたヴァージンでの第4作。前作以上にバンド編成としての傾向が色濃くなったアルバムだ。インタヴューによればウルブリッチ、グロスコフそしてゲッチンの3者がはじめて対等に対峙して制作に取り組んだというだけあって、シーケンス・ビートや生ドラムがこれまでにないダイナミズムを生み出している。2008年には当時の未発表音源3曲入りのディスクを追加した2枚組『ベル・アライエンス・プラス』もリリースされた。

		CD

Ash Ra Tempel

Le Berceau De Cristal

Spalax Music	CD 14275	1993

フランス人映画監督、フィリップ・ガレルによる75年の表題映画に使用されたサウンドトラック。同年のマヌエル・ゲッチンとルッツ・ウルブリッチによるカンヌでのライヴ音源を含む。時期的にも作風的にも『Inventions〜』と『New Age Of Earth』のちょうど過渡期の音源だが1993年になってから初めてリリースされた。映画にはガレル映画の常連ニコの他、アニタ・パレンバーグなども出演しているが、残念ながら日本未公開作品。

111   **Krautrock**   **Berlin**

Manuel Göttsching

E2-E4

InTeam	ID 20 004	1984

しばらく表立った活動のなかったマヌエル・ゲッチンが、1984年に突如新作の録音に着手する。ベースとなるシーケンス・パターンは、旧型のアップル・マッキントッシュでプログラミングされ、その作業はわずか1時間ほどで終了したという。そこにギターやエフェクトを加え本作『E2-E4』は完成した。研ぎ澄まされたミニマル・シンセが延々とくりかえされるトランス感覚は、アシュラで培った手法の頂点でもある。この作品が評価されたのは後年になってからで、1989年にイタロ・ハウスのスエノ・ラティーノのサンプリング・ソースに使用されたことがきっかけだった。2005年には弦楽奏との共演『E2-E4 Live』まで発表されている。

	LP	CD

Ashra

Walkin' The Desert

Navigator	NAV 8901-1(LP), NAV 8901-2 (CD)	1989

『E2-E4』の後、しばらくの期間リリースから遠ざかっていたマヌエル・ゲッチンが、アシュラ名義で発表した5年ぶりの作品。クレジットには盟友ルッツ・ウルブリッヒの名だけが併記され、1988〜89年に録音された作品だという。シンセのシーケンス・パターンだけではなく、サンプリング・ループや演奏での反復も取り入れたミニマル・ミュージック。各曲名が「トゥー・キーボーズ」、「シックス・ヴォイシーズ」、「フォー・ギターズ」、「トゥエルヴ・サンプルズ」といった具合にスティーヴ・ライヒを彷彿とさせる意匠が見受けられる。旧来のファンからの評価は高くないかもしれないが紛うことなき名盤。なおCDには1曲追加されている。

		LP	CD

Ashra
Tropical Heat

Navigator	NAV 8909-1(LP), NAV 8909-2 (CD)	1991

ハラルド・グロスコフ、ルッツ・ウルブリッヒそしてマヌエル・ゲッチンの
トリオで制作された作品。硬質なミニマル・エレクトロニクスなのだが、
'90年代特有のデジタル・シンセとアレンジのために電子還元されたイージー・
リスニングのような体裁になっている。本作以降のアシュラのリリースは、
過去の発掘音源かライヴ録音ばかりが続くので、現在のところ『トロピカル・
ヒート』が最後のスタジオ制作アルバムということになる。

		CD

Manuel Göttsching
Dream & Desire

Musique Intempo	883-598-907	1991

ベルリンのラジオ放送局RIASの1時間番組のために1977年にレコーディ
ングされた音源で、1991年になって初めてリリースされた作品。録音され
た時期で言うと『ニュー・エイジ・オブ・アース』と『ブラックアウツ』の中間
ということになる。各種シンセとシーケンサーそしてフィードバック・ギター
と言うアシュラのエレメントはそろっており『ニュー・エイジ〜』の感触に
似ている。ゲッチンはこれ以外にもRIAS用の音源を手掛けている。

		CD

Manuel Göttsching
The Private Tapes Vol. 1 - Vol.6

Manikin	MRCD 7011 - MRCD 7.16	1996

アシュ・ラ・テンペル、アシュラそしてゲッチンのソロ名義など70年からの
関連バンド／ユニットの未発表音源ばかりを6枚のCDに振り分け1996年
に発表されたアーカイヴ集。多くはライヴ音源やアウトテイクだが、最初
期のスティープル・チェイス・ブルースバンドの音源まで含まれている。噂
によれば当初は全12巻の予定だったが、諸事情により続編は暗礁に乗り上
げたとのこと。初回発売以降、一切の再発がないのもこれまた大人の事情か。

		10"

Die Dominas
I Bin A Domina

Fabrikneu	Best.-No. 666	1981

なぜかクラフトワークのメンバーを連想させる人物の名前が記載されてい
るだけで、詳細なクレジットもなく謎の存在だったディー・ドミナス唯一
のリリース。その実態はロジ・ミュラー(スターリング・ロジのその人!)と
モデル、クラウディア・スコーダのデュオで、ミックスはマヌエル・ゲッチ
ンらしい。シンプルなミニマル・シンセ・ポップで、ヴァージョン違いの3
曲を収録。ファッション・ショー用に制作された楽曲とのこと。

Rolf-Ulrich Kaiser

LSDとロルフ・ウルリッヒ・カイザー

クラウトロックの多様性や独創性はこの男がいなかったら存在しえなかったに違いない。男の名はロルフ・ウルリッヒ・カイザー。オランダ生まれのジャーナリストということ以外、出自に関する情報は乏しい。カイザーは1970年、ハンザ・レコードの創設者であるペーター・マイゼルとともに、これまでにないレコード・レーベルをベルリンで立ち上げる。その名も「Ohr」(オール)、独語で「耳」を意味するこのユニークなレーベルからはアシュ・ラ・テンペル、タンジェリン・ドリーム、グルグルといったドイツ音楽シーンを語るうえで欠かせないバンドの数々が輩出された。そして71年にはフォーク系の第2のレーベル「Pilz」(ピルツ＝きのこ)も運営し始める。

当時のカイザーはドラッグ・カルチャー、とりわけLSDによる表現の可能性を過信していた部分があり、こうした姿勢を強要されたため、レーベルを去ったバンドも少なくなかった。オールとピルツは72年には活動を休息し、代わって73年にはこれまでの集大成ともいえる第3のレーベルKosmische(コスミッシェ)を立ち上げ、アシュ・ラ・テンペル、クラウス・シュルツェなどのミュージシャンのスーパーセッション録音物を次々とリリースする。だがしかし途中からは音源を使いまわしたおざなりな作品も多くなり、さらには事あるごとに自分のパートナーであるシュテルネメッチェン(星乙女)ことギレ・レットマンをフロントに立たせるという公私混同ぶりが目立つようになる。そもそもオンナを連れ込むような仕事が長続きしようはずもなく、どのみち迷走に終わるのは自明の理だ。1971年の『タゴ・マゴ』の中でダモ鈴木は「われらがイモと呼ぶLSD」と歌っている。多くのミュージシャンたちは、かなり早い時期にドラッグ・カルチャーの限界に見切りをつけていたのだろう。だがカイザーだけはいつまでも執心していたのだ。コスミッシェ・レーベルは1975年にカイザーの幻想とともに幕を閉じた。

114

The Cosmic Jokers

ディーター・ディエルクス・スタジオで始まったジャム・セッション系プロジェクトはティモシー・リアリーとアシュ・ラ・テンペルの『セヴン・アップ』に始まり『ロード・クリシュナ・フォン・ゴロカ』や『タロット』といった思想・アートやポエトリーとのコンセプチャル・コラボレーションを経てストレートなサイケデリック・ロック、コズミック・コーリアーズの一連のセッションへと到達する。ユルゲン・ドラゼ、マヌエル・ゲッチン、クラウス・シュルツェ、ハラルド・グロスコフそしてディエルクスというコスミッシェ・レーベルのミュージシャンから成るが、プロデューサーであるロルフ・ウルリッヒ・カイザーのお膳立てがあったからこそ実現したスーパー・バンドである。だがその活動期間は短く、わずか1973年の2月から5月の間のみであったという。
このセッションは名称や体裁、コンセプトを変えながら、都合5作品を残している。

		LP
The Cosmic Jokers		
The Cosmic Jokers		
Kosmische Musik	KM 58.008	1974

ロルフ・ウルリッヒ・カイザーのプロデュースによるコズミック・コーリアーズ・セッションの第1作にあたるアルバムで、その名もコズミック・ジョーカーズ。参加アーティストはマヌエル・ゲッチン、ディーター・ディエルクス、ハラルド・グロスコフ、ユルゲン・ドラゼ、クラウス・シュルツェという錚々たる顔ぶれ。「Galactic Joke」と「Cosmic Joy」の2曲から構成され、ゲッチンのギタープレイとドラゼとシュルツェのエレクトロニクス、パーカッション、古典SFのようなSEやアシッド体験を再現したとおぼしきエフェクトが混然一体となった、即興性の高いスペース・アシッド・ロックの金字塔にしてドイツのサイケデリックの大傑作。

Walter Wegmüller
Tarot

Kosmische Musik	KK 2/58.003	1973

1937年生まれのスイス人画家、ヴァルター・ヴェグミュラーによるタロットカードを題材にした作品で、カード22枚それぞれの楽曲を収録。クラウス・シュルツェ、マヌエル・ゲッチン、ハラルド・グロスコフ、ロジ・ミュラー、ユルゲン・ドラゼ、ベルント・ヴィチューザー、ディーター・ディエルクスなどコスミッシェ・レーベル・オールスターズともいえる豪華な面々が参加し最強のスペース・ロック作品に仕上げられている。本作は2枚のLPとタロットカード、フォートカードが銀色のボックスに封入された特装盤。'90年代にCD化されて以来、なぜか再発はない。蛇足ながらヴェグミュラーは一時期プロレスラーとして活動していたこともあるようだ。

	LP

Galactic Supermarket
Galactic Supermarket

Kosmische Musik	KM 58.010	1974

コズミック・コーリアーズ・セッションの第2弾『ギャラクティック・スーパーマーケット』は前作同様シュルツェをはじめアシュ・ラ・テンペルのゲッチン、ヴァレンシュタインのグロスコフ、ドラゼにディエルクスという鉄壁のミュージシャンによるスペース・ロックの名盤。A面「Kinder Des Alls」（宇宙の子供たち）とB面の表題曲の2曲のみの構成。アートワークの古代遺跡＋受精卵の胚発生＋原子核モデルという組み合わせは凡庸ではあるが、精神世界や宇宙との一体化を試みたドラッグ・カルチャーを色濃く体現している。余談ではあるが、コズミック・コーリアーズ・セッションの5作品すべてのオリジナル盤は4チャンネル・ステレオLP。

Sergius Golowin

Lord Krishna Von Goloka

Kosmische Musik	KK 58.002	1973

ゼルギウス・ゴロウィンは1930年チェコで生まれの作家であり神話研究家で政治活動家でもある。クラウス・シュルツェ、ヴィッチューザー＆ヴェストルップ、ジェリー・バーカース、ユルゲン・ドラゼ、ディーター・ディエルクスらによるコズミックでフォーキーなサウンドに乗せ、ゴロウィンの詩が朗読されるスペース・トリップ作品で「円舞」、「白いアルバム」、「ハイ・タイム」の３章からなる。なおゴロウィンは2006年に亡くなった。

v.a.

Sci Fi Party

Kosmische Musik	KM 58.011	1974

一連のコスミッシェ・セッションの音源を再編集し、若干のスタジオ新録音トラックを追加した作品。A面は「Im Reich Der Magier」（魔術の帝国で）、B面「Die Galaxie Der Freude」（喜びの銀河）という編成だが、その宇宙観が「サイ・ファイ」（SF、のようなもの）たる所以か。この作品からプロデューサーの１人、ギレ・レットマンの肖像が大きくアイコンとして使われだすが、それはウルリッヒ・カイザー王国終焉の序章であった。

Sternenmädchen

Gilles Zeitschiff

Kosmische Musik	KM 58.012	1974

ことあるごとに表舞台に顔を出すウルリッヒ・カイザーの助手、シュテルネメッチェン（星乙女）ことギレ・レットマンが案内役になって宇宙旅行するというコンセプトのアルバムだが、当時アシッド・カルチャーはすでに下火に。シュルツェのシンセをバックにギレの朗読、他は既存音源の編集というやっつけ仕事で、楽曲以前にギレありきの本末転倒＆公私混同なリリースと言うしかない。だが今聴くとその不安定感が逆にサイケらしい。

The Cosmic Jokers & Sternenmädchen

Planeten Sit-In

Kosmische Musik	KM 58.013	1974

既存の作品から音源を使いまわしたアルバムが２作も続き、さすがにまずいと思ったのか新規音源で制作されたコズミック・コーリアーズ・セッションの最終作品。これまでの過剰なエフェクトによるアシッドな作風とはうって変わり、音数も減ったダウナーなトリップ・ミュージックといった仕上がりに。それにしても一連のセッションでギレ・レットマンが「プロデューサー」として担っていた役割とは何だったのか、謎は深まるばかりだ。

Agitation Free

Malesch

Vertigo	630 607	1972

アジテーション・フリーはルッツ・ウルブリッヒ、ミヒャエル・ギュンター、クリス・フランケらによって1967年に結成され、ベルリン伝説のクラブ、ゾディアック・アート・ラブの専属バンドとなった。一時期はグルグルのアックス・ゲンリッヒもメンバーだったようだ。彼らは72年にエジプト〜ギリシャのツアーを行い、その時のライヴやフィールド録音などを編集して制作されたのが本作、ファースト・アルバムの『マレッシュ』である。

Agitation Free

2nd

Vertigo	6360 615	1973

ビトウィーンへの移籍のためオルガン奏者のペーター・ミヒャエル・ハーメルが脱退。新ギタリストにシュテファン・ディーツを迎えて制作された2枚目のアルバム。前作のようなエスニックなサウンド・コラージュとは変わり、オーソドックスでジャズ・テイストにあふれたバンド編成による演奏とフリーフォームな実験エレクトロニクスとのミクスチュアという新たな表現法を提示している。アジテーション・フリーは本作発表後にいったん活動を休止する。

Agitation Free

Last

Barclay	80.162 France	1976

'70年代の活動期間中に2枚のアルバムを残したアジテーション・フリー。本作は彼らの活動休止後に未発表音源を編集してフランスからリリースされた。ファースト収録曲の別テイクや長尺の即興など、ヴァラエティにとんだ内容となっている。また彼らは'90年代になってから活動を再開し、過去のライヴ音源『Fragments』や新作『At The Cliffs Of River Rhine』(1998)、『River Of Return』(1999)さらに『The Other Sides Of』(1999)を続々とリリースした。

Lutz Ulbrich

Lüül

GeeBeeDee	GBD 0014 LP	1981

アジテーション・フリー〜アシュラとベルリンの重要なバンドを渡り歩いたルッツ・ウルブリッヒのファースト・ソロ・アルバム。発売されたのが1981年ということもあり、当時のノイエ・ドイッチェ・ヴェレのシーンにシンクロした作風となっている。また当時はウルブリッヒの甘いルックスから、アイドル的な扱いもされていたようだ。アルバムには盟友グロスコフのほか当時ウルブリッヒと恋人関係にあったニコがヴォーカルで参加している。

Ohr

オランダ生まれのジャーナリスト、ロルフ・ウルリッヒ・カイザーは1968年4月にドイツ西部の町、エッセンでInternational Songtagという大規模な音楽フェスティヴァルを開催した。イベントにはピンク・フロイドやフランク・ザッパらが招待され、クラウトロック夜明け直前のドイツの若者たちに大きな衝撃を与えた。イベントの反応に手応えを感じ、カイザーは自らが描く音楽の未来像を実現すべく、1970年にベルリンでレコード・レーベルを開設する。

ドイツ初のアンダーグラウンド・ミュージック専門のレーベルの名は「オール」。レーベルのロゴのとおり「Ohr」とは独語で耳を意味し、盤面にもそのアイコンは大きくプリントされている。所属アーティストの第1号がケルンの学生運動バンド、フロー・デ・コロンであったことが物語るように当時は社会情勢を反映した重苦しい空気が蔓延しており、若者たちがカウンター・カルチャーに活路を求めていたのは、ごく自然なことだった。ちょうど時代はドラッグによるサイケデリック・ムーヴメントの真っただ中であり、これらが迎合しあい独自のレーベル・カラーが作り出されていった。オールからはタンジェリン・ドリーム、グルグル、アシュ・ラ・テンペル、クラウス・シュルツェといったクラウトロックの代名詞的な重鎮バンドが破竹の勢いで輩出されていく。だが移り気なカイザーは、ピルツ・レーベルも運営し、いつのまにかコスミッシェを含め3つのレーベルを抱えることになった。散漫に広げられた大風呂敷を、ドラッグ漬けのカイザーに回収できようはずもなく、ほどなく全てのレーベルが一斉に幕を閉じる。

その強烈な存在感とはうらはらに、オールの活動期間はわずか4年ほどしかなく、1974年までに33タイトルのアルバムと、12種類の7インチを残した。だがレーベルの功績はきわめて大きく、もしオールがなかったら、クラウトロックの独創性もここまで発展することがなかったのは間違いない。

v.a.

Ohrenschmaus

Ohr	OMM 2/56.006	1970

オール・レーベルからは 2 種類のコンピレーションがあり、本作は先に出された方で「ドイツの新しいポップ・ミュージック」と銘打たれた 2 枚組 LP。収録は順にアモン・デュール、グルグル、リンバス、タンジェリン・ドリーム、エンブリオ、アネクサス・カム、ヴィッチューザー＆ヴェストルップ、フロー・デ・コロンの 8 アーティスト・13 曲。収録曲のほとんどは既存のレコードから抜粋されたものだが、中にはアモン・デュールのシングル B 面曲「Paramechanical World」のようなレア曲や、アネクサス・カムに至ってはファースト・アルバムの未発表アウトテイクといった珍しい音源が含まれている。アルバム・タイトルは『耳（オール）のごちそう』。

v.a.

Mitten Ins Ohr

Ohr	OMM 2/56018	1971

オール 2 番目のコンピレーション、その名も『耳（オール）のなかの精子』。収録はバース・コントロール、フロー・デ・コロン、エンブリオ、ヴィッチューザー＆ヴェストルップ、アモン・デュール、アニマ・サウンド、アネクサス・カム、アシュ・ラ・テンペル、タンジェリン・ドリーム、グルグル、ゾール、リンバスの 12 アーティスト・15 曲と、まあここまでは良い。実は '90 年代に CD 再発されているのだが、無謀なほど収録曲が変更されているのだ。18 曲に増やされているものの LP と完全一致は 6 曲のみ。そのうえオール所属でないギラ、ヴァレンシュタイン、エムティディなどで水増しされているので、同じタイトルを継承する必然性はないと思うのだが。

120

LP

Annexus Quam

Osmose

Ohr	OMM 56.007	1970

ヒッピー・ロック集団から発展し67年に結成。フリー・ジャズや民族音楽、ロック、現代音楽など個々のメンバーの異なる嗜好が融合されたフリーフォームなジャム・ロック。これはオールレーベルから発表されたファーストLPで、変形ジャケットの多い同レーベルの中でもトップクラスの特殊装丁。彼らは70年に来日し、大阪万博のドイツ館をはじめ東京や富山、金沢でも公演を行ったとされるが、ライヴを見たという人の話を聞いたことがない。

LP

Annexus Quam

Beziehungen

Ohr	OMM 556.028	1972

前作から2年、メンバーが7人から5人になって制作されたセカンド・アルバム。タイトルは「つながり」を意味する。ファーストよりさらに深化したスペーシーなコズミック・ロック。当時のレーベル側はドラッグ・カルチャーを過信し、サイケデリック・カラーを前面に出していく運営方針だったが、姿勢の違いにアネクサス・カムとは袂を分かち、74年ごろにバンドは解散してしまう。メンバーはその後もジャズの分野で活躍中である。

LP

Limbus 3

New-Atlantis

CPM	LP S 001	1969

ハイデルベルクで結成された実験ジャズ・ロック・トリオ、リンバス3のファースト・アルバム。メンバーは3人ともマルチ・プレイヤーでジャズ、フォークを基調とした固定観念にとらわれないアコースティックな前衛楽曲を不定型に演奏し混沌の海を作りだす。オリジナルLPはクラウトロック界の幻の1枚。'80年代にはTransmitter Cassettenからカセットで25本のみ再発された。また近年、リンバス4とのカップリングCDも発売されている。

LP

Limbus 4

Mandalas

Ohr	OMM 56.001	1970

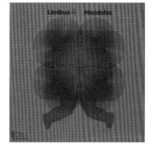

トリオ編成だったリンバス3のメンバーが増え4人組に。名前もリンバス4へとグレードアップし、当時まだ設立されたばかりのオールレーベルから発表されたLP。この作品からは電子楽器も使用され、前作以上に即興性・非再現性の高いジャム・セッションであるがロック色は希薄。むしろ大衆的な現代音楽といったところ。なおメンバーのゲルト・クラウスは現在もジャズ畑で活動を続けているが、その名義は「メタリンバス」とのこと。

Krautrock Berlin

Anima-Sound
Stürmischer Himmel

Ohr	OMM 56011	1971

リンペとパウルのフッハス夫妻による前衛アート楽団、アニマ・サウンド
のファースト・アルバム。フリーフォーム演奏でのサウンド・アート作品。
彼らは「フッハスホーン」や「フッハスベース」なる自作の楽器を操る実験
的なパフォーマンスを得意としており、音源だけでは真価を評価するのは
難しい。何よりその場の空気を共有することに意義があるのだろう。また
1971年のヴィリ・ノイバウアーとの共演も後年にCDリリースされている。

Anima
Anima

Pilz	20 29097-2	1972

フッハス夫妻に加えオーストリアの著名なピアニスト、フリードリッヒ・
グルダ、ジャズ・ベーシスト、J.A.レッテンバッハの4人組となり、名称も「ア
ニマ」と簡略化で発表されたアルバムで、前衛即興演奏作品。この後の彼ら
は1974年に2枚組LP『It's Up To You』(名義は各個人の連名)、1977年に
LP『Monte Alto』、『Der Regt Mich Auf』(1982)、『Bruchstücke Für Ilona』
(2LP、1986)、『Via』(1987)などの作品を発表している。

Birth Control
Birth Control

Metronome	MLP 15.366]	1970

1968年にベルリンで結成され、69年にシングル「October」でデビューしたバー
ス・コントロール。本作はハモンドオルガンやチェンバロがフィーチャーさ
れたポップ・サイケ・テイストなファースト・アルバム。アルバムの最後には
ドアーズの「ハートに火をつけて」のカヴァーが収録されているあたり時代
性を感じさせる。本作からは「No Drugs」がシングル・カットされた。産児制
限の名にちなんだピルケース型の円形特殊装丁ジャケットも気が利いている。

Birth Control
Operation

Ohr	OMM 56.015	1971

レーベルをオールに移籍して発表されたバース・コントロールのセカンド・
アルバム。ファースト・アルバムでも聞かれたド派手なオルガンは健在で、
よりハード・ロックの要素が加味された全作品中最も激しいサウンド。本
作はタイトルとジャケット変更のうえ英国でも発売され、彼らの国外進出
の第一弾となった。バンドは本作以降、CBS～ブレインと移籍しながら数
多くのプログレ作品を残し、現在でも活動中という生涯現役組。

		LP

Soul Caravan

Get In High

CBS	S 63268	1967

エッキ・ブレファーン、ティム・ベルベ、ハンジー・フィッシャークなど8人ものメンバーによって1960年代半ばにはすでに結成されていたソウル・バンド、ソウル・キャラヴァン。当時の彼らのサウンドはサックスを導入したオーソドックスなファンクであるが、彼ら持ち前のヴァイタリティがクラウトロックの爆発的展開に大きく貢献したと言われる。1969年にバンド名をXhol Caravanに変更したと同時に演奏スタイルも大きく変わった。

		LP

Xhol Caravan

Electrip

Hansa	80 099 IU	1969

ファンク・バンド、ソウル・キャラヴァンがサイケデリック・ロックのテイストを取り入れ、大幅にサウンド・スタイルを変更したのを機に改名。フルートやサックスが入ったソウルフルなトリップ・ミュージック。テープの早回しやサウンド・コラージュも楽しい。アルバムは何度も再発されているが、オリジナルLPは入手困難。ちなみに彼らと旧知の友人であるマニ・ノイマイヤーによれば「ゾール・キャラヴァン」という発音が正しいとのこと。

		LP

Xhol

Hau-Ruk

Ohr	OMM 560.14	1971

バンドは再度改名し「ゾール」と簡略化、より実験性を追求するようになった彼らにとって、新進気鋭のオール・レーベルへの移籍はごく自然なことだった。本作は片面1曲の長尺のトラックが収録され、A面「Breit」(ワイド)、B面「Schaukel」(スイング)とそれぞれタイトルが付けられているが、ゲッチンゲンで1970年7月に行われたライヴ録音。リードを取るベルベのサックスが特徴的なフリーフォームなジャズ・ロック。

		LP

Xhol

Motherfuckers GmbH & Co KG

Ohr	OMM 556.024	1972

前作よりさらに実験的なジャズ・ロックが展開されるゾールの最終作。リリースは1972年だが録音自体は1970年のスタジオ音源のようだ。さて本作をもってバンドは解散したが、1990年代末になって再結成。同時に過去の未発表ライヴ音源が何種かCD化された。またサックスでフロントマンのティム・ベルベはフェスティヴァルを主な活動拠点にしていたバンド、M.T.ウィザードに加入し長らく活動を共にしたが2004年に60歳で亡くなった。

123   **Krautrock**   **Berlin**

Mythos

Mythos

Ohr		OMM 560.19	1972

マルチ・プレイヤー、シュテファン・カスケによるプロジェクトのファースト。ヘンデルの宮廷音楽をアレンジしたクラシカルな曲で幕を開ける正統派プログレッシヴ・ロック作品。この後メンバーが増え75年にKosmischeからセカンド・アルバム『Dreamlab』をリリース。バンドは現在も活動中で、これまでに20枚近いアルバムが確認されている。なおバンド名はカタカナ表記で「ミソス」とされることも多いが、原語に従えば「ミュートス」となる。

Floh De Cologne

Fließbandbabys Beat-Show

Ohr		OMM 56.000	1970

フロー・デ・コロンはミュージシャン、俳優を擁した総合芸術集団で1966年にケルンで結成された。本作は『Vietnam』(1968)、『St. Pauli Nachrichten』(1968)に続くアルバムで、オール・レーベルの第1作としてリリースされた。シアトリカルな展開や時代的に学生運動由来の政治的メッセージを含んだスポークンワードが主軸となる作品。オリジナルLP表面には切り込みが入れられ、ゴム風船を取りつけられるという変わった装丁。

Floh De Cologne

Rockoper Profitgeier

Ohr		OMM 560.10	1971

前作よりもロック色を増したオール・レーベルでの2枚目、通算4枚目の『ロックオペラのペテン師』。メッセージ色が強いが内容も労働条件のことやら政治のことやらで、現在の社会情勢や時代性からは理解しづらいもかもしれない。オリジナルLPは特殊装丁ジャケット。ニワトリの腹部からハラワタが飛び出すという奇抜なもので初回プレス分のみ赤盤。彼らは1973年に同じくオール・レーベルからアルバム『Lucky Strike』もリリースしている。

Floh De Cologne

Geyer-Symphonie

Ohr		OMM 556.033	1974

フロー・デ・コロンの6枚目『ガイヤー交響曲』。参加楽器も数を増し、ロックありフォークありカントリーありサウンド・コラージュや音遊びもユーモラスでカラフルな劇場型ロック・オペラ作品。彼らはこのリリースをもってオールを去る。その後は古巣であるPläneレーベルに戻り翌75年に『Mumien』(ジャケット・デザインはH.R.ギーガー)を発表。1983年に解散するまでに合計12枚のアルバムと5枚のシングルを残したことが知られている。

	LP

Walpurgis
Queen Of Saba

Ohr	OMM 556.023	1972

ヴァルプルギスは、ジェファーソン・エアプレインやQMSといったウエス
トコースト系ロックに影響を受けたバンドと言われ、本作が唯一の作品。
旧約聖書の「シバの女王」から取られたタイトルだが、全体の構成をみると
あまり宗教的な世界観はない。西海岸スタイルを踏襲しながらもどこかド
イツらしいアレンジが垣間見られるのはキーボードのユルゲン・ドラゼ(ヴァ
レンシュタイン)とエンジニアのディーター・ディエルクスのせいだろう。

	7"

Golgatha
Dies Irae

Ohr	OS 57.008	1972

ゴルガタ(=ゴルゴタ)はオルガンやブラスと讃美歌風コーラスの上に、終
末の人々の様子を描写した朗読がからむ宗教色の強いバンドだ。タイトル
曲の「ディエス・イレ」とはキリスト教終末思想の「怒りの日」の意味なので
同名のバンドとは無関係。オールからリリースされた7インチ・シングル
が彼ら唯一のリリース(B面「Children's Game」)。またメンバーも他のバ
ンドとは孤立無縁で、現在もなおミステリアスな存在のままである。

	LP

Bernd Witthüser
Lieder Von Vampiren, Nonnen Und Toten

Ohr	OMM 56.002	1970

オール、ピルツ、コスミッシェの3つのレーベルすべてを股にかけた唯一
のバンド、ヴィッチューザー&ヴェストルップの片割れ、ベルント・ヴィッ
チューザー名義のアルバム。だが相棒のヴェストルップも全曲で参加して
いるので、実質的にはデュオの作品。ギターの弾き語りに時々ドラムやフルー
トが入り、最後の曲はTVドラマ「わんぱくフリッパー」のテーマ曲。なお
オリジナルLPは人形の股間部分に風船用の切り込みが入っている。

	LP

Witthüser & Westrupp
Trips Und Träume

Ohr	OMM 560.16	1971

相方ヴァルター・ヴェストルップの名前がようやくフロントに出て、ヴィッ
チューザー&ヴェストルップ名義での初の作品『トリップスとドリームズ』。
プロデューサーはレーベルの盟主、ロルフ・ウルリッヒ・カイザーとその美
人助手、ギレ・レットマン、そしてエンジニアがディーター・ディエルクス
という「あっち側」に心酔してしまった3人の手により、ギター弾き語りの
作品がダウナーで気だるいアシッド・フォークに仕上げられている。

Pilz

もともとピルツは大手レコード会社BASFによってサイケデリックやプログレッシヴを発売する専門のレーベルとして設立された。当初はユルゲン・シュマイサーによって運営されていたが、まもなくシュマイサーはフィリップス・レコードに移籍することになり、代ってオーナーとなったのがロルフ・ウルリッヒ・カイザーだった。カイザーはすでにオール・レコーズの運営をしていたため、ピルツをフォーク中心の第2のレーベルとして運用するようになる。カイザーが携わってからは、ヴィッチューザー＆ヴェストルップ、フルート＆ヴォイスのようなアコースティックバンドからポポル・ヴー、エムティディといった穏やかなエレクトロニクス系、果てはヴァレンシュタインのようなスペース・ロックまで幅広いアーティストを擁することになる。

ピルツは20枚のアルバムと7枚のシングルを残して終幕を迎えるが、実際に活動していたのはわずか2年ほどの短い期間であった。

		LP
Witthüser & Westrupp		
Der Jesus Pilz - Musik Vom Evangelium		
Pilz	20 21098-7	1971

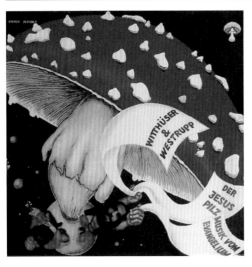

オールからよりフォーキーな新興レーベル「ピルツ」に移籍したフォークデュオ、ヴィッチューザー＆ヴェストルップのセカンド・アルバム。ヒッピー御用達の楽器カズーまで飛び出し、思いっきり毒キノコを食らって酩酊したようなアシッド・フォーク。その名も『キリストのキノコ・福音の音楽』、歌詞の内容も聖書の教えで、わざわざ引用箇所まで記されている。ただしウルリッヒ・カイザー、ギレ・レットマンそしてディーター・ディエルクスというドラッグにどっぷり漬かった3人が関わっているので、どこまで本気かは不明。バンドは翌年同じくピルツから『Bauer Plath』を発表後にコスミッシェに移籍、2枚組LP『Live 68-73』を残して解散した。

LP

Flute & Voice
Imaginations Of Light

Pilz	20 21088-2	1971

「フルート」ことハンス・レファートと「ヴォイス」ことハンス・ブランダイスのファースト・アルバム。打楽器を排除し、シタールやアコースティックギター、フルートによるメディテーション＆精神世界作品でロック色は薄い。彼らは1973年に未発表のセカンド・アルバム『Hallo Rabbit』を録音しており、'90年代には本作とのカップリングCDがリリースされた。また96年にはグルグルのマニ・ノイマイヤーも参加した新作『Drachenlieder』も発表。

LP

Joy Unlimited
Schmetterlinge

Pilz	20 21090-1	1971

女性ヴォーカル、ジョイ・フレミングをフロントに据えたマンハイムの歌謡曲バンド、ジョイ＆ザ・ヒット・キッズは1967〜70年の間に7枚のシングルを発表後、ジョイ・アンリミテッドに改名しファースト『Overground』(1970)をリリース。その後、設立間もないピルツに移籍し発表されたセカンドが本作。ソウルフルな歌声が特徴的なフレミングは本作で脱退、バンドはピルツの親会社BASFに移籍。77年までに合計6枚のLPを残した。

LP

Dies Irae
First

Pilz	20 20114-7	1971

1968年に結成された最古参クラウトロック・バンドのひとつ、ディエス・イレはアンドレアス・コーネリウス、ハラルド・トーマ、ヨアヒム・シフ、ライナー・ヴァールマンの4人組。ブルースハープも取り入れられたソウルフルなプログレッシヴ・ロック作品で、プロデューサーは安定のコニー・プランク。ピルツに残された本作は彼ら唯一のリリースで、翌年の1972年にはバンドはいちど解散してしまう。だが1990年代半ばには活動を再開している。

LP

Rufus Zuphall
Phallobst

Pilz	20 21099-5	1971

ヴォーカル＆ギターのギュンター・クラウゼを中心にアーヘンで結成されたフォーキー・プログレ・バンド、ルーファス・ツーファール。1970年のファースト『Weiß Der Teufel』の翌年にリリースされたセカンド・アルバムは、ピルツからのリリース。2枚のアルバムの後、長いあいだ沈黙を保っていた彼らだったが、1990年代半ばには再結成。アルバムの再発だけでなく過去未発表音源のLPボックスや新作を次々とリリースするなど活動を再活発化させた。

Bröselmaschine
Bröselmaschine

Pilz	20 21100-2	1971

ペーター・ブルシュとヴィリー・キスマーを中心に1969年に結成されたデュースブルクのバンド、ブレーゼルマシーネのファースト・アルバム。フルートやコンガ、アコースティック・ギターなどで構成された男女混声アシッド・フォーク・アルバム。彼らはこの後、セカンド・アルバム『ペーター・ブルシュ＆ブレーゼルマシーネ』を1976年に発表。1985年までに合計4枚のアルバムを残したが、ライヴ活動は2000年代まで続けられていたようだ。

McChurch Soundroom
Delusion

Pilz	20 21103-7	1971

マクチャーチ・サウンドルームはイタリア系スイス人のマルチ・プレイヤー、サンディ・チーザをフロントにしたバンド。コニー・プランクのプロデュースによって制作された本作は、ハモンド・オルガンやフルートも取り入れたハード・ロック寄りのプログレ作品で彼ら唯一のリリース。この後チーザはしばらく表舞台から姿を消すが、'90年代に入りいきなりメジャー系ファンク・バンドのプレイヤーとして再登場する。

Emtidi
Saat

Pilz	20 29077-8	1972

カナダ人女性、ドリー・ホルメスとドイツ人男性マイク・ヒルシュフェルトによるフォーク・デュオ、エムティディのセカンド・アルバム。12弦ギター、ビブラフォン、パーカッションによるトラッドテイストな男女混声フォーク。前作『Emtidi』(1970)に比べメロトロンやシンセが導入され、アシッドなエフェクトはディーター・ディエルクスの手によるもの。わずか2枚のアルバムを残しエムティディは忽然と姿を消してしまう。

Hölderlin
Hölderlins Traum

Pilz	20 21314-5	1972

70年頃にヴッパータールで結成されたヘルダーリン。もともとはクリスチャンとヨッヘンのグルムプコウ兄弟とクリスチャンの妻、ナニーを中心とした家族フォーク・バンドとしてスタートした。このファースト・アルバム以降は表記をHoelderlinと変え、1981年までに7枚のアルバムを残して活動を休止する。だが2007年にコワルスキーのメンバーでもあったハンス・ベールを中心に再結成しCD『Eight』も発表されたが、そこにはグルムプコウ一家の名はない。

LP		
Wallenstein		
Blitzkrieg		
Pilz	20 29064-6	1972

ユルゲン・ドラゼ、ハラルド・グロスコフ、ジェリー・バーカースらによるヴァ
レンシュタインのファースト『電撃戦』。ソリッドでミニマルなシンセや
SEの使い方はさすがコズミック・ジョーカーズのディーター・ディエルク
スが手掛けているだけあって飛びまくりのスペース・サウンドだが、そこ
にハード・ロック調のメロディや、もろにプログレ調の展開が混然一体となっ
た曲構成は、リリースされた1972年という時代を感じさせる。

LP		
Wallenstein		
Mother Universe		
Pilz	20 29113-8	1972

前作より音数を落とし、ベースでヴォーカルのジェリー・バーカースの個性
が色濃く出たフォーキーなセカンド・アルバム。ユルゲン・ドラゼによるピアノ、
メロトロン、オルガンといった鍵盤演奏に比重が置かれた作風になってい
るので、ファーストよりもはるかにシンフォニックな構成にシフトしてきた。
なお本作をもってジェリー・バーカースが脱退し、本作品とほぼ同時期に制
作されたソロ・アルバム『Unterwegs』を同じくピルツから発表した。

LP		
Wallenstein		
Cosmic Century		
Kosmische Musik	KM 58.006	1973

ベースにディーター・マイヤーを迎え、設立されたばかりのコスミッシェ
から発表されたサード・アルバム。ヴァイオリンやピアノの旋律が美しく
聴きやすいシンフォニック・アルバム。それゆえ、これまでのガイドブック
では必ずと言ってよいほど本作が最高傑作と評されているが、それはあく
までもプログレ愛好家のお仕着せな尺度でしかない。「クラウトロックら
しさ」という意味でいえばファーストが一番ぶっ飛んでいる。

LP		
The Symphonic Rock Orchestra Wallenstein		
Stories, Songs & Symphonies		
Kosmische Musik	KM 58.014	1975

自らの肩書きに「ザ・シンフォニック・ロック・オーケストラ」と付けだした
ヴァレンシュタイン4枚目のアルバム。サウンドの雰囲気はどことなくヴァ
ン・ダー・グラーフ・ジェネレーターに似てなくもない。本作をもってヴァ
レンシュタインはいったん解散、ドラマーのグロスコフはアシュラに合流
する。またバンドは1977年に再開し、アルバム『No More Love』を発表。
その時のメンバーはリーダーのドラゼ以外は総入れ替えとなっていた。

Guru Guru

フリージャズ・グループ、イレーネ・シュヴァイツァー・トリオで辣腕をふるっていたドラマー、マニ・ノイマイヤーとベースプレイヤー、ウリ・トレプテを中心に1968年にスイスのチューリッヒで結成されたグルグル・グルーヴ。当初はさまざまなセッションマンを迎えて演奏するフリーフォームなジャズ・ロック・バンドであった。彼らはベルリンに居を移しアジテーション・フリーのギタリスト、アックス・ゲンリッヒを迎え入れ、バンド名をグルグルと簡略化する。

そして当時設立されたばかりだったオールレーベルと縁あって契約。フリージャズ仕込みのテクニックとサイケデリック・カルチャーが混然一体となった衝撃的なサウンドは、クラウトロックのシーン全体にも大きな影響を与えた。

その後グルグルはフュージョンやラウンジといった異種音楽を取り入れながら何度もメンバー・チェンジを繰り返し、現在でもノイマイヤーを中心に活動を続ける息の長いバンドである。

		LP
Guru Guru		
UFO		
Ohr	OMM 56.005	1970

２人の三十路男、ドラマーのマニ・ノイマイヤーとベース・プレイヤーのウリ・トレプテ。そこにジミ・ヘンドリクスから強い影響を受けたギタリスト、アックス・ゲンリッヒを加えた３人によるグルグルの第１作。テクニックに裏付けられたヘヴィなリズム隊にサイケデリックなギターがせめぎ合う、クラウトロックを語るうえで不可欠な大傑作。ダライ・ラマといった東洋指向やLSDのようなドラッグ・カルチャーがモチーフとして挙げられるのは時代のなせる業だが、彼らの探究心はさらに上を行き「すぐにUFOが地上に降り立ち人類はより強力な頭脳と習慣とに遭遇するだろう」という別次元のパラダイムを同列に引用する独自のユーモアセンスを持つ。

Guru Guru		LP
Hinten		
Ohr	OMM 556.017	1971

前作に引き続きノイマイヤー、トレプテ、ゲンリッヒのトリオによるセカンド・アルバム。ジミ・ヘンドリクス直系のサイケデリック・ギターとジャズ仕込みのリズム隊のコンビネーションには、理屈抜きに直撃的な破壊力があり、同時にクラウトロックの源流のひとつは間違いなくジミ・ヘンであることも再認識させられる。なおジャケットに写っているのはノイマイヤーの尻。肖像がありきたりな「顔」ではつまらない、ということらしい。

Guru Guru		LP
Känguru		
Brain	Brain 1007	1972

設立間もない Brain Records から出された3枚目で、結成ラインナップによる最終作。これまでのストレートな音作りよりも空間構成が重視され、どの曲もダウナーながらもユーモアに満ちた仕上がりになっている。こうした遊び心とシリアスさを自然に同居させるセンスは、グルグルをおいて他にない。「Oxymoron」や「Ooga Booga」といった後のライヴでも演奏される代表曲を収録。日本で最初に発売されたグルグルのレコードでもある。

Guru Guru		LP
Guru Guru		
Brain	Brain 1025	1973

前作をもって脱退したウリ・トレプテに代わって、ベースにブルーノ・シャープが加入した。ユーモアと言うよりもメタファーに満ちた4枚目アルバムで、邦題は『不思議の国のグル・グル』。A2はエディ・コクランの曲からなにやら地獄釜にぶち込まれたメドレー。B1の「エレクトロ蛙」はカエルの感覚を音楽で再現したとされる怪曲。この曲は20年以上後にディー・クルップスのエングラーとノイマイヤーらによって新録シングルが制作されている。

Guru Guru		LP
Don't Call Us - We Call You		
Atlantic	ATL 50 022	1973

グルグルの歴史を振り返ると、本作はターニングポイント的な作品であろう。前作までの実験路線からフュージョンやラテンといった流行歌を介したメタファー路線へと変わったのだから。残念ながらリスナーの多くは初期グルグルしか評価しない。作品の表面的な体裁だけで拒絶するのはいささか軽率だろう。本作以降の作品にも文脈の違った「実験精神」は介在しているし、それをひも解くのは聴く側の感性とユーモアに委ねられるのだ。

Guru Guru

Dance Of The Flames

Atlantic	ATL 50 044	1974

前作で初代ギタリスト、アックス・ゲンリッヒが脱退し創設メンバーはマニ・
ノイマイヤーだけになってしまった。前作から参加したベース・プレイヤー、
ハンス・ハートマンと新顔ギタリスト、ホウシェンク・ネジャデプールの3
人となったグルグル。ジャズ・ロックを基調にしながらノイマイヤーお得
意のエスニック・パーカッションが配されたテクニカルな1枚。本作でグル
グルはメンバーを総入れ替えとなり、しばしの休眠期間へと突入する。

Guru Guru

Mani Und Seine Freunde

Atlantic	ATL 50 157	1975

『マニと友人たち』と題された十余人にもおよぶミュージシャンで制作され
たアルバム。グルグルと親交のあったクラーンとクラスターのメンバーが
総動員、おまけにグルグルの初代ギタリストのアックス・ゲンリッヒも出戻り、
コニー・プランクまで加わって敢行された一大セッション・レコーディング。
それにしても本作をはじめコニー・プランクの関わった大家族系レコーディ
ング作品は、どれも安寧な幸福感に満ちている。

Guru Guru

Tango Fango

Brain	BRAIN 1089	1976

ローランド・シェファーの爽快な歌声で幕を開ける8枚目のフル・アルバム。
フュージョンとラウンジとタンゴにボサノヴァ、そこにチャック・ベリーが
少々加味されたグルグル・テイストのミクスチュアなサウンド。とにかく上
手い！　B面に収録された組曲「リビングのラジオ」は、人の会話と流行歌
風音楽がコラージュされた架空のラジオ番組。実験的というよりはイタズ
らっぽいところが中期グルグルらしい。プロデューサーはコニー・プランク。

Guru Guru

Globetrotter

Brain	BRAIN 60.039	1977

グローブトロッター、つまりは世界をまたにかける者。渡り鳥のように世
界中を旅するノイマイヤーにふさわしいタイトルのアルバム。クラーンの
ヘルムート・ハトラーのほかローランド・シェファーなども参加し、ファン
クとフュージョンとプログレッシヴをぶち込んで、当時の流行歌をおちょ
くった作品なのだが、いかんせんプレイヤーがスゴ腕ぞろいのため純粋にカッ
コいいアルバムに仕上がってしまっているという逆説的アイロニー。

		2LP

Guru Guru
Live
Brain	0080.018-2	1978

グルグル初のライヴ・アルバムでドイツとオランダ各地での公演を収録した2枚組LP。中にはグルグル主宰の大規模な野外イベント、フィンケンバッハ・フェスティヴァルの音源も含まれている。ラインナップはマニ・ノイマイヤーを中心にペーター・キュームシュテット、ローランド・シェファーといった現在にもつながる顔ぶれ。フリーフォームなインプロから『カン・グルー』の怪曲「Oooga Booga」や「Der Elektrolurch」も生々しく演奏。

		LP

Guru Guru
Mani In Germani
GeeBeeDee	GBD 0008	1981

盟主マニ・ノイマイヤーにクラーンのヘルムート・ハトラー、ブレインストームのローランド・シェファー、ミサス・ビューティーのブッツェ・フィッシャーといった名だたるミュージシャンが顔を連ねた11枚目のアルバム。プログレ風ブラックユーモア・ラウンジ・ミュージックといったところ。2003年にCD化された際にマスタリングを担当したのはグローブシュニットのエロック。それにしてもまあジャケットには写っちゃってるよな……。

		LP

Guru Guru / Uli Trepte
Hot On Spot / Inbetween
United Dairies	UD 024 U.K.	1985

どういった経緯からか英国ノイズ系レーベル、ユナイテッド・デイリーズから出されたアルバム。A面はグルグルの72年のライヴが収録され、演奏曲はセカンドの「ボ・ディドリー」の1曲のみ。B面には初期ベースプレイヤーであったウリ・トレプテの74年スタジオ・レコーディング。こちらのプロデュースはコニー・プランクで、後にスペースボックス名義でも演奏される「Earmikesong」も収録。また本作は曲追加＆デザイン変更で何度か再発されている。

		LP	CD

Guru Guru
'88
Casino Records	300.009	1988

『マニ・イン・ジャーマニ』(1981)からしばらく活動休止していたグルグルは1987年にアルバム『ジャングル』で完全復帰、そして翌年に出されたのが本作。マニ・ノイマイヤーにハンス・レファート（フルート＆ヴォイス）、ヴィートン・ヴィト（ヤー・ヤー・ヤー）そして女性ヴォーカル、リサ・クラウスというかなり変わったラインナップで制作されたダイナミックながらもポップな作品。グルグルは本作発表後、またしばらく休眠期間に突入する。

Guru Guru

Wah Wah

Think Progressive	TPCD 1.507.002	1995

'90年代初頭はソロ活動やサイド・プロジェクトで多忙を極めていたノイマイヤーであったが、メンバー・チェンジのうえグルグルを再開。'70年代からライヴなどに参加していたベーシスト、ペーター・キュームシュテットとギタリストのディーター・ボーンシュレーゲル、そしてブレインストームの壮絶マルチ・プレイヤー、ローランド・シェファーという錚々たる顔ぶれにサウンド・エンジニアがディー・クルップスのクリス・リーツというのもスゴい。

Guru Guru

Mask

Think Progressive	---	1996

『Terra Amphibia』の木彫り箱入り特装盤に気を好くし、ハンドメイド系限定盤はついにここまで増長してしまった。その名の通りお面。そう、土産物屋で売られているような、贈られても困るようなお面。その口の部分にベスト盤CDをはめ込むという常軌を逸したコンセプトで、お面はバリ島の職人によるひとつずつ手作り＆手塗りされた逸品。さて肝心のCDの内容はブレイン期以降の音源からの抜粋で比較的レアな曲ばかり。インテリアにいかがですか？

Guru Guru

In The Guru Lounge

Revisited Rec.	REV 025	2005

マニ・ノイマイヤーは日本人女性、渡辺悦子と結婚。彼女は'70年代初頭の日本の超カルトバンド、○△□（まる・さんかく・しかく）のメンバーだった人物だ。アルバムでは2曲で彼女がリード・ヴォーカルを取っているが、日本語が違和感なく馴染んでいるのは夫婦愛のなせる業か。またノイマイヤー夫妻は2007年にバリ島、石垣島などでのフィールド・レコーディングなどを編集したアンビエント・アルバム『Sketches』も発表している。

Gurumania

Der Elektrolurch

Our Choice	RTD 195.3778.3 16	1995

マニ・ノイマイヤーとアックス・ゲンリッヒのグルグルの主要メンバー2人とディー・クルップスのユルゲン・エングラーが世代を超えてコラボレーションを実現。グルグル＋ジャーマニアでグルマニアというわけだ。お題目は初期グルグルの怪曲「電気ガエル」、メタルテイストなエングラーのヴォーカルが意外にもマッチしている。この共作は『Other Places』のセッションへつながる布石となった。4ヴァージョン収録、CDのみのリリース。

	CD

Mani Neumeier

Privat

ATM Records	003 CD	1993

グルグルの棟梁、マニ・ノイマイヤー個人名義での第1作はその名も『プリ
ヴァット』（プライベート）、通称「チーズケース」。理由はそのままチーズ用
の木製容器に入れられたCDということから。渡り鳥のように冬には熱帯
に旅をし続けている彼らしく、さまざまな国の音楽や空気を織り交ぜ、さ
らにはクラウトロック・ミュージシャンらしくエレクトロニクスも少々加
味した最強のアンビエント。なお再発盤は通常のデジパック。

	CD

Mani Neumeier

Terra Amphibia

Think Progressive	---	1998

アンフィビア、つまりは両生類。そもそも「グルグル」とは独語でのカエル
の鳴き声のオノマトペだ。それだけではなくマニ・ノイマイヤー（以下、マ
ニさん）自身カエルが大好きで日本語でカエルの俳句をライヴで詠んだり
もした。本作はそんなカエルにまつわるマニさんのソロ・アルバムで自然
音とパーカッションが織りなすフィールド系アンビエント。ちなみに木彫
＆手彩色ケース入りの豪華特装盤も販売されていた。

	CD

Tranceformer feat. Mani Neumeier

Marie – Johanna

Tone-Art Records	---	1999

トランスフォーマーなるレゲエ・グループとマニ・ノイマイヤーによる3曲
入りシングルCD。ノイマイヤーはドラム、パーカッションだけでなくリー
ド・ヴォーカルも担当。ハンス・レファート（フルート＆ヴォイス）もギター
で参加し、ゆったりとしたダブ・グルーヴが展開される。ところで言葉の響
き＋レゲエ＋フロントのマークからマリー・ヨハンナという女性名が何を
暗喩しているのかはお気づきのとおり。まあとにかくジャケが良い。

	LP

Highdelberg

Highdelberg

Happy Bird	5017	1976

グルグルのギタリスト、アックス・ゲンリッヒが中心になった単発企画ハイデ
ルベルク唯一の作品。クラーンからハトラー、フリーデ、ヴォルプラントの3
人にクラスターのメビウス＆レデリウスそして盟友ノイマイヤーなど多彩な
ゲストが参加しコニー・プランク・スタジオで74～75年に録音された。友人同
士で和気あいあいとした牧歌的雰囲気にあふれた作品。姿勢や人脈からいっ
てグルグルの『Mani Und Seine Freunde』～本作～『Liliental』は地続きの企画。

Ax Genrich
Psychedelic Guitar

ATM Records	ATM 3809-AH	1994

4枚目『Guru Guru』までグルグルに在籍したギタリスト、アックス・ゲンリッ
ヒ。このバンド脱退後しばらくは表舞台から姿を隠していたが、20年の歳
月を経ていきなりソロ・アルバムを引っ提げてシーンに返り咲いた。ハンス・
レファート(フルート&ヴォイス)らによってプロデュースされた本作は、
グルグルで聴かせたサイケデリックなギターの健在ぶりを知らしめた。多
くがゲンリッヒの作曲なので初期グルグルの雰囲気を強く継承している。

CD

Kickbit Information
Bitkicks

ATM Records	ATM 3823 AH	1998

1975年2月の録音というからウリ・トレプテがファウストに加入したもの
の、バンド自体が活動休止した直後の音源ということになる。参加メンバー
はフランピーのドラマー、カルステン・ボーン、ミサス・ビューティーのヴァ
イオリン奏者オットー・リヒターとスタジオ・ミュージシャンとおぼしきピ
アノや木管楽器のプレイヤーで構成されている。サイケ寄りのジャズ・ロッ
クといった体で、マイク1本で録音された唯一のセッション音源。

LP

Spacebox
Spacebox

Spacebox	SP1	1981

ウリ・トレプテはノイ!のセッションへの参加やファウストのサポートなど
名だたるクラウトロックのバンドを遍歴した人物。スペースボックスとはバ
ンドやユニットの名称ではない。トレプテが開発したエフェクターなどの
機材が詰め込まれた棚で、いわば相棒。この相棒はファウスト参加時にはす
でに存在し、すさまじいノイズを発生させていたという。本作は相棒名義の
1枚目。内省的でブルージーなサイケ作品、段ボール入りの完全自主制作盤。

LP

Uli Trepte
Jazz Modalities

Nebula	GN 0002	1990

グルグル脱退後のウリ・トレプテは様々なプロジェクトやバンドに関わっ
てきた。本作はトレプテ個人名義でのファーストLP。元エンブリオのエド
ガー・ホフマンらが参加しサックスやクラリネットが沈みゆく音色を奏で、
内省的でブルース色の強いジャズ・ロックに仕上がっている。トレプテの
生み出す音には派手さはないがカラフルで、一部では「モノトーンサイケ」
などと呼ばれているようだ。残念なことに2009年5月に永眠、享年68歳。

Klaus Schulze

タンジェリン・ドリーム、アシュ・ラ・テンペルといったクラウトロック史上欠くことの出来ないバンドを遍歴し、ソロ活動へと移行したクラウス・シュルツェは1947年にベルリンで生まれた。シンセサイザーとそのシーケンス・パターンを操り、壮大な電子楽曲を生み出すクラウトロック界の巨人である。

彼の作品の多くはクラシック音楽の方法論を還元した大作が多く、中には映画音楽やオペラ作品も知られている。

クラウス・シュルツェはファー・イースト・ファミリー・バンドの喜多郎に電子楽器の基礎を指南したほか、ツトム・ヤマシタの作品にも参加している。'70年代後半には自らのレーベルInnovative Communicationを設立し、自己の作品のリリースだけでなく、積極的に新人のプロデューサーとしても活躍した。

		LP
Klaus Schulze		
Irrlicht		
Ohr	OMM 556 022	1972

クラウス・シュルツェによるファースト・ソロ・アルバムは、後の演奏様式とは大きく異なるプロト・アンビエント作品と評される。タイトルは「狂った光」を意味し、電子音やオーケストレーションで表現された悪夢のごとき世界が広がる。「センテンス:レベル」や「エネルギー上昇・エネルギー崩壊」といった曲名から察するに、表現の可能性と限界を模索した実験を記した作品なのだろう。ただ3曲目のタイトルは「シルス・マリアからの追放」とある。シルス・マリアとはスイス東部にある村の名で、シュルツェが敬愛する哲学者、フリードリヒ・ニーチェが避暑で過ごしたことが知られている。彼は自身の内的パラダイムをこの曲に託したのだろう。

Klaus Schulze

Cyborg

Kosmische Musik	KM 2/58.005	1973

当時、設立されたばかりのコスミッシェ・レーベルからリリースされた大作2枚組セカンド・アルバム。『Irrlicht』のような攻撃性は薄れ、弦楽器の単音を変調させながら、そこに鍵盤楽器類が加わる構成。孤独な残響音だけが響き、総演奏時間は100分近くにも及ぶ。シュルツェは本作をもってコスミッシェを除籍し、新生ブレイン・レコードに移る。それはコスミッシェの主催者、ロルフ・ウルリッヒ・カイザーの凋落に起因していた。

Klaus Schulze

Blackdance

Brain	BRAIN 1051	1974

『ブラック・ダンス』はサード・アルバムにしてシュルツェにとって国外進出を果たした、ターニングポイント的な作品である。本作はドイツ国内ではブレインからアルバム・リリースされたが、国外にはヴァージンを通じヨーロッパ諸国などへの配給となった。楽曲にはシンセ・サウンドだけでなくギターやドラムまでフィーチャーされ、きわめてメロディックでドラマティックな構成となっている。とりわけドラムが印象的な作品。

Klaus Schulze

Picture Music

Brain	BRAIN 1067	1975

録音されたのは1973年だったが、1975年になってようやくリリースされたアルバム。この時期、おもに使用されているシンセサイザーはEMS Synthi Aだ。同時期にはタンジェリン・ドリームやコンラッド・シュニッツラーにも使用されていた名器である。また本作では珍しくシュルツェ自身がドラムをプレイしている。前年に行われた『タロット』のセッションを介した一時的なアシュ・ラ・テンペルへの再加入が影響しているのではなかろうか?

Klaus Schulze

Timewind

Brain	BRAIN 1075	1975

フランスではグランプリまで受賞したクラウス・シュルツェの5枚目のアルバム。ドイツ原盤はブレインからだが、ヴァージンを介してヨーロッパ各国や日本でも配給された出世作である。B面の「Wahnfried 1883」はシュルツェが敬愛するワグナーの死をテーマにしたもので、1883年はそのまま没年を表している。自ら「最も完成度が高い作品」と言っている本作は、荒涼として漠々とした心象世界がひたすらに描写されている。

	LP
Klaus Schulze	
Moondawn	

Brain	BRAIN 1088	1976

ハラルド・グロスコフをドラマーとして迎え、76年にフランクフルトで録音された6枚目のアルバム。本作は『Picture Music』からのロマン主義的指向の頂点と評された。また『Moondawn』はシュルツェが初めてMoogシンセサイザーを導入して制作したアルバムといわれている。巨大なMoogシンセサイザーについては、ポポル・ヴーのフローリアン・フリッケから譲り受けたという話もあるが、実際の経緯や詳細は不明。

	LP
Klaus Schulze	
Mirage	

Brain	60.040	1977

77年リリースの『ミラージュ』は、前作に引き続き元ヴァレンシュタインのハラルド・グロスコフをドラマーに起用してフランクフルトで録音された。アルバムは各面でサブタイトルが付けられておりA面には「Velvet Voyage」、B面が「Crystal Lake」となっている。転調を繰り返す緻密なシーケンス・ビートに、東洋的な旋律が彩りを添える中期の名盤である。本作の後シュルツェは、翌年に2枚組大作アルバム『X』も発表した。

	LP
Klaus Schulze	
Body Love	

Brain	0060.047	1977

シュルツェが音楽を手掛けた全映画作品の中で、最も知名度の高いのは本作だろう。なんとポルノ映画のサウンドトラックなのだ。日本でも「絶頂人妻 Body Love」として公開されたラッセ・ブラウンの映画で、なぜか濡れ場になると音楽が流されていた。楽曲にはハラルド・グロスコフがドラムで参加。余談ではあるがシュルツェが音楽担当していたことは、友人たちが堂々とポルノ映画を鑑賞しに行く口実になったとか。

	LP
Klaus Schulze	
Dune	

Brain	660.050	1979

『砂の惑星』のタイトルで何度か映画化もされたフランク・ハーバートの長編SF小説『デューン』にインスパイアされて制作されたシュルツェ11枚目のアルバム。B面にはアーサー・ブラウンが参加し、一連の作品の中では珍しいヴォーカル・トラックとなっている。本作のオリジナル盤LPは銀色のミラー紙装丁。またシュルツェはハーバートをかなり敬愛していたようで、前年の『X』(1978)には彼に捧げられた楽曲が収録されている。

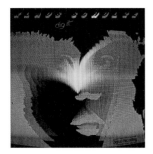

Klaus Schulze
Dig It

| Brain | 00660.353 | 1980 |

タイトルが示す通り、デジタル・シンセが初めて導入されたクラウス・シュルツェ13枚目のアルバム。ヴォコーダーやリズミカルなシーケンス・パターンなど、これまでに見られない作風は「アナログの死」と評された。シュルツェは翌年のアルバム『Trancefer』をもって Brain を離れ、自身の Innovative Communication レーベルでリリースをすることになる。また同時にニューウェイヴ系の新人バンドのプロデュースも数多く手掛けた。

Klaus Schulze
Historic Edition

| Manikin | KS 11-20 | 1995 |

シュルツェは実に多産のアーティストである。1993年には10枚組CD『Silver Edition』がリリースされたが、本作は続いて発表された10枚組CD。その名のとおり1975年から1985年までの未発表音源を収録し、2000セット限定でリリースされた。何曲かでマヌエル・ゲッチンがギターで参加している。この後も1997年には25枚組CD『Jubilee Edition』、2000年にはその全種を網羅した50枚組『The Ultimate Edition』まで出された。

Richard Wahnfried
Tonwelle

| Innovative Communication | KS 80.006 | 1981 |

リヒャルト・ヴァーンフリートとはクラウス・シュルツェの変名。前衛作品を作る時の特別な名義のようだが、現在の感覚で聴きなおすとシュルツェの湿った泣きのシンセ中心の作風なので、特に違いは感じられない。本作にはギタリストとしてマヌエル・ゲッチンとカール・ヴァーンフリートが参加。なお後者の正体は不明で、カルロス・サンタナの変名ではないかという噂まである。このプロジェクト名義では7枚のアルバムが存在する。

Robert Schröder
Floating Music

| Innovative Communication | KS 80.001 | 1980 |

シュルツェが設立したICレーベルにはシュルツェ自身やピーコックのような旧来のプログレ系から、ディンAテストビルト、ディー・ゲズンデンといったパンク〜ニューウェイヴのバンドなど、多種多様な顔ぶれが所属していた。設立が1978年とあって時代の過渡期のミュージシャンも多く、このロベルト・シュレーダーはその代表格だった。これはセカンドLPで再生速度の指定がない。ジャンル分けが微妙なシンセ・サウンドだが、広義のアンビエントだと言えよう。

Tangerine Dream

サルバドール・ダリに師事し、エドガー・フローゼは画家を目指していた。だがほどなくフローゼはバンド、タンジェリン・ドリームを結成。初期はメンバーが不定形だったが、クラウス・シュルツェとコンラッド・シュニッツラーを迎え入れてドイツ初のアンダーグラウンド専門レーベル、オールからレコード・デビューを果たす。電子ポップスのオリジネーターとして瞬く間に世界的な存在となり、1974年にはニコとともにノートルダム大聖堂で公演をするまでに至る（直後、ローマ法王によって会場は「お清め」された）。

ロック作品に初めてシーケンサーを導入するなど、電子音楽におけるタンジェリン・ドリームの先進性は、後のシーンの先駆けとして多くの尊敬を集めている。

		LP
Tangerine Dream		
Electronic Meditation		
Ohr	OMM 56.004	1970

エドガー・フローゼとクラウス・シュルツェ、コンラッド・シュニッツラーによるタンジェリン・ドリームのデビュー・アルバム。後のシンセ主体の作風とは全く異なり、電子変調されたギターやドラム、オルガンなどの音響が主な構成要素である。本作の音源はコンセプトをもって録音に挑んだのではなく、自然発生的なインプロヴァイゼイションのセッション音源を編集したもの。なおシュニッツラーはライヴでチェロと機械式計算機を演奏していたらしいが、音楽を「創造」したいフローゼと、音楽を「破壊」したいシュニッツラーは間もなく袂を分かち、レデリウスとメビウスでKlusterを結成。シュルツェもアシュ・ラ・テンペルへと活動の場を移す。

Tangerine Dream

Zeit

| Ohr | OMM 2/56021 | 1972 |

大作 2 枚組のサード・アルバムはピーター・バウマンが初めて参加した作品でもある。フローゼ、フランケの中心メンバー 2 人に、Moog シンセで参加しているのはポポル・ヴーのフローリアン・フリッケ。当時このバカでかい機材を所有しているクラウトロック系ミュージシャンは、フリッケくらいしかいなかったようだ。さらにケルン弦楽四重奏楽団がチェロで参加。サウンドの構成はあくまでもチェロの残響音が骨子であり、電子音は背景として機能している。本作は実験的で難解ではあったにも関わらず、その先鋭性が認められた。事実、同年のドイツ音楽誌『Sounds』の人気投票ではタンジェリン・ドリームはベスト・アーティストに選ばれている。

Tangerine Dream

Rubycon

| Virgin | V 2025 U.K. | 1975 |

ユリウス・カエサルの「賽は投げられた」の名ぜりふで有名なイタリア北東部にあるルビコン川をモチーフにした 6 枚目のアルバム。LP の AB 両面の全長を使いパート 1、2 に渡って展開された大作。シーケンス・パターンがアルバム全面で使用され、サウンド・エフェクトのコラージュも心地よい。B 面ではシンセのうねりと肉声のコラージュから導入されるプロト・アンビエント作品で、後半で登場するフルートが重要なアクセントとなっている。本作は間違いなくフローゼ、フランケ、バウマン時代の最高傑作アルバム。大きな決断をすることを「ルビコン川を渡る」という言い回しで表現されるが、本作の完成度と向かい合わせにすると、何やら感慨深い。

	LP

Tangerine Dream

Alpha Centauri

Ohr	OMM .012	1971

シュニッツラー、シュルツェが脱退し、代わってアジテーション・フリーの
メンバーだったクリストフ・フランケと、スティーヴ・シュローダーを迎え
て制作されたセカンド・アルバム。オルガンと、本作で初めて導入されたシ
ンセサイザーがアルバムの主役となり、ギターやフルートはあくまでも引
き立て役にまわった感がある。日本でも『ケンタウロス座のアルファ星』と
して、横尾忠則のイラスト・シート付きで発売された。

	7"

Tangerine Dream

Ultima Thule

Ohr	OS 57.006	1971

ヘヴィなオルガンと泣きのギターが入る、おおよそタンジェリン・ドリー
ムとは思えない珍品シングル。ギター、ベース、ドラムにオルガンという編
成だが、クレジットがまったくなく演奏者は謎に包まれたまま。ただしエン
ジニアはコズミック・ジョーカーズのディーター・ディエルクスであること
だけは判明している。また制作時期はおそらくセカンド・アルバムの頃。本
作は1975年になってからデザイン変更のうえイタリアでも発売された。

	LP

Tangerine Dream

Atem

Ohr	OMM 556 031	1973

フローゼ、フランケ、バウマンの初期の黄金ラインナップが確立した4枚
目アルバムは、シンセサイザーの荘厳な響きに激しいドラミングで空間演
出されたトリップ作品。本作を最後にタンジェリン・ドリームは国外進出
を果たし、世界的に認知されるビッグネームへの第一歩を踏み出す。ちな
みにジャケットに写る心霊写真のような赤ん坊はフローゼの息子、ジェロー
ム・フローゼ(現タンジェリン・ドリームのメンバー)である。

	LP

Tangerine Dream

Phaedra

Virgin	V 2010 U.K.	1974

活動場所を英国に移し、ヴァージンからリリースされた第一弾。彼らの出
世作にして代表作。本作は何といってもシーケンサーが初めて導入された
電子ポップ作品という記念すべき1枚である。フローゼ、フランケ、バウマ
ンのラインナップでの演奏もきわめて安定し、シンセサイザーの音響とサ
ウンド・コラージュのバランスは、本作がベストだという声も多い。また曲
によってはダンサンブルな雰囲気をもつのはシーケンサーのおかげか。

Tangerine Dream

Ricochet

Virgin	V 2044 U.K.	1975

『Rubycon』(1975)に続くヴァージンでの第3作目にして初の公式ライヴ・アルバム。1975年冬の英国とフランスでの公演が収録された。オール時代以来のドラムが使われているが、ツアーにはドラマーとしてピンク・フロイドのニック・メイスンが参加していた。だがその音源は使われず、音源のドラマーはフランケであるという。シンセのリフとギターそしてドラムという異形のラインナップのエレクトリック・ロックンロール・アルバム。

LP

Tangerine Dream

Stratosfear

Virgin	V 2068 U.K.	1976

これまで空間を描写してきたシンセサイザーを、古典的な楽曲演奏の道具としてドロップアウトさせ、きわめて明確な旋律をもたせたシンフォニック・アルバム。この作品がきっかけとなって、以降のシンフォニック路線が始まる。ピーター・バウマンが参加した最後のスタジオ・アルバム。また原題は「Stratosphäre」(成層圏)と「fear」(恐怖)の意味深い造語だったが、日本盤LPは『浪漫』。当時のネーミング・センスには目を見張るものがある。

2LP

Tangerine Dream

Encore

Virgin	V 2506 U.K.	1977

1977年3月から4月に行われた大規模な全米ツアーのライヴ盤2枚組。収録されたのはロサンジェルスのザ・グリーク・シアターと、ニューヨークのアヴェリィ・フィッシャー・ホールでの2公演から。会場では当時としては珍しいレーザーによる舞台演出も行われた。演奏されているのは前年の『Stratosfear』からの曲が多いが、部分的に『Ricochet』のフレーズが何気なく取り入れられている。観客の盛り上がり方もスゴイ。バウマン最後の参加作品。

LP

Tangerine Dream

Cyclone

Virgin	V 2097 U.K.	1978

タンジェリン・ドリーム史上、最も異色のラインナップで録音されたアルバム。なんとヴォーカル入り！ 歌声を披露するのは英国人歌手スティーヴ・ジョリフ。また本作からドラマーとしてクラウス・クリーガーが参加し、異例の4人編成となった。歌物といってもヴォーカル・パートはごく一部で、やはりシーケンス・パターンを聴かせる構成である。ジョリフの歌入りが不評だったのか、次のアルバムでは彼の名はない。

Tangerine Dream

Force Majeure

Virgin	V 2111 U.K.	1975

ヴォーカル入りの試みはわずか1作で封印され、フローゼ、フランケ、クリーガーの編成となって制作されたアルバム。やはりタンジェリン・ドリームはトリオが安定のようである。クリーガーがドラムに専念しているせいか構成はロック寄りで、シンセはすでに旋律を奏でるだけの道具になっており、初期のような電子音への衝動はすでにない。なおクリーガーは本作をもって脱退。以後はクラウス・シュルツェのICレーベルを拠点にソロ活動へ。

Tangerine Dream

Tangram

Virgin	V 2147 U.K.	1980

ヨハネス・シュメーリングが加入し、フローゼ、フランケとのトリオで初のスタジオ録音となったアルバム。シーケンス・パターンはかなり大胆で派手な使い方をされ、それはB面で頂点を極める。またこの時期のライヴ音源が東ドイツから『Pergamon』としてリリースされているのだが、多くの楽曲で本作と同じフレーズが含まれていた。またタイトルは同名のおもちゃ(パズル)とバンド名のスペルが似ているということから。あまり意味はない。

Tangerine Dream

Exit

Virgin	V 2212 U.K.	1981

この前年にはサウンドトラック・アルバム『Thirf』がリリースされているが、本作はその延長線上にあるアルバムである。かなり同時代のシンセ・ポップと呼応したとおぼしき曲も収録されている。タンジェリン・ドリームはこの翌年に賛否両論となった問題作『White Eagle』を発表。続いて『Logos Live』(1983)、『Hyperborea』(1983)など続々と作品を発表し続け、現在ではフローゼ親子を中心としたバンドとして現役活動中。

Edgar Froese

Aqua

Brain	Brain 1053	1974

タンジェリン・ドリームの頭首、エドガー・フローゼのファースト・ソロ・アルバムはその名のとおり湧きあがる水(aqua)を電子音で再現し、飛行機の音や自然音までコラージュされた環境音楽作品。73年11月から74年3月にかけて録音されたというから、時期的には『フェードラ』の頃と重複する。録音にはクリス・フランケも参加。ドイツではブレインからリリースされ、ヴァージンを介して世界各国に配給された。

Edgar Froese

Epsilon In Malaysian Pale

| Brain | Brain 1074 | 1975 |

『ルビコン』と同時期に録音されたエドガー・フローゼのセカンド・ソロ・ア
ルバム。シンセの残響音がヒーリング・ミュージックのような効果を発揮
する。発売当時、聴衆はこの音楽で瞑想できたのかもしれないが、今の感覚
でいうとニューエイジに分類されかねない。蛇足情報だが、初回の日本盤
ではマスターテープを逆回転再生したものが収録されてしまったようで、
出回っていた盤の回収騒ぎがあったそうだ。

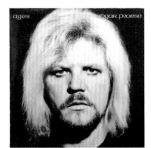

2LP

Edgar Froese

Ages

| Virgin | VD 2507 U.K. | 1976 |

『Macula Transfer』(1976)に続きヴァージンから出された大作2枚組の4枚
目ソロ。これまでの3枚とは違い、ロック色が強くなっている。「息子に捧ぐ」
とクレジットされているが、息子のジェローム・フローゼは'90年代からタ
ンジェリン・ドリームに加入した。さてこの作品の後は『Stantman』(1979)、
『Kamikaze 1989』(1982)、『Pinnacles』(1983)などのソロワークのほか、
タンジェリン・ドリームのセルフ・カヴァー・アルバムも出している。

LP

Peter Baumann

Romance 76

| Virgin | 28 311 XOT | 1976 |

ピーター・バウマンはタンジェリン・ドリームのサード『Zeit』(1971)への
ゲスト参加後に正式メンバーになり、77年の『Encore』まで在籍したキーボー
ド奏者だ。本作はバンド脱退直前に制作されたファースト・ソロ・アルバム
『ロマンス76』。タンジェリン・ドリームの旋律だけを抽出し、よりシンプル
なエレクトロニクスに還元したシンセ・ポップ作品。リズム・パターンなど
に当時としてはかなり斬新なアレンジも見せる。

LP

Peter Baumann

Trans Harmonic Nights

| Virgin | 200 578 | 1979 |

セカンド・ソロ・アルバムである本作は、バウマンの独自の感性が強烈に表
れた作品。この頃になるとバウマンはパラゴン・スタジオを運営しレデリウス、
シュニッツラー、クラスターやティーチェンスなどの作品を手掛け、プロ
デューサーとしても知られる存在になっていた。バウマンのこの後のアル
バムは『Repeat Repeat』(1981)、『Strangers In The Night』(1983)が知ら
れる。現在は米国に居を構え、音楽プロダクションを経営しているようだ。

München

モーツァルトからマーラー、ワグナーまで教科書に出てくるような音楽家が活動していたミュンヘンは、出版や金融の中心地で、南ドイツ・バイエルン最大の都市である。北のハンブルクと文化がことごとく対称的であると言われ、なにかと比較されることも多い。ミュンヘンは1950年代からジャズが盛んであったことから、数多くのバンドが輩出された。当地を代表するバンド、アモン・デュールは、ヒッピー・コミューンから生まれたバンドだ。構成していたメンバーにはジャズ出身のミュージシャンも少なからずいたという。こうした音楽性と文化が融合し、ミュンヘンの音楽シーンは形成された。またドイツ初の完全自主レーベルが生まれたのもこの街である。

Amon Düül

1967年頃にミュンヘンで形成されたヒッピー・コミューンから発生した「アモン・デュール」はドイツ各地を転々としながら演奏活動をしていた。だが翌68年には早くも方向性の違いからふたつに分裂する。ひとつは政治的・思想的なグループでウルリッヒ・レオポルト、ライナー・バウアーらを中心にした「アモン・デュール」。メンバーにはモデル出身のグルーピーで女性活動家のウッシ・オバーマイアーもいた。彼らの行動原理は左翼的思想に大きく支配されていたといわれ、最後にはドラムセットすら解体し個々のドラムを1人ずつ「平等に分配」したという逸話まで残されている。さてもう一方のグループはペーター・レオポルト、クリス・カーラーらが中心となった音楽活動主体の集団「アモン・デュールⅡ」である。彼らはメジャーからデビューし、メンバー・チェンジを繰り返しながら1981年の第1回解散までに12枚のアルバムを残すクラウトロックの代名詞的存在となった。

		LP
Amon Düül		
Psychedelic Underground		
Metronome	MLP 15.332	1969

政治的ヒッピー結社、アモン・デュールのファースト・アルバム『サイケデリック・アンダーグラウンド』はストレートなタイトルながら混沌とエナジーに満ちたクラウトロックを代表する1枚である。執拗に反復されるリフ、幻覚を再現したかのような音の洪水、フラッシュバックのごときコラージュなどで描写される「サンドーザ」なる極彩色の架空の楽園。いうまでもなく当時のドラッグ・カルチャーを色濃く反映した表現手段やメッセージは時代の所産ではあるが、この後に巻き起こる新しいムーヴメントの払暁をかざる歴史的大名盤。アルバムは1968年の暮れに行われた長時間のセッション音源を抜粋・編集したものといわれている。

Amon Düül

Collapsing

Metronome	SMLP 012	1969

前作と同じくメトロノームから出されたア
モン・デュールのセカンド・アルバム『崩壊』。
音数はかなり減り、さまざまなエフェクト
やサウンド・コラージュが施された短めの
楽曲11曲でアルバムは構成されているが、
即興性の高いアシッド行進曲という色合い
はファーストと変わりない。それもそのは
ず、1968年に行われた前作の録音からアウ
トテイクを抜粋して出来上がったのが本作
というのが真相らしい。彼らはレコード会
社と5枚のレコードをリリースする契約を
していたが、きちんとしたスタジオ録音は
わずか2回だけだったと言われている。装
丁も素晴らしく、真黒な見開きジャケット
を開くと色鮮やかな楽園(崩壊済み)が現れ
るという趣向だ。

Amon Düül

Paradies Wärts Düül

Ohr	OMM 56.008	1970

1970年にミュンヘンで録音されたサード・
アルバムにして最終オリジナル作品。彼ら
の録音物はファースト時のセッションと、
サード由来の系列のふたつの源流しかない
といわれている。フラッシュバックを再現
したような攻撃的な前者に対し、本作は涅
槃に到達したかのような静寂に満ちたア
シッド・フォーク作品。方向性の違いから
大幅にメンバーが減り、新たな編成で制作
された本作の「愛とは平和」というメッセー
ジは一見凡庸に響くが、巡り巡ってたどり
着いたひとつの真理なのだろう。同時期に
録音されたシングル「Eternal Flow」は、LP
と同系列でありながらより内省的な作品で、
B面はLP収録曲「Paramechanical World」
の別テイク。

149　　　Krautrock　　München

Amon Düül II

Phallus Dei

Liberty	LBS 83279	1969

音楽集団としてスタートしたアモン・デュールIIのファースト・アルバム。クリス・カーラー、ペーター・レオポルト、ヨーン・ヴァインツィール、デイヴ・アンダーソンそしてレナーテ・クナウプというバンドのカラーと方向性を決定づけたメンバーはすでに顔をそろえている。異教徒の祭典のような中東音階の混沌とサイケデリックが重合した初期クラウトロックの名盤。B面は即興と狂気に満ちた長尺の表題曲のみを収録。なお邦題の『神の鞭』は準備段階での仮題「Whips Of God」から取られたものだが、ファロスとは信仰対象となる陽根（男性器）のこと。また当時の映像を収めたDVD『Play Phallus Dei』も後年になってリリースされている。

Amon Düül II

Yeti

Liberty	LBS 83359/60	1970

中東嗜好のメロディを継承しながら、さらにロック色を強めたセカンド・アルバムにして大作2枚組。1枚目は組曲風の「ソープ・ショップ・ロック」から幕を開ける。個々の曲構成は明確になりB1の「Archangels Thunderbird」は彼ら初のシングルとしても発売された。2枚目のC面とD1ではイエティ（雪男）やらヨーギ（ヨガ行者）とったヒンディ・テイストが前面に出された完全インプロヴァイゼーション。そしてD2では本家アモン・デュールからウルリッヒ・レオポルトとライナー・バウアーがゲスト参加し「サンドーザのお伽噺」の外伝を『Paradies Wärts Düül』を彷彿とさせるアシッド・フォークで演奏している。

150

Amon Düül			2LP
Disaster			
BASF		29 29079-4	1971

アモン・デュール活動休止後にリリースされた2枚組LP。新録音ではなく、ファースト・アルバム時のセッション音源を所有していたBASFレコードが、メンバーの許可なくリリースしたものと言われている。ベタベタと張り付くようなギターのリフとドタバタのドラムでお堅く演奏される楽曲は、ファースト期のアモン・デュールそのもの。また権利問題で明記されていないが、ザ・ビートルズの異形化したカヴァー・ヴァージョンまで収録されている。

Amon Düül			2LP
Experimente			
Timewind		MDB 950142 Swiss	1984

最後の作品から13年、突如としてリリースされたアモン・デュールの未発表曲集。デューク・エリントンだのフランク・シナトラだのと同列のカタログに並んだ、いわゆる廉価版商品なのだが、いまだに発売に至る経緯が謎に包まれた作品。アルバムは「Special Track Experience」と題された24片の音源で構成される。ファースト期の録音(1968年)と思われるが、特徴的なエフェクトやサウンド・コラージュが施されておらず生々しい演奏に驚かされる。

Amon Düül II			2LP
Tanz Der Lemminge			
Liberty		LBS 83473/74	1971

前作に続き2枚組大作で組曲風の編成。前2作の成功を受け、制作には十分な時間と資金が使うことができたというが、女性ヴォーカルのクナウプは不参加。浮遊感にみちたスペース・サイケ作品で2枚目C面はインプロヴァイゼーション全1曲。また彼らは同時期に伝説のTV番組「ビートクラブ」に出演し、本作収録曲の別ヴァージョンである「Between The Eyes」を演奏。邦題の『野ネズミの踊り』では「レミング」の暗喩が黙殺されているのが残念。

Amon Düül II			LP
Carnival In Babylon			
United Artists		UAS 29327	1972

アモン・デュールⅡの4枚目のアルバムは、個々の曲の完成度を追求したような小曲集として仕上がった。前作では不参加だった歌姫、レナーテ・クナウプが復帰し伸びやかな歌声を再び披露している。楽曲が急速に収束力を擁してきたのは、前作から参加した唯一のプロ・ミュージシャン、ローター・マイトの影響が大きい。また本作収録曲からは「All The Years Round」と「Tables Are Turned」のカップリングでシングル・カットされている。

Amon Düül II

Wolf City

| United Artists | UAS 29406 | 1972 |

明らかにシングル・カット可能なクオリティとコンパクトさという方向性
での楽曲作りになったアモン・デュールIIの5枚目アルバムだが、シングル
は出されていない。本作の収録曲「Deutsch Nepal」はサイド・プロジェクト、
ユートピアでも演奏された彼らの代表曲。彼らはこのアルバム発表からし
ばらくして英国BBCのラジオ番組に出演し5曲の録音を残したが、音源は
後に『BBC Radio 1 Live In Concert Plus』としてCDリリースされた。

LP

Amon Düül II

Vive La Trance

| United Artists | UAS 29504 | 1973 |

ユナイテッド・アーティストでの最後のスタジオ・アルバムであり、アモン・
デュールIIの活動史においても節目となる作品。ジミー・ジャクソンは脱退、
ロング・チューンに代ってシングル曲のような整然と編集された小曲が収
録されたコンセプチュアル・アルバム。どの曲も余分な装飾をそぎ落とし、
ウィットに富んだ英国ポップ・ロック風。なおアルバム・タイトルはドーデ
の小説「最後の授業」でもおなじみの「Vive la France」(フランス万歳)から。

LP

Amon Düül II

Hi Jack

| Nova | 6.22056 | 1974 |

ユナイテッド・アーティスト除籍後に発表された7枚目のスタジオ・アルバ
ムで通算8枚目。『恍惚万歳』期のような英国ロック風雰囲気の小曲集。翌
年に発表された『Made In Germany』をもってヴォーカルのクナウプは脱
退、その後4枚のアルバムを出しこの系譜は活動休止。だがヨーン・ヴァイ
ンツィールとデイヴ・アンダーソン(ホークウィンド)がバンド名だけ継承し
活動を続けるという混迷を極めたが、'90年代にほぼオリジナルで再結成する。

LP

Utopia

Utopia

| United Artists | UAS 29438 | 1973 |

アモン・デュールIIのローター・マイト、パスポートのオラフ・キュブラーと
周辺アーティスによるプロジェクト、ユートピア唯一の作品。アモン・デュー
ルIIのレナーテ・クナウプとクリス・カーラーがゲスト参加。楽曲の質感は
アモン・デュールIIそのもので『Wolf City』の「Deutsch Nepal」も収録。ジャ
ケット・デザインもファルク・ログナーが手掛け独特の世界観を継承してい
る。1982年以降の再発盤ではアモン・デュールII名義に変更されている。

Amon Düül II
BBC Radio 1 Live in Concert Plus

| Windsong International | WINCD 027 | 1992 |

1973年『Wolf City』発表後に行われた3回目の英国公演を収録。演奏曲は
ファーストから、録音時にはまだ発売前だった6枚目までコンスタントにピック
アップされており、ボーナスに未発表セッションを追加。突然リリースさ
れた本作は、彼らの活動再開に呼応したものだった。1960年代末に英国に進
出したクラウトロック・バンドの第一号がアモン・デュールⅡだったと言われ
ているが、90年代のリバイバル・ムーヴメントの先陣を切ったのも彼らだった。

Amon Düül 2
Nada Moonshine

| Mystic Records | MYS CD 106 | 1995 |

1990年代に入り、アモン・デュールⅡのオリジナル・メンバーのクリス・カー
ラー、ローター・マイト、レナーテ・クナウプ、ファルク・U・ログナー、ペーター・
レオポルトが再集結し、バンドは再始動した。本作は再結成アモン・デュー
ルⅡによる第一作目である。このリリースが足がかりとなり、1996年4月
には初来日公演が実現した。再結成後の新録アルバムは、ほかに2010年の
『Düülirium』があり、彼ら自身の手により配信でリリースされている。

Amon Düül
Die Lösung

| Demi Monde | DMLP 1015 | 1989 |

「アモン・デュール」を名乗っているが「アモン・デュールⅡ」でベースをプレ
イしていた英国人ミュージシャン、デイヴ・アンダーソン率いるバンドで、
通称「アモン・デュールUK」と呼ばれる第3のアモン・デュール。彼がリー
ダーになった布陣では、本家「Ⅱ」と入れ替わるかたちで1982年の『ホーク・
ミーツ・ペンギン』から4作を残した。90年代に入りクリス・カーラー率い
る本家「Ⅱ」の活動再開にともない、「UK」は自然消滅したようだ。

Chris Karrer
The Mask

| Think Progressive | TPCD 1.708.016 | 1997 |

アモン・デュールⅡのリーダー、クリス・カーラーのソロ第4作は、シンク・
プログレッシヴ・レーベルお得意の、バリ島の職人の手作りによる木彫巨
大レリーフ付きCDというとんでもない存在感のリリースとなった。音の
方はマルチプレイヤーのカーラーらしいヴァイオリンやサックスの入った
ワールド・ミュージック・テイスト。ゲスト・ミュージシャンとしてグルグ
ルのマニ・ノイマイヤー、エンブリオのクリスチャン・ブルハルトも参加。

Embryo
Opal

Ohr	OMM 56.003	1970

1969年にクリスチャン・ブルハルトとエドガー・ホフマンらを中心にミュンヘンで結成されたエンブリオのファースト・アルバム『オパール』。70年4月に録音され、当時まだ設立されたばかりのオール・レーベルからリリースされた。後のエスニック路線とは違い、初期クラウトロックらしい試行錯誤と実験性の高い典型的なジャズ・ロック作品。オリジナルLPはフロント中央に切り込みがあり、風船が付属するという遊び心のある特殊装丁。

Embryo
Embryo's Rache

United Artists Records	UAS 29 239 I	1971

ベース・プレイヤーのロマン・ブンカが参加し大手ユナイテッド・アーティスツに移籍して発表されたセカンド・アルバム『胎児の逆襲』。ハモンドオルガンやフルート、サックスを取り入れたジャズ・ロック作品でソウルフルなヴォーカルが入り、前作よりはるかにサウンドの方向性が明確になってきている。また本作収録の「スペインはイエス、フランコはノー」が物議をかもし、予定されていたスペインでのライヴが中止になってしまった。

Embryo
Father Son And Holy Ghosts

United Artists Records	UAS 29 344 1	1972

マリンバやビブラフォンを導入したサード・アルバム。本作から徐々に中東音階のテイストが取り入れられ、エスニック・バンドとしてのアイデンティティが確立している。彼らは翌年に『Steig Aus』と『Rocksession』を発表、現在までに30枚以上のアルバムを残した。またバンドは世界中で公演を行っており、日本へも何度か来て地方のお祭りなどで公演しているらしい。だが見たという人の話を聞いたことがないのはアネクサス・カムの状況に似ている。

Embryo
La Blama Sparozzi

Schneeball	1028	1982

アモン・デュールⅡのクリス・カーラーがメンバーとなって初めて制作された作品で2枚組LP。79〜81年に訪れたアフガニスタンのカブール、エジプトのカイロそして地元ミュンヘンでの録音が編集されている。この頃になるとエンブリオはすでにエスニック・バンドとして広く知れ渡っていた。ドイツ初の完全自主レーベル、シュネーバールからリリースされ、シルクスクリーン刷りの段ボールというジャケットもDIYならではの意匠といえる。

April-Schneeball

ドイツ初の完全自主レーベル

ミサス・ビューティー、エンブリオ、トン・シュタイネ・シャーベンらの複数のミュージシャンによって1976年にミュンヘンで設立されたエイプリル・レコーズはドイツ初の完全自主制作レーベルと言われている。レーベルの立ち上げにはオール・レコーズのプロデューサー、ユリウス・シッテンヘルムの助力があったようだ。'70年代初頭にもオールやコスミッシェといった小さなレーベルは数々あったがどれも大手レコード会社の傘下にあり、本来の意味での自主レーベルではない。そんな中、エイプリル・レコーズだけは資本や流通などをすべて自分たちで行う方針で運営されていた。だがほどなくCBSからの圧力で名称使用権の問題が起き、レーベル名をシュネーバール（雪玉）へと変更することを余儀なくされる。その際に『April lst Schneeball』（エイプリルはシュネーバール）という、ストレートなタイトルのオムニバス・アルバムをリリースし、レーベルの新名称とその個性を知らしめることを怠らなかった。

エイプリル〜シュネーバールが手掛けていたのはエンブリオのようなエスニック・テイストのジャズ・ロックやフュージョン系のバンドが多く、その姿勢は時として政治的である。またシュネーバールが活動し始めた'70年代中期はクラウトロックがひと通り鎮静化した時期であり、かつパンク〜ニューウェイヴの新しい波が起こる'80年代の直前で、ちょうど時代の過渡期なのだ。数々の自主レーベルの台頭が後のムーヴメントの布石になったわけだが、シュネーバールの存在がその先導をしたことは言うまでもない。なおシュネーバール・レコーズは現在も存続しており、従来のジャズ・ロックやフュージョンだけでなくワールド・ミュージック、ジャズ、フォークなど彼ららしいチョイスの70タイトルほどのリリースが知られている。

Real Ax Band

Move Your Ass In Time

April	april II/0009	1977

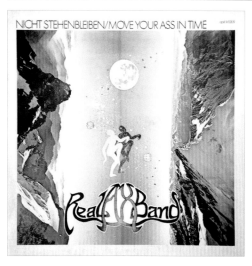

後にディッシデンテンを結成するマーロン・
クラインを中心にエンブリオのメンバーだっ
たディーター・ミーカウチュ、ガーナ人女性
ヴォーカル、マリア・アーチャーらを中心に
結成されたリアル・アックス・バンド。彼ら
は主にスイスで活動していた。彼ら唯一作
品である本作はドイツ初の完全自主レーベ
ル、エイプリルからリリースされた透明で
垢ぬけたジャズ・ファンクの大傑作アルバム。
A面には「Nicht Stehenbleiben」(立ち止ま
るな)B面には「Move Your Ass In Time」と
副題がある。ドラマーのクラインは録音当
時まだ17歳という若さでバンド・リーダー
を務めていたというから驚きだ。彼は'80年
代にはベルリンでニューウェイヴ・バンド、1.
Futurologischer Congressも結成している。

Munju

Brot + Spiele

Schneeball	Schneeball 0022	1980

シュネーバールを象徴するバンドといえ
ば、このムンジュだろう。彼らはエイプリ
ル・レコーズ時代からレーベルに所属して
いたジャズ・テイストなグループで、初期
にはザメッティやミサス・ビューティーの
サックス・プレイヤー、ユルゲン・ベンツも
参加していた。本作『ブロート+シュピー
レ』(パンとゲーム)は3枚目のアルバムで、
フュージョンを基調にエスニックなテイス
ト、エモーショナルなロックが取り込まれ、
曲によってはフランク・ザッパを連想する。
見開きジャケットの内側はボードゲームに
なっていて、ゲーム用のコマまで封入され
ている。1984年にオーストリアのレーベル
から4枚目のアルバムを発表した後に活動
を休止した。

Popol Vuh

Affenstunde

Liberty	LBS 83 460 I	1970

LP

'60年代後半、巨大なMoogシンセを購入したフローリアン・フリッケを中心に数人のセッションマンで制作されたファースト・アルバム。作品から察するに、自然や夢の情景描写することでシンセの可能性を模索していたのだろう。A面は「Ich mache einen Spiegel」(鏡を作る)という章の中に「Dream」と題された小曲が3曲、B面には表題曲(直訳すると「猿の時間」)が1曲のみ。まだサウンドの方向性が定まっていない分、混沌とした力がみなぎっている。

Popol Vuh

In Den Gärten Pharaos

Pilz	20 21276-9	1971

LP

『ファラオの庭で』と題されたセカンド・アルバム。前作同様シンセとパーカッションに自然音のコラージュと言うサウンドの骨子は変わりないが、よりメロディアスな「演奏」をしている。またその旋律は次作以降へとつながっていく。さてフリッケはシンセの可能性に見切りをつけ、本作をもってMoogでの楽曲制作をやめてしまう。また手放されたMoogを引き継いだのがクラウス・シュルツェという事実には何か因縁めいたものを感じる。

Popol Vuh

Hosianna Mantra

Pilz	20 29143-1	1972

LP

前作から一転、シンセサイザーは一切排除され、ピアノやギターといったベーシックな編成で制作された名盤サード・アルバム。編成もフリッケとギラのギタリスト、コニー・ファイトそして女性ヴォーカル、ジョン・ユンの3人へと変わった。ポポル・ヴーは本作からしばらく神話世界を描くことに没頭し、本作では旧約聖書の神を讃える「ホサナの祈り」や創世記冒頭部分にあたる「モーセの五書」(ペンタチューク)が題材に選ばれている。

Popol Vuh

Einsjäger & Siebenjäger

Kosmische Musik	KM 58.017	1975

LP

マタイ福音書の「謙遜の祈り」を題材にした4作目『Seligpreisung』(1973)に続きリリースされた5枚目。前2作では旧・新約聖書がテーマだったが、今回はダンテの「神曲」と同じくギリシャ神話のようだ。メンバーも前作からフローリアン・フリッケと韓国人女性ヴォーカル、ジョン・ユン、アモン・デュールIIのダニエル・フィッシェルシャーが参加。翌年には同じメンバーで旧約聖書のソロモン王を描いた『Das Hohelied Salomos』を発表。

Popol Vuh

Music From The Film "Aguirre"

| Cosmic Music | 840.103 France | 1975 |

フリッケと古くから親交のあった映画監督、ヴェルナー・ヘルツォークの「アギーレ・神の怒り」(主演は怪優クラウス・キンスキー)のサウンドトラック。アルバムは映画公開に合わせ1975年のリリースだが、制作されたのは72年で初期Moogを使用していた時期である。フリッケはこれ以外にも「ガラスの心」(1976)、「ノスフェラトゥ」(1978)、「フィッツカラルド」(1981)などのヘルツォーク映画の音楽も担当し、何作かには出演もしている。

Popol Vuh

Letzte Tage - Letzte Nächte

| United Artists Records | UAS 29 916 IT | 1976 |

『最後の日、最後の夜』と題された、ギターとパーカッションとシタール、女性ヴォーカルを使った新たなトラッド・ミュージックといった作風の8枚目。ジョン・ユンは本作をもってバンドを去り、数年後には代ってアモン・デュールⅡのレナーテ・クナウプが参加する。この後のポポル・ヴーは2001年にフリッケが亡くなったことによって20数枚のアルバムを残して幕を閉じる。晩年にはレイヴっぽいテクノにも挑戦していたので恐れ入る。

Gila

Gila

| BASF | 20 21109-6 | 1971 |

シュトゥットガルトの政治的コミューン、Gila Füchsを母体とするギラ。後にポポル・ヴーに加入するギタリスト、コニー・ファイトを中心にメロトロンを取り入れた4人組スペース・サイケ・ロック。過剰なまでに浮遊感のあるエフェクトは、コズミック・ジョーカーズのディーター・ディエルクスのなせる業。また後年になってファーストと同じラインナップで、72年にケルンで行われたライヴ音源も『Night Works』としてリリースされている。

Gila

Bury My Heart At Wounded Knee

| Warner | WB 46 234 | 1973 |

前作から3年、コニー・ファイト以外のミュージシャンはすべて脱退し、ポポル・ヴーのフローリアン・フリッケとアモン・デュールⅡのダニエル・フィッヘルシャーという顔ぶれで制作されたセカンド・アルバムにして最終作。ギター、グランドピアノやフルートで構成され、前作とは趣を全く異にした内省的な作品に仕上がっている。この時点でギラはすでにポポル・ヴーのサイド・プロジェクトのような立ち位置になったと言えよう。

158

Various

都市と音楽、もしくはその他

音楽にはその街ごとに特有の音色がある。都市の歴史や文化的背景、社会事情、住民の性格など、その要因を語り出したらきりはないだろう。ドイツの街でたとえるなら、デュッセルドルフは電子音楽、ケルンはフリー・ジャズと現代音楽、ベルリンはフリーク・アウトしていてアヴァンギャルド、ハンブルクはどこか寒くてお堅く、ミュンヘンはヒッピーくさい……。ざっとこんなイメージだろう。興味深いことにこれは'70年代の音楽シーンに限ったことではなく、パンクの洗礼を受けた次なるムーヴメント、ノイエ・ドイッチェ・ヴェレでも同じようなカラーなのだ。本書ではそんな傾向に基づいてバンドの出身地や活動拠点、もしくは所属レーベルの所在地によって体系づけ、各章に振り分けてきた。おそらく読者のみなさんには、この方法によって分かりやすい形でクラウトロックのバンドを紹介できたのではないかと自負している。しかしながらこの分類方法でも、どうしても枠組みから窮屈にはみ出してしまうアーティストが多々あるのも事実だ。

既存のセクションに分類できなかった理由を具体的に挙げると、■紹介した都市以外で活動していた。■ただ単に出身地が確認できなかった。■活動が多岐にわたり過ぎ拠点が特定できなかった。■他のアーティストと同セクションに分類することに違和感があった。■活動内容や表現手段が特殊すぎた。■そもそも「ロック」であるかどうかも怪しい。■本当に正体不明なもの。……など、事情はさまざまだ。

そんな規格外で個性的なアーティストの数々を、このセクションにひとまとめにさせていただいた。これまでのガイドブックで花形として取りざたされていたバンドや、現地では絶大な人気をほこるビッグネームさえもここに振り分けられていることもあるが、決して意図的・恣意的なものではないことをお断りしておきたい。また言わずもがな「はきだめ」の意味なんかではないので、誤解のないように……。

Kraan

Kraan

Spiegelei	28 778-9 U	1972

ヘルムート・ハトラー、ヤーン・フリーデそしてペーター・ヴォルブラント
を中心に結成されたジャズ・ロック・バンド、クラーンのファースト・アル
バム。日本では紹介される機会が少ないもののシーンにおける役割は大き
い。メンバーはリリエンタールやグルグル界隈のセッションへの参加だけ
でなく'80年代にはニューウェイヴ系バンドとも親密な交流があったという。
彼らは現在も活動を続け、これまでに十数枚のアルバムを発表している。

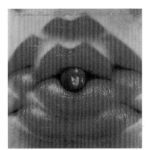

Ton Steine Scherben

Keine Macht Für Niemand

David Volksmund Produktion	DVP 007	1972

トン・シュタイネ・シャーベンは政治的な姿勢を持ったバンド。彼らはス
トゥージズやヴェルヴェット・アンダーグラウンドといった米国の初期パ
ンクに強く触発されたと言われ、そこにドイツ特有な憂いを盛り込んだブ
ルージーなロックを繰り広げる。本作は彼らのセカンド・アルバムで2枚
組LP。また彼らは草創期から自らのレーベルを運営しており、これがドイ
ツ初の完全独立自主レーベル、エイプリル設立の布石となったのだろう。

A.R. & Machines

Die Grüne Reise

Polydor	2371 128	1971

ガレージ・バンド、ザ・ラトルズのメンバーだったアキム・ライヒェルとその
バンド、マシーンズによるファースト。バンド名義だが実際にはライヒェル
のソロ作品に近い。ギターと肉声が偏執狂的にコラージュされ、過剰なま
でのエフェクトをかけた実験トリップ作品。アキム・ライヒェル&マシーン
ズは翌72年に2枚組のセカンド『Echo』を発表。こちらはエフェクトのかかっ
たアコースティックにサウンド・コラージュのエクスペリメンタル作品。

Achim Reichel

AR3

Zebra	2949 006	1972

本作からソロ名義になったがアキム・ライヒェルの通算3作目。シタールや
タブラも配された東洋指向のメロディにお得意のサウンド・コラージュと
エフェクトで独自のトリップ世界を描写している。録音にはアスムス・ティー
チェンスの相棒のオランダ人ミュージシャン、オッコー・ベッカーも参加。
この後の作品では同様のトリップ路線がかろうじて5枚目『Autovision』ま
で継承されるが、徐々にメインストリームな流行歌へと変わっていく。

Günter Schickert
Überfällig

Sky Records	SKY 032	1979

クラウス・シュルツェの助手として音楽キャリアをスタートさせ、アモン・デュールとも親交が深かったといわれるクラウトロックの生き証人、ギュンター・シッケルトは1974年にファースト『Samtvogel』を発表。そして79年に発表されたセカンドが本作。時代はすでにパンク以降でありながら、頑なにフィードバック・ギターのプログレ・サイケな音を作り続けた、ある意味一番ヤバい人。『Überfällig』(期限切れ)というアルバム・タイトルも深い。

Grobschnitt
Ballermann

Brain	BRAIN 2/1050	1974

ハーゲンで70年に結成されたグローブシュニットの2枚組セカンド・アルバム。ファースト・アルバムのダークな雰囲気とは異なり、エロックの泣きのヴォーカルが響くプログレッシヴ作品。LPのC〜D面を使って繰り広げられるのは、彼らの代名詞でもある「Solar Music」で、この曲名を冠したライヴ・アルバムもある。また最近では過去のライヴ音源が続々とCD化されており、グレートフル・デッドのようなカタログ数に迫っている。

Eloy
Eloy

Philips	6305 089	1971

1970年代初頭にエッセンで結成された古参クラウトロック・バンド、エロイのファースト・アルバム。出発点である本作はハード・ロック・スタイルだがプロデューサーのコニー・プランクの手腕によって、きっちりとしたバランスと構成に仕立てられている。ジャケットは金属製ハッチを模した変形見開き。彼らの作風はアルバムごとで異なるが、以降はプログレとヘヴィメタルをミックスしたようなスタイルのものが多く、現在も現役で活動中。

Jane
Together

Brain	BRAIN 1002	1972

ハノーファーで'70年代初頭に結成されたジェーンのセカンド・アルバムでプロデューサーはコニー・プランク。ギター、ベース、ドラム、オルガンにヴォーカルというオーソドックスな編成のプログレ寄りのポップ・サイケといった作品。さてジェーンは1994年以降クラウス・ヘス率いる「マザー・ジェーン」と「ヴェルナー・ナドルニーズ・ジェーン」のふたつに分裂。それぞれ名前を変えているところに彼らの良心を感じる。そのうえどちらもいまだに現役組。

Triumvirat

Mediterranean Tales

Harvest	1C 062-29 441	1972

ドイツのエマーソン・レイク&パーマーとも称されるケルン出身のバンド、トリアンヴィラートのファースト・アルバム。彼らの結成は1969年と意外に古い。モーツァルトのクラシカルな旋律で幕を開け、泣きの入ったヴォーカルにオーヴァー・アクションなキーボード、ドラマチックな展開。彼らが目指していたのはオーヴァーグラウンドで王道な英国スタイルのプログレッシヴ・ロックであり、ドイツ臭さからの脱却がアイデンティティだったのだろう。

Triumvirat

Illusions On A Double Dimple

Harvest	1C 062-29 491	1974

制作に160時間もかけたとされるトリアンヴィラートのセカンド・アルバム。レコードはふたつの大きなテーマで括られ、レコードA面の表題曲とB面の「Mister Ten Percent」で構成されている。サウンドが前作にもましてEL&Pスタイルになったのが功を奏し、バンドはアメリカ、イギリスなど国外デビューを飾った。特にアメリカのFMチャートでは2位を記録するほどのヒット作となる。また日本でも『二重えくぼの幻影』と題されて発売された。

Triumvirat

Spartacus

Harvest	1C 062-29 567	1975

スタンリー・キューブリックの映画をはじめ、数々の作品の題材にもされてきた紀元前ローマの奴隷解放の英雄、スパルタカスの物語を扱ったコンセプチュアルな3枚目のアルバム。これまでの演奏スタイルを踏襲したキーボード主体のブリティッシュ・テイストのサウンドで、英雄譚がドラマチックに構成されている。本作は彼らの代表作として最も知られたアルバム。バンドはその後、1980年までに7枚のアルバムを残し解散した。

Satin Whale

Desert Places

Brain	BRAIN 1049	1974

ケルン出身のサテン・ホエール。もともと彼らは大所帯でロングチューンを演奏するバンドだったそうだが、このファースト・アルバムではハード・ロックを基調としながらもオルガンやコーラスなどオーソドックスな編成で、転調の多いプログレ・サウンドが繰り広げられる。バンドは81年までに7枚のアルバムを残し、その後主要メンバーは新たにゲンゼハウト（Gänsehaut＝鳥肌）というバンドにそのまま移行し2枚のアルバムを発表している。

	LP

Novalis
Sommerabend

Brain	BRAIN 1087	1976

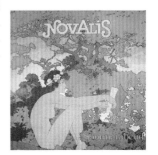

18世紀の新ロマン主義詩人、ノヴァーリスから名前を頂戴した彼らのサード『夏の夕暮れ』。繊細でほのかなプログレ・バンド。ノヴァーリスは80年頃には商業的に成功したため徐々に大衆的なサウンドへとシフトし、時にはノイエ・ドイッチェ・ヴェレのバンドとして紹介されることさえあったようだ。73年にデビューし84年に解散するまでに12枚のアルバムを残し、'90年代になってから未発表ライヴ音源が何種類かCD化されている。

	LP

Tyndall
Sonnenlicht

Sky Records	Sky 036	1980

ユルゲン・クレハンとルドルフ・ランガーの2人によるシンセ・デュオ、ティンダールのファースト・アルバム。メロディアスなニューエイジ寄りのプログレ、というよりはイージー・リスニングやBGMのようなアプローチの電子音楽。彼らは1983年までにティンダール名義で4枚のアルバムを残してランガーは脱退。以降はクレハンのソロ・プロジェクト、ニック・ティンダールとして継承し、20枚以上のアルバムを発表している。

	LP

Sameti
Sameti

Brain	BRAIN 1020	1972

アモン・デュールIIのメンバーだったシュラトを中心にミュンヘンで結成されたザメッティは本来、Konsametiというバンド名だった。アモン・デュールIIやトン・シュタイネ・シャーベンといった名だたるバンドのメンバーが参加したプログレッシヴなファースト・アルバム。ジャケットはファウストの『ソー・ファー』の絵も手掛けたエッダ・ケッヒェル。1974年にはセカンド『Hungry For Love』が大手ワーナーから発表されたが最終作となってしまった。

	2x12"

Cassiber
Man Or Monkey

Riskant	Riskant 4005	1982

アルフレッド・23・ハルト、ハイナー・ゲッベルスそしてヘンリー・カウのクリス・カトラーらによるカシバーのファースト・アルバムで、2枚組12インチ。カトラーの切れのあるドラムとフリーキーなホーンが聴きどころのフリー・インプロヴァイゼーションの前衛ジャズ・ロック。後にこのアルバムはReR Megacorpから再発されており、紛うことなき「レコメン系」。バンドは4枚のアルバムを残し1992年に解散。ハルトは現在、韓国に在住している。

Dzyan

Electric Silence

Bacillus Records	BLPS 19202 Q	1974

フランクフルトの名門レーベル、ベラフォン傘下のバシルスからリリースされたDzyanのサード・アルバム。ジャケットがあんまりなのでキワモノと思われがちだが、アシッド・ロックやジャズ・ロック、ワールド・ミュージックをフリーフォームな展開で織り交ぜたピュアなプログレ・バンド。彼らは1974年までに3枚のアルバムを残した他、後年になって'70年代のライヴ音源が発表された。それにしても彼らのバンド名は何と発音するのが正解なのだろう？

Yatha Sidhra

A Meditation Mass

Brain	BRAIN 1045	1974

クラウスとロルフのフィッシャー兄弟にマティアス・ニコライが加わったヤサ・シドラ唯一のアルバム。12弦ギターを配した東洋指向なアシッド・サイケ作品。オリジナル盤はバンド名がくり抜かれた特殊Wジャケットで、穴から内側のカラフルな曼陀羅風絵画がのぞく凝った装丁だった。ヤサ・シドラとしての活動はこれで終わりだが、'80年代になってフィッシャー兄弟はニューエイジ寄りのプログレ・バンド、ドリームワールドを開始する。

Kalacakra

Crawling To Lhasa

(self-release)	ST-K 2000	1972

ある意味クラウトロックで最もミステリアスなバンド、カラカクラ。クラウス・ライシェンバッハとハインツ・マーティンの2人によってシタールやコンガ、フルートといったアコースティック楽器で繰り広げられる東洋嗜好で、アシッド・カルチャーを色濃く反映した唯一のアルバム。オリジナル盤は自主制作され屈指の入手困難盤として知られている。また2003年には『Peace』というセカンドも出たが情報が掲載されておらず録音時期は不明。

Siloah

Siloah

(self-release)	---	1970

旧約聖書に出てくる癒しの池「シロアム」から名づけられたミュンヘン出身の4人組ヒッピー・フォーク・バンド。12弦ギターなどアコースティック楽器が生み出す東洋的なメロディと、自然回帰的な歌声のアシッド・フォーク作品。本作は完全自主制作されたファーストLPで、後に収録曲「Acid Eagle」の独語訳「Säureadler」に改題のうえCD再発された。また1972年に同一路線のセカンド『Sukram Gurk』を発表した後、メンバー全員が音楽シーンから姿を消した。

Dom
Edge Of Time

		LP
Melocord	ST-LP-D 001	1972

1960年代後半からデュッセルドルフで活動していたアシッド・フォーク4人組。70年に録音され72年に自主制作された唯一のアルバム。ギターにフルート、オルガンなどのアコースティックな演奏に教会の鐘や町の雑踏、電子ノイズがコラージュされ、過剰なまでのエフェクトが聴く者を一発で船酔いに陥れる禁じ手サイケ。何度かCDで再発されているが、72年の未発表音源と98年の新録音が追加収録された物もある。

German Oak
German Oak

		LP
Bunker Records	BU 1-72	1972

執拗なまでにナチスや第三帝国のテイストを盛り込んでいるが、実際にはナチス信奉者とは無縁なデュッセルドルフのサイケ・バンド。金属音のごとき重く陰鬱なリフレインに戦争記録映画のようなメロディ、ロンドンを爆撃するV1ロケットをシンセ音で再現し、ヒトラーの演説までコラージュ……、何から何まで規格外で無軌道な作品。'90年代に入り彼ら自身のレーベルから再発CDが出されたが、追加曲は輪をかけてヤバすぎる内容。

German Oak
Nibelungenlied

		CD
Witch & Warlock	W&W 006	1992

ナチス一色だった前作から一変、ドイツの国民的英雄叙事詩「ニーベルンゲンの歌」をモチーフにした第2作。リヒャルト・ワーグナーも楽劇にしたほどの壮大なテーマだが、ジャーマン・オークの手にかかると前作と全く同じ音色で再現されてしまうのがミソ。この作品は72～76年にかけて録音されていたが長い間日の目を見ることはなかった。92年になってようやく彼ら自身のレーベル、Witch & WarlockからCDとしてリリースされた。

Sand
Golem

		LP
Delta-Acustic	25-128-1	1974

早すぎた実験エレクトロ・トリオ、サンドの結成は1969年と意外に古い。シンセによるヘリコプター音の再現などクラフトワークの『アウトバーン』と同列のコンセプトの曲などを含むファースト・アルバムで、録音を手掛けるのはクラウス・シュルツェ。本作は唯一のアルバムであったが後年になって未発表曲集が数種類リリースされた。またメンバーのうちパーペンベルクとフェスターは'80年代に実験ニューウェイヴ・バンド、Aluを結成する。

Twenty Sixty Six And Then
Reflections On The Future

United Artists Records	UAS 29 314	1972

ユナイテッド・アーティスツから発売されたファースト・アルバム。ハモンドオルガンまでバリバリと鳴る典型的な'70年代のプログレ・ハード・ロックだが、彼らの音楽は2066年の未来世界を大真面目に音楽で表現していたのではないかともっぱらの噂である。これが事実ならば、サウンド・スタイルとコンセプトとの乖離はわれわれの想像のはるか斜め上を行く。'90年代には当時の未発曲などを収録した2枚組『Reflections On The Past』もリリースされた。

Brainticket
Cottonwoodhill

Bellaphon	BLPS 19019	1970

キーボード奏者、ヨエル・ファンドローゲンブレックのバンド。ハモンドオルガンのヘヴィなサウンドとファズギターが直撃する極めて濃厚なアッパー系アシッド・サイケデリックの1枚。思いついたありとあらゆるメロディやフレーズを片っ端からブチ込み、フラッシュバックと幻覚のサウンド・コラージュ。とどめにベートーベンの「運命」で曲を閉じる憎い演出。厳密にいえばスイス出身のバンドだが通例的にクラウトロックで問題なし。

Brainticket
Psychonaut

Bellaphon	BLPS 19104	1972

ギンギンだった前作からガラリと変わり、いきなりフルートやシタール、タブラまでもがエコーするフォーキーな幻想世界にストンとチルアウトしてしまった2枚目。前作の「全部がヤマ場」のような濃密さからオーソドックスな曲構成になったものの、相変わらずやり過ぎな効果とコラージュは健在。メンバーもキーマンのファンドローゲンブレック以外のメンバーは総入れ替えに。バンドは本作から制作の場をイタリアに移している。

Brainticket
Celestial Ocean

RCA Victor	LSP 10 406	1973

前2作のような超過演出から、ストイックに研ぎ澄まされた浮遊感のあるスペース・ロックへと生まれ変わったブレインチケットのサード・アルバム。ドイツ盤とイタリア盤がほぼ同時に発売されたが、それぞれジャケット・デザインが異なる。バンドはこの後82年までに都合5枚のアルバムを出して活動休止したが、2002年になってレイヴ風作品で復帰した。またファンドローゲンブレックはこれまでに数え切れないほどのソロ作品を発表している。

	3LP

Zweistein

Trip - Flip Out – Meditation

Philips	6630 002	1970

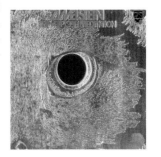

ジャックス・ドリアンなる人物による実験作品とされ、長いあいだ正体が謎に包まれていたツヴァイシュタイン。だが蓋を開けてみればドラッグ・カルチャーに感化された元アイドル歌手、スザンヌ・ドゥーシェとその妹による壮大なる宅録モノ。鏡まで設えられた存在感ありまくりの銀色のジャケット、LP 3枚にも及ぶ音の洪水……。いくら時代の所産とはいえ前代未聞のリリース。音だけ聴いても価値は半減、LPサイズのジャケットの存在がなによりも重要。

	LP

Analogy

Analogy

Dischi Produzioni Ventotto	PRV LP/2204 Italy	1972

またの名をYoice。見目麗しき金髪碧眼のヴォーカル、ユッタ・ニーンハウス嬢と男性4人によるバンド。……と書いてしまうと元も子もないのだが、なんとメンバー全員が全裸! 森の中でボディペインティングを施してスッポンポンなのである。時代的にもヒッピー・ムーヴメントまっただ中のサイケ・サウンドだが、内容なんて彼らのたたずまいの前には払拭されてしまう。'90年代に未発表のセカンドがCDで出されたが、こちらの裸要素は皆無。残念。

	LP

Seesselberg

Synthetik 1

(self-release)	S1	1973

エッカートとヴォルフ・Jのゼーセルベルク兄弟によって1971年〜73年に録音された実験シンセ作品。メロディはほとんどなくシンセ・ビートと古典的な宇宙電子音で構成されているが、ミュジーク・コンクレートというにはどこかコミカルでSF的。彼らは当時、電子楽器講座を開きながら全国の教育機関を回るつもりだったらしいが、実現したかどうかは不明。また未確認情報だがどちらかのゼーセルベルク氏は現在、大学教授であるとのこと。

	LP

Damenbart

Impressionen '71

Dom Elchklang	DOM EK 002	1990

ノイズ系レーベルDOMからリリースされた謎多きダーマンバートのファースト・アルバム。サイケデリックと実験性に満ちた作風から'70年代に残された未発表音源……と思いきや、アモン・デュールやアシュ・ラ・テンペルなんかの音をサンプリングした「なりきりクラウトロック」。制作されたのも'80年代末らしい。彼らは同じくDOMからミニCDを発表した他、『Planeten Shit - In』なるコズミック・ジョーカーズのパロディ作品にも加担している。

Conny Plank

コニー・プランク、本名コンラート・プランクは1940年5月3日生まれ。63年から西ドイツ放送のケルン・スタジオで働いた後、'60年代末からケルンのレヌス・スタジオのアシスタント・マネージャーとしてマレーネ・デートリッヒからカール・ハインツ・シュトックハウゼンまで様々な録音に携わった。プランクはこの頃からジミ・ヘンドリクス、ローリング・ストーンズ、ヴェルヴェット・アンダーグラウンドといった英米のロックに関心を持ちはじめ、'60年代末にフリーランスのエンジニアになってからは自らもロック作品を手掛けるようになる。そこにはクラフトワークやKクラスターに始まりノイ！、Cクラスター周辺やアシュ・ラ・テンペル、スコーピオンズといったクラウトロック史上重要なバンドたちのサウンドの名が連ねられる。

1974年にケルン近郊に自らのスタジオを構えてからは、彼の名は敏腕プロデューサーとして世に知られるものとなっていった。この頃になるとさらに仕事の幅は広がりドイツ国内のみならずブライアン・イーノ、ディーヴォ、ウルトラヴォックスなどの国外ミュージシャンの作品のプロデュースやミックスも手掛けるようになる。

ニューウェイヴ全盛の'80年代には、誰もが仕事を頼みたがるほどの人気プロデューサーとなり多忙を極めた。この当時のプランクはD.A.F.やトミー・シュトゥンプなどエレクトロニクス使用法のエポックメイキングとなった多くの作品に関わり、以降に存在するすべての電子音楽にその影響を及ぼしたと言っても過言ではない。さらにクラスターやノイ！もプランクがいなければ自分たちのサウンド・スタイルが確立していなかったであろうと公言している。またプランクは自分がプロデュースしたいと思う作品でなければいくら報酬が良くても仕事を受けず、デヴィッド・ボウイやU2の打診さえも断っていた。

プランクは表舞台に顔を出すことのない謙虚な人柄だったというが、1987年12月18日にガンで亡くなった。享年47歳。

Conny Plank
Who's That Man - A Tribute To Conny Plank

Grönland Records	CDGRON123	2013

コニー・プランクの偉業を抜粋し4枚のCD
に収めたコンピレーション。CD1と2には
自国ドイツのクラスター、ノイ！とその関
連、D.A.F.といった有名どころから果ては
サイコティック・タンクスやブルーポイン
ト・アンダーグラウンド、さらに英国のユー
リズミックスや日本のPhewまで幅広く収
録。CD3はリミックス音源、CD4にはメビ
ウス、シュテッフェンとの1986年のメキシ
コでのライヴを収録。彼らがこの年に中南
米ツアーを行っていたのは一部で知られて
いたが、実際の音源の登場は初めて。また
ブックレットに収められた関係者からのコ
メントやスタジオ写真の数々を見ると、い
かにプランクがシーンのど真ん中に居た人
物なのかを再認識させられる。

Arno Steffen
Schlager

WEA	24-0296-1	1983

ツェルティンガー・バンドやトリアンヴィ
ラートにも参加したアーノー・シュテッ
フェンのソロ第1作。派手なサンプリング
＆サウンド・コラージュのアグレッシヴな
ニューウェイヴ・サウンドだが、プロデュー
サーのプランクの手腕により、さらに拍車
のかかった音遊びになっている。ラップ
調の収録曲「Supergut」はヒット曲となっ
た。また彼は1986年にメビウス、プランク
の3人で中南米ツアーも行い、その音源
はプランク追悼アルバムに収録されてい
るが、本作の「Ba Ba」や「Somewhere」と
いった曲も演奏されていることに驚かされ
る。シュテッフェンは1985年に12インチ「4
Liebeslieder」も発表している。

169   Krautrock   Various

Ibliss

Supernova

| Spiegelei | 28 501-5 U | 1972 |

パーカッシヴなグルーヴを繰り出すジャズ・ロック・バンド、イブリスの唯一のリリース。だが人脈をたどれば意外にもクラフトワークの前身、オーガニザッツィオーンのパーカッション、バジル・ハモウディと『アウトバーン』期のメンバー、アンドレアス・ホーマンが在籍しており、プロデュースはコニー・プランク。メンバー全員がヒゲ＆長髪(もしくはハゲ)というヒッピー臭い風体の彼らとクラフトワークとの対比には感慨深いものがある。

LP

Zeltinger Band

De Plaat

| Ariola | 201 038 | 1979 |

巨漢で強面ハゲにヒゲ、ケルンの誇るべきハゲ(Plaat)、ツェルティンガー・プラート率いるツェルティンガー・バンド。A面にはカンのリーベツァイトが参加、ルー・リードのカヴァー曲までやってのけるストレートかつ男くさいロックンロールのファースト・アルバム。プロデューサーはコニー・プランク。設立メンバーの１人であるアーノー・シュテッフェンはすでに脱退。バンドは'90年代半ばまで活動を続け８枚のアルバムを残した。

LP

Kowalski

Schlagende Wetter

| Virgin | 205 099 | 1982 |

ヘルダーリンのベース奏者だったハンス・ベールとパワーポップ・グループ、ランブルズが合体し、ワーキングクラス・テイストを前面に出したコワルスキーが誕生。コニー・プランクの手腕による重厚でパワフルなインダストリアル風NWサウンド作品。楽曲には電動工具の音までコラージュされているがノイバウテンのような「破壊」ではなく、彼らの音は明らかに「生活の延長」だ。このアルバムの英語版『Overman Underground』もある。

12"

Deutsch Amerikanische Freundschaft

Der Mussolini (Remix '87)

| Virgin | 608 915-213 | 1987 |

バンドとしてのD.A.F.がイメージ・チェンジを図って「トレンディ」に再結成していたその時、古巣であるVirginからは過去のヒット曲「Der Mussolini」の新規リミックス・シングルが発売された。これを手掛けたのはVirgin時代のプロデューサー、コニー・プランク。ドラムサウンドが重ねられ重厚なビートの新ヴァージョンの12インチ・シングルとして生まれ変わった。そして惜しくもこの作品はプランク最晩年の仕事のひとつとなってしまった。

Neue Deutsche Welle

Punk

ドイツのパンクについて日本で語られたことなんて皆無に等しいだろう。その理由として情報が少ないことが第一に挙げられるが、純粋に「パンク」だけが台頭していた期間がきわめて短く、すぐにニューウェイヴと迎合し、全く違ったムーヴメントに移行したことが考えられる。

ドイツ初のパンク・バンド、メイルのユルゲン・エングラーの回想によれば、1980年頃までのドイツではセックス・ピストルズやラモーンズの存在は知られていたものの、簡単にレコードが入手できるような状況ではなかったという。だが彼らは土着的なアナーキズムで、独自にチンピラなバンドをすでにやっていたのだ。国外からのパンク・ロックが少しずつ入っていくにつれ、持ち前の暴力性と合致しだし、「パンク」と認識できるようなスタイルへと変貌していった。78年頃になっても、デュッセルドルフではパンクスと呼べるような存在は30人もいなかったが、ほぼ全員がバンドをやっていたという。血の気の多かった彼らは路上で出くわして衝突することもたびたびあり、ギグは命がけ。ときには乱闘・流血沙汰まで巻き起こしていた。その頃にあったバンドといえばメイルのほかに、チャーリーズ・ガールズから発展したミッタークスパウゼ、トミー・シュトゥンプのデアKFc、後にディー・トーテン・ホーゼンとして成功をおさめるZK、ゾーリンゲンのS.Y.P.H.などが挙げられる。

だがパンクが一般に広まるにつれ、その初期衝動はどんどん希釈されていく。スタイルだけを模倣した、いわゆる「なりきりパンク・バンド」が雨後のタケノコのように現れだしたのだ。一方の初期からやっていた筋金入りの本物パンク・バンドたちはやはり目ざとく、次の衝撃となったワイヤーやペル・ウブ、スーサイドといった新しいバンドに触発され、多くがニューウェイヴへと傾倒していった。彼らは後に起こる大きなムーヴメントの方向性を決定し、持ち前のヴァイタリティ（血の気）が原動力になったことは間違いないのだ。

172

Ratinger Hof

ラーティンガー・ホフ：パンクの拠点

どのアーティストのインタヴューでも必ず名前が挙げられるクラ
ブがある。デュッセルドルフにあったラーティンガー・ホフだ。ベ
ルリンのSO36と並んで'70年代末からのドイツ音楽シーンを支え
た拠点である。ラーティンガー・ホフはプーレ・フロイデ・レーベ
ルの主催者でもあったカルメン・クネーベルによって運営され、台
頭してきたドイツのパンク以降のバンドのほとんどがこのクラブ
を根城にライヴ活動していたのだ。またここでは早くからワイヤー
やグレン・ブランカ、セオレティカル・ガールズなど国外のアーティ
ストを招聘し、若者たちに与えた影響も大きい。残念ながらすで
に閉店してしまったが、店内はネオンしかない真っ白な内装だっ
たという。

Photo: Frank Fenstermacher

			LP
Male			
Zensur & Zensur			
Rock-On Schallplatten		Rock-On 1	1979

「ドイツのクラッシュ」とも称されるメイ
ルはドイツ初のパンク・バンドである。メ
ンバーはユルゲン・エングラー、ベルンハ
ルト・マラカそしてシュテファン・シュヴァー
プにゲストのドラマーという編成で、当時
はまだ全員10代だった。1977年3月には
母校でデビュー・ライヴが行われたが、ハ
メを外し過ぎたメンバーがドイツ国旗を燃
やしてしまい大問題になった。彼らのポリ
ティカルでストレートなサウンドは、後に
起きる大きなムーヴメントの突破口とし
て機能した。彼らは80年に行われたクラッ
シュの「London Calling Tour」のドイツ公
演でのサポート・アクトを最後に活動休止、
その直後にエングラーとマラカはディー・
クルップスを結成する。

MALE ZENSUR & ZENSUR

Deutschland Terzett / O.R.A.V.s		
Deutschland Terzett / O.R.A.V.s		
ZickZack	ZZ 60	1981

デュッセルドルフ初期パンクのスプリット
LP。A面のO.R.A.V.sはミッタークスパウ
ゼのペーター・ハインとトマス・シュヴェー
ベル、クサオ・ゼフシェクなどが参加。ミッ
タークスパウゼやフェールファーベンの曲
がすでに演奏されているがボサノバ風。そ
してB面にはガビ・デルガド（D.A.F.）、ユル
ゲン・エングラー（ディー・クルップス）、ペー
ター・ハイン＆マルクス・エーレン（ミッター
クスパウゼ）という錚々たる顔触れのドイッ
チュラント・テルツェットの78年ライヴを
収録。ビアホール臭ムンムンのパンク前夜
祭で、わずか数回のライヴしか活動実績が
ないとのこと。なおバンド名はドイツの奇
祭から取られたそうで、日本の「だんじり」
みたいなものなのだろう。

Mittagspause		
Mittagspause		
Pure Freude	CK 01	1979

首謀者ペーター・ハインの「メイルが最初
で俺たちが2番目のドイツのパンク・バン
ド」の言葉通り、メイルが開けた突破口に、
ミッタークスパウゼの存在が起爆剤となっ
て'80年代のシーンが爆発的に進化を遂げ
る。彼らの演奏スタイルと方法論が与えた
衝撃は計り知れない。もともとはチャーリー
ズガールズというバンドを母体にしており、
一時期はD.A.F.のガビ・デルガドも在籍し
ていた。収録曲「Militürk」は後にさまざま
なバンドにカヴァーされた当時の社会情勢
やシーンを反映した代表曲。とくにD.A.F.に
よって「ケバプトロイメ」として演奏され
たヴァージョンが最も有名だろう。原盤は
2枚組7インチで、後にデザイン変更のう
えLPとして再発盤も出た。

174

v.a.

Into The Future

Konnekschen	KON LP 1	1979

1979年2月24日にハンブルク・マルクトハレで行われたパンク・フェスティヴァル「Into The Future」のライヴ音源を収録したオムニバス。参加アーティストはスイスのガールズ・バンドのクリーネックス、メイル、ミバウ、S.Y.P.H.そして5人編成期のD.A.F.の珍しい演奏まで収録されているが、なぜか初回盤に収録されていたベルリンのPVCの2曲は再発盤から除外されている。また同年6月29日のイベント「In Die Zukunft」の名を冠したオムニバスLPもある。

Mittagspause

Punk Macht Dicken Arsch

Rondo	FLOT 2	1982

ミッタークスパウゼ、通称ミバウはドイツ・パンク・シーンの黎明期から極めて積極的にライヴ活動を行っていた。このLPは1979年11月10日にヴッパータールにある老舗クラブ、ベルゼでのライヴを収録。基本的にファーストからの曲を演奏しているが、どの曲も短く1分程度のものばかり。盟友であるメイルやS.Y.P.H.の曲もカヴァーしているが、安易に英米バンドのカヴァー曲を演奏しないのがドイツのパンク・バンドの特徴ともいえるだろう。

Not Mean Themselves

Not Mean Themselves

ABÖWAKAWA	REV 9	1981

レコード自体にメンバーの記述はなく、ジャケットすらもないノット・ミーン・ゼムセルブスの唯一のシングル。実は彼らはミッタークスパウゼのペーター・ハインとトマス・シュヴェーベルの2人。前年に亡くなったジョン・レノンのトリビュート盤ということらしく、ザ・ビートルズのチューンやレノンのマイナーな曲がカヴァーされている。またこの名義でクリスマス・アルバムの『Denk Daran!』にも参加しているが、こちらはオリジナル曲を収録。

Camp Sophisto

Songs In Praise Of The Revolution

Pure Freude	PF 16 CK 08	1983

ジャニー・J・ジョーンズ、またの名をペーター・ハインというパンク以降のドイツ音楽シーンの最重要人物の1人だ。彼の企画バンドやサイド・プロジェクトは数あれど、このキャンプ・ソフィストの破壊力は群を抜いている。フォアスプルング(改名後のメイル)のゲオーク・ニコライディス、ヴォルフ・ナップの3人で生み出した早すぎたインダストリアル・パンク。1984年には片面45回転／33回転の変則ミニ・アルバム『Camouflage』も発表されている。

ZK

Eddie's Salon

Rondo	FLOT 01	1981

後にディー・トーテン・ホーゼンへと発展するデュッセルドルフのZK。数あるドイツのパンク・バンドの中で群を抜いてチンピラ度が高い。これは1981年にロンド・レーベルから発売されたファースト・フル・アルバムで、さまざまな音のコラージュなどもあり各曲ヴァラエティに富んでいる。入手困難盤として知られるが、音源自体は後に発売された2枚組コンピレーションCD、『Auf Der Suche Nach Dem Heiligen Gral』で全曲聴くことができる。

Die Toten Hosen

Wir Sind Bereit / Jürgen Engler's Party

Totenkopf	TOT 2	1982

ドイツで最も商業的に成功したバンドのひとつディー・トーテン・ホーゼンの2枚目シングル。B面はドイツ初のパンクス、ユルゲン・エングラーのメジャー移籍を揶揄した内容なのだが、実際に富と名声を手に入れたのは皮肉にも彼ら自身だった。後年エングラーはメイル名義でこの曲の替え歌シングルを発表し反撃(デザインもうりふたつ)。意趣返しならぬ皮肉返しの下世話な小競り合いが勃発したが、現在では和解したとのこと。

Die Toten Hosen

Opel-Gang

Virgin	207 698-620	1983

重厚でパワフルなリズム隊を持ち合わせたいかにも'80年代らしいパンク・スタイル。これは大手EMIを通じて配給されたファースト・アルバムで、初回盤のみ2枚組。シングル・カットされた7インチにはミニチュアの酒瓶(中身入り)のオマケ付き。また彼らにはとにかく変名が多く、セックス・ピストルズやジミ・ヘンドリクスなどのパロディまであり、遊び心が功を奏したのかドイツ屈指のビッグ・バンドへと成長する。

Der KFc

Letzte Hoffnung

Schallmauer	Schall 002	1981

自主シングル『Kriminalpogo』で鮮烈なデビューを遂げたデュッセルドルフのパンク・バンド、デア・KFcの名盤ファースト・アルバム『最後の希望』。ラインナップは前述のシングルと同じくトミー・シュトゥンプ、マイケル・クラウス、キャプテン・ヌスとフリッツ・フォッツェの4人。バンドの結成は1978年で、ドイツ最古参のパンク・バンドのひとつ。彼らは数々のライヴを行ったが、観客をあおりすぎて暴力沙汰もたびたびあったという。

Der KFc
Wer Hat Lilli Marleen Umgebracht?

Schallmauer	Schall 004	1981

トミー・シュトゥンプのアグレッシヴなヴォーカルが印象的なデュッセルドルフのパンク・バンド。1981年の『Letzte Hoffnung』の後に発売されたのがこの7インチ・シングル「リリー・マルレーンは誰を殺した？」、B面は「Stille Tage In Ostberlin」(東ベルリンの静かな日々)。プロデューサーはコニー・プランクでAB面ともアルバム未収録。ラインナップも本作からもシュトゥンプ、ヌスと新メンバー、レツァ・パーレフィーの3人に。

Der KFc
Knülle Im Politbüro

Schallmauer	Schall 007	1981

ファーストとはうって変わり、シンプルなOiパンクから始まる『ポリットビューロー(ソ連邦共産党中央委員会政治局)での泥酔』と題されたセカンド・アルバム。だらしない恰好のジャケット写真は「リリー・マルレーン～」シングルと連作だが、崩れ方がデタラメで、やはりパンクス。レコーディング・エンジニアはルネ・ティナー。このアルバムを発表後バンドは解散しヌスはファミリー5へ。シュトゥンプはソロ活動へと移行していく。

Tommi Stumpff
Zu Spät Ihr Scheißer

Schallmauer	Schall 023	1982

デア・KFcのヴォーカリストだったトミー・シュトゥンプによるファースト・ソロ・アルバム。これまでのバンド編成から一変し、エレクトロニクスが全面的に導入されている。エッジの利いたミニマル・ビートはD.A.F.などにも通じる'80年代ドイツのサウンドの典型だが、ヴォーカルの攻撃性は他のアーティストたちとは一線を画す。EBMとの共通点もあるが、どちらかというとジム・フィータス系のインダストリアルに感触は近い。

Tommi Stumpff
Mich Kriegt Ihr Nicht

Giftplatten	50-3051	1983

プロデューサーにコニー・プランクを迎えて制作された12インチ・シングル。エレクトロニクスと暴力的ハードコア・テイストが融合し、前作をはるかに凌ぐ攻撃性が前面に押し出されている。1985年には、同じくプランクのプロデュースによる12インチ「Seltsames Glück」もリリースされた。また'90年に本作と同名のアルバムも発表されているが、こちらは2枚の12インチ全曲とソロ・アルバムから抜粋された数曲などを集めた編集盤。

Neue Deutsche Welle

「ノイエ・ドイッチェ・ヴェレ」(NDW)という呼称は音楽誌『Der Spiegel』の1978年第4号(表紙はウェイン・カウンティ！)で初めて登場した言葉だと言われている。現在ではパンク以降のドイツのニューウェーヴ全般を指す呼称として一般的だが、同時に「地雷」にもなりかねない言葉なのだ。正直な話、筆者はかなり〈怖い思い〉をした経験がある。

とある'80年代から活躍しているドイツ人ミュージシャンの作品を指し「ノイエ・ドイッチェ・ヴェレ」と呼称したころ、いきなりこう凄まれた。
「俺たちのやってることをネーナなんかと一緒にするな」
悪気もなかったし突然のことだったのでかなり困惑したが、彼にとってあまり良い印象の言葉でないということだけは理解できた。その後、気になったので機会があるたびに何人もの関係者にこの辺のことを聞いてみて理由がわかってきた。

当初は新しい音楽を指す言葉として使われていたNDWだったが、いつの間にか大手資本の流行歌を指すただの商業ブランドになり下がってしまった。独創的な創作活動を続けるミュージシャンたちには、通俗音楽の称号であるNWDと一緒くたにされることが我慢できなかったのだ。だからこそ当時の大衆音楽の代表ともいえるネーナの名が引き合いに出されたというわけだ。これはまた別のミュージシャンの発言。
「俺たちはNDWとは違う。NDWっていうのはクソ音楽のことだ。あいつら『スキャンダ〜ル』とかくだらねえ歌で大ヒットしやがった。『ダーダーダー』とか歌ってる連中も大嫌いだ」

この傾向はパンク・ムーヴメントをリアルタイムで経過したミュージシャンほど強いのは言うまでもない。だが言葉は時代とともに変わっていくものだ。英国出身のスロッピング・グリッスルが堂々と「ノー・ウェイヴ」に分類されてしまう昨今では、NDWのことなどもはや瑣末なことでしかない。しかし筆者は個人的にこの言葉を極力使わないようにしている。もう〈怖い思い〉はゴメンだから……。

v.a.

Verschwende Deine Jugend (Punk und New Wave in Deutschland 1977-83)

Universal	583075-2	2002

2002年から始動したドイツのパンク～
ニュー・ウェイヴ総合企画「Zrück Zum
Beton」は、レコードや写真、ポスターなど
を各地の美術館で展示する大規模なイベン
トで過去のシーンが公的に総括された画期
的な出来事だった。企画は出版や映画など
も連動し、その流れでアタタックの主導の
もとリリースされたのがこの2枚組CDだ。
題名はD.A.F.の曲名から取られ、選曲はデア・
プランのフランク・フェンスターマッハー。
渦中にいた当事者ならではの的確な曲が過
不足なく抽出され、曲順も忠実な時系列で、
文字どおりシーンの縮図そのものである。
パンクスのメジャー移籍をあげつらった
ディー・トーテン・ホーゼンの曲で最後を締
めくくる構成が、なんとも辛辣な皮肉だ。

v.a.

ドイツ—新しき波 (Neue Deutsche Welle)

Toshiba Odeon	EOS-81543	1982

EMIエレクトラ系列の「ヴェルト・レコード」
のサンプラーとして日本のみで発売された
アルバムで、「ノイエ・ドイッチェ・ヴェレ」
という言葉をこれで知った人も多いだろう。
ラインゴルト、フェールファーベンといっ
た有名バンドから、スイスのグラウツォー
ネ、さらには流行バンドのスパイダー・マー
フィー・ギャングまで、大手らしいメジャー
なポップ・ロックの6アーティスト全12曲
を収録。だが彼らの中で日本デビューにこ
ぎ着けたアーティストは皆無だったので、
市場調査的リリースだったのだろう。印象
深いジャケットは、同レーベル所属のベル
ンヴァルト・ブッカー・バンドのアルバムか
ら流用されたものだが、彼らの楽曲がアル
バムに収録されているわけではない。

179   **NDW**

Fehlfarben

1980年ドイツ音楽史上重大な出来事がデュッセルドルフで起こった。当時のシーンの代名詞的バンドの数々が合体しスーパー・バンド「フェールファーベン」が誕生したのだ。バンドを構成するのはミッタークスパウゼのペーター・ハインとトマス・シュヴェーベル、D.A.F.のミヒャエル・ケムナー、デア・プランのフランク・フェンスターマッハー、マテリアルシュラハトのウーヴェ・バウアーといった重鎮たちだ。

バンドには後にさらにピロレーターとS.Y.P.H.のウーヴェ・ヤーンケも正式加入し、スーパーバンドぶりに一層の拍車がかかる。時期によりバンドのスタイルはまちまちだが、2022年現在も現役で活動中。これまでに12枚のアルバムをリリースしたことが知られている。

	LP
Fehlfarben	
Monarchie Und Alltag	

Welt-Record/EMI Electrola	1C 064-46 150	1980

フェールファーベンの最も知られたアルバムはこれだろう。『君主制と日常』と題された本作は彼らのレーベル、ヴェルト・レコードからリリースされた。スピード感と安定感のあるニューウェイヴ作品で'80年代ドイツを語る上で不可欠な1枚。収録の何曲かは母体となったミッタークスパウゼ時代の曲のリメイクが含まれ、なかでも「Militürk」はD.A.F.も「ケバプトロイメ」として演奏した曲。本作は発売から20年を経て累積売り上げが100万枚を超し、ゴールドディスクを獲得した定番のヒット作でもある。また2000年に収録曲追加でリマスター盤がリリースされたが、パンク寄りのバランスに変更され、本来のアルバムとはかなり異なるアレンジ。

Fehlfarben
33 Tage In Ketten

EMI Electrola	1C 064-46 380	1981

ファースト・アルバムで成功を収めた彼らであったが、なぜか中心人物であるペーター・ハインが一時フロントから姿を消し、代わってトマス・シュヴェーベルがヴォーカルを取ったセカンド・アルバム。本作からギタリストはS.Y.P.H.のウーヴェ・ヤーンケに代り、今まで以上によりエッジの効いたギター・サウンドを配した内省的なサウンドへと変遷した。また前後してこのラインナップでのシングル「Das Wort Ist Draussen」もリリースされているがLP未収。

Fehlfarben
Glut Und Asche

EMI Electrola	1C 064-46 715	1983

ベースのケムナーも抜けシュヴェーベル、ヤーンケそしてバウアーのトリオ編成で制作されたサード・アルバム。リリースされたのはニューウェイヴ・シーンがひと段落し、大きく変革しだした1983年。彼らもまたモードミュージックの名のもとに、ソフトな楽曲を手掛けだした。また時代性を大きく反映したリミックス・シングルも何作品かリリースされている。彼らは本作をもっていちど活動休止し、数年後にオリジナル・メンバーで再始動する。

Family Five
Tanzmix

Schallmauer	Schall 010	1981

ペーター・ハイン、クサオ・ゼフシェクが中心になって結成されたソウルフルなロック・バンド、ファミリー5のデビュー作。この曲自体はゼフシェクの冗談企画『Sehr Gut Kommt Sehr Gut』にフィーライヒターズ名義ですでに収録されている。元曲もハインがヴォーカルを取り、チョッパー・ベースが鳴り響くファンキーなチューンだった。憶測の域を出ないが、この曲が偶然にも良かったのでファミリー5が始動したのではないだろうか。

Family 5
Ball Der Verwirrung

TELDEC	6.25662	1983

『混乱のパーティ』と題されたファミリー5のファースト・ミニ・アルバムで大手Teldekからのリリース。バンドは本作以降、ホーンセクションを配したパワーポップ系のパンク・サウンドになっていく。ミッタークスパウゼ時代から歌い続けられている名曲「デュッセルドルフの日本人」も収録。また本作の別ヴァージョンと1985年のノル・アルバム『Resistance』をカップリングしたCD『Das Brot Der Frühen Tage』も2002年に発売されている。

Xao Seffcheque
Sehr Gut Kommt Sehr Gut

| Schallmauer | A.S.C.H. 003 | 1981 |

このアルバムにだまされた人は多いだろう。そう、これはオムニバスなど
ではなくクサオ・ゼフシェクによる全編モノマネなのだ。俎上にあげられ
たのはクラフトワーク、デア・プラン、ヴィルトシャフツヴンダー、D.A.F.な
どシーンを代表する面々。大人の事情でもあったのか、後々「これはパロディ
作品」という言い訳シールがジャケットに貼られるハメに。単なる冗談企
画というよりは時代背景を知る手掛かりとなる記念碑的作品。

Xao Seffcheque + Post
Deutschland Nicht Über Alles

| Rondo | fix 1 | 1980 |

オーストリア出身のクサオ・ゼフシェクによる10インチ作品。彼お得意の
ラジオDJ仕立ての展開で幕を開け、「イパネマの娘」だの「アイ・アム・ザ・ウォ
ルラス」といった通俗的な曲からオリジナルのパンク曲、最後はなぜか「ド
イツ国歌」と童謡「ちょうちょ」まで選曲基準が理解不能なメドレー。だが
こうしたアイデア至上のリリースこそが'80年代の醍醐味。お下品なアー
トワークはミーヌス・デルタTのマイク・ヘンツによるもの。

Xao Seffcheque Und Der Rest
Ja - Nein - Vielleicht

| Schallmauer | SCHALL 011 | 1981 |

クサオ・ゼフシェクが彼のバンド、デア・レストを率いて制作した初のフル・
アルバム。ブロウするサックスにソリッドなエレクトロニクスを融合させ
た独特の作風。今回はオリジナル曲を中心に、カヴァーも何曲か収録され
ている。とりわけA2の「チュニジアの夜」の硬質で異形のアレンジは聴き
もの。ゼフシェクはこの直後にフェールファーベンのペーター・ハインら
と共にファミリー5を結成し、活動の重心をこちらに移行していく。

Blässe
Lieben Sie Saxophon

| EMIL | EMIL V1 | 1980 |

クサオ・ゼフシェクの初期プロジェクトのひとつであるブレッセ。メンバー
は流動的だったようだが、本作にはディー・クルップスの初期メンバーで
もあった女性サックス・プレイヤー、エヴァ・マリア・ゲスリンクとブリギッ
テ・ビューラーが加わった3人編成。ブレッセ単体での唯一のリリースで
ある本作は、フリー・ミュージックを基調にしたミニマル・エレクトロニクス。
B面は東洋的メロディのサックスが響くアブストラクト作品。

Die Krupps

Stahlwerksynfonie

ZickZack		ZZ 30	1981

ドイツ初のパンク・バンド、メイルの中心
人物ユルゲン・エングラーとベルンハルト・
マラカ、そしてS.Y.P.H.の初期メンバーだっ
たラルフ・デルパーは全く新しい音楽を追
求しディー・クルップスを結成。バンド名
はドイツの軍需産業で有名なクルップ社
から取られた。自作鋼鉄製楽器「シュター
ロフォン」を縦横無尽に鳴り響かせた本作
「鉄工場交響曲」で彼らはZickZackよりデ
ビューした。録音はカンのインナースペー
ス・スタジオ、ミックスはコニー・プランク・
スタジオ。B面は別ヴァージョンでミッター
クスパウゼのペーター・ハインがヴォーカ
ルで参加。2010年に80年録音のデモテイ
クやライヴ音源を追加した2枚組として
CD再発された。

Die Krupps

Wahre Arbeit - Wahrer Lohn

ZickZack		ZZ 55	1981

ミニマル・シーケンス・ビートが炸裂しシュ
ターロフォンの金属音が鳴り響く中、社会
的ヒエラルキーの底辺を叫んだ彼らの代表
曲「真の労働、真の報酬」は都合2万枚にも
およぶセールスを記録。ベースとなるメロ
ディはユルゲン・エングラーが適当に楽器
をいじっていたときに偶然生まれたリフ
だという。B面の「報酬／労働」は別ヴァー
ジョン。当時、発売元であるZickZackは金
銭的な理由から所属アーティストと軋轢が
生じていた。クルップスも問題を抱えてお
り、本作を持って大手WEAへと移籍。表題
曲は幾度となくリメイクされ、1989年には
「The Machineries Of Joy」として再生、バ
ンドの復活の足掛かりとなった。

Die Krupps
Volle Kraft Voraus!

WEA		WEA 58 463	1982

大手WEAからリリースされたファースト・フル・アルバム。すべてシーケン
サー・ビート基調のトラックで編成されているが、音質そのものはシンプル
でライトタッチ。本作をもってデルパーが脱退し、プロパガンダとして渡英
した。なおこのアルバムには阿木譲氏による歌詞の超日本語訳も掲載され
ている。その一節「おれの体の筋肉は、どれをとっても機械だぜ」が後世に
大きな影響を与えたのは言うまでもない。2008年に2枚組CDとして再発。

Die Krupps
Goldfinger

Quiet		QST 003	1984

ファースト・フル・アルバム『Volle Kraft Voraus!』に収録された「ゴールド
フィンガー」の新録音ヴァージョン。なんと英語でオールドスクールなラッ
プをやっているのだが、なぜだか公式ディスコグラフィから「なかったこと」
にされている鬼子作品。ちなみにB面は「Wahre Arbeit - Wahrer Lohn」の
英語版新録音で、こちらだけがCD化されている。翌年、クルップスは英国
に進出するのだが、このリリースはその前哨戦だったのかもしれない。

The Krupps
Entering The Arena

Statik Records		STAB 2 U.K.	1985

英国進出を遂げたクルップスは英語表記のThe Kruppsとして活動を開始。
その期間に制作された唯一の作品。6曲入りのミニ・アルバムだが、どうや
らメンバーの納得のいく形での発売ではなかったようだ。再発CDに追加収
録されたアウトテイクまで通して聴くと、どれもクルップスらしいインダ
ストリアルなテイストに満ちていて、彼らが本来意図していた世界観が伝わっ
てくる。彼らはこのアルバムを発表後、しばらくの沈黙期間に突入する。

Die Krupps
The Machineries Of Joy

BCM Records		BCM 12249	1989

クルップスが活動休止しているあいだに巷では「エレクトリック・ボディ・
ミュージック」(EBM)という呼称が提唱され、いつの間にか市民権を得てし
まった。そんな折、元祖EBMのクルップスは後輩のニッツァー・エブのサポー
トで代表曲「Wahre Arbeit - Wahrer Lohn」をリメイクし、遅まきながらそ
の存在感を知らしめたのが本作。なおこの作品はシングルでありながらリリー
スのヴァリエーションが多すぎ、筆者もその全貌をつかめていない。

184

Die Krupps

Germaniac

Metal Machine Music	MMM 0010	1990

「戦争犯罪者のドイツ人とは人間付き合いするな、先進国入りもさせてはいけない」という物騒なアナウンスから始まる表題曲の3ヴァージョン入り12インチ。前作より高密度なデジタル・ビート作品だが、現在の感覚で聴きなおすと安易にEBMに分類するには無理がある。なお「スピード・ヴァージョン」はこのころのライヴの定番曲。翌年、新録音の「Germaniac 2001」もリリースされた。ちなみに2001とはベルリン遷都の年を意味していたという。

	LP	CD

Die Krupps

I

Our Choice	RTD 195.1266.1 / RTD 195.1266.2 41	1992

再始動ディー・クルップスのフル・アルバム第一弾。エングラー、デルパー、エッシュの3人に、スピードメタル・バンド、アキューザーのメンバーも参加。メタリカのカヴァー「One」をはじめEBMテイストなデジタル作品。初回盤LPはクリア・ビニル。この作品を皮切りに数々の作品を精力的に発表し続けている。ちなみにデルパーは再加入後、契約問題によりしばらくのあいだ溶接マスクで顔と名を隠しながら活動していた時期があった。

	2LP	2CD

Die Krupps

II - The Final Option

Our Choice	RTD 195.1587.1 / RTD 195.1587.2	1993

前作の翌年に発表された新生ディー・クルップス第2作。米国スラッシュメタル・バンド、エクソダスのギタリスト、リー・アルタスが正式メンバーに。それにより、一層インダストリアル・メタルのカラーが色濃くなった。このアルバムから「Crossfire」「Bloodsuckers」「To The Hilt」がそれぞれシングル・カットされ、数々の派生ヴァージョンが存在する。初回盤LPは正規ヴァージョンとデモとの2枚組で、それぞれ色違いの美しいカラー・マーブル盤。

	LP	CD

Die Krupps

III - Odyssey Of The Mind

Our Choice	RTD 195.3303.1 / RTD 195.3303.2 57.	1995

なぜか日本国内盤まで発売された『III』。作風はよりインダストリアル・テイストが顕著になり、'80年代の面影はすでに皆無。初回盤CDはホログラム・ジャケット、さらに限定特装盤は金属製の外箱入り。バンドは翌年アルバム『Paradise Now』(メビウスとノイマイヤーも参加)をリリースし一旦解散。その後エングラーはDkay.com名義で活動し2枚のアルバムを発表。2000年になってまたディー・クルップスとして活動を再開する。

Die Krupps

Too Much History

AFM Records	PRE 016	2007

時代ごとにメンバー、作風、背景そして作品コンセプトも大きく異なる
ディー・クルップスの長きにわたる歴史を総括すべくリリースされた2枚組。
1枚目は「ジ・エレクトロ・イヤーズ」、2枚目「ザ・メタル・イヤーズ」という
ふたつの時代に区切られているが、1991年のアルバム『I』の収録曲は両方
に振り分けられており、このアルバムがバンドにとっての転換期であった
ことが暗示されている。またそれぞれのCDは個別でも販売された。

CD

Die Krupps

The Machinists Of Joy

Synthetic Symphony	SPV 92660 2CD	2013

これまで散々「メタル・マシーン・ミュージック」の名のもとに作品を作り
続けていたディー・クルップスであったが、2013年の作品ではついにこん
なジャケットのアルバムまで発表。だがタイトルはなぜか『ザ・マシニスツ・
オブ・ジョイ』。作風はメタル系ギター・サウンドが控えめになり、重厚な反
復マシンビートという原点に戻った。雰囲気で言うと『I』に近い。今回もボッ
クス・セットやキャップ付きだのと、変則限定盤も多数。

Mini LP

Die Krupps

A Tribute To Metallica

Our Choice	RTD 195.1240.2	1992

90年以降のディー・クルップスはメタルに傾倒したサウンドを打ち出して
くるが、とりわけメタリカからの影響が強いと公言している。そんな中で
出された単発企画のトリビュート・アルバムで、言わずもがな本筋とは異
なる作品。しかしながらメタリカの歌詞対訳付きの国内盤が出され、それ
がディー・クルップスの日本デビュー作となってしまった。写真は本家メ
タリカンを模したTシャツ&キャップ付き缶入り限定版。

Single CD

Die Krupps Feat. The Crazy World Of Arthur Brown

Fire

Our Choice	RTD 195.3401.3 16	1997

90年以降のユルゲン・エングラーは、クラウトロックのミュージシャンら
しく数々のセッションに参加している。メビウスとノイマイヤーのコズミッ
ク・コーリアーズやスペース・エクスプロージョン然り。だが最も意外な顔
合わせながら、ほとんど知られていないのが本作品。あの英国のアーサー・
ブラウンとのコラボレーションで曲はもちろん「ファイア」。2ヴァージョ
ン収録で、他は『II』と『Paradise Now』からの2曲。

Freunde Der Nacht
Freunde Der Nacht

Schallmauer	SCHALL 009	1981

ドイツ初のパンク・バンド、メイルは解散後ディー・クルップスと、ステファン・シュヴァープ&クラウス・リッターのフロインデ・デア・ナハトに2分する。本作は後者の唯一のリリースで6曲入り10インチ。エレクトロニクスがフィーチャーされた内省的なダークウェイブ作品。この後、メンバーの2人はAlright Bros.名義のパンク・バンドで12インチを発表。また再結成メイルにも参加、時が経ち恰幅のよくなった体躯を披露した。

Propaganda
A Secret Wish

ZTT	ZTT 207	1985

ディー・クルップスを脱退したラルフ・デルパーはプロパガンダを結成。その後渡英し当時隆盛を極めていた新生レーベルZTTからシングル「Dr. Mabuse」を発表。トレヴァー・ホーンのプロデュースのこの曲は大ヒットする。そしてメンバー・チェンジを経て発表されたファースト・アルバムが本作で、英国だけでなく全欧、米国、豪州そして日本でも発売されるほどの人気作品となった。また同年にはセカンド・アルバム『Wishful Thinking』も発表された。

Die Lemminge
Lorelei / Im Himmel

Pure Freude	PF 08 CK 4	1981

集団自殺する野ネズミとして知られるレミングの名を冠したこのバンドは、ラルフ・デルパーとユルゲン・エングラーのふたりによるヴォコーダー・フォルクスムジーク・ユニットで、もともとはオムニバスのための単発企画として始動した。A面はその名のとおりドイツ民謡「ローレライ」をチープな機材で再現したもの。ディー・レミンゲはアルバムの計画もあったが実現には至らず、結果的にディー・クルップス結成の布石として機能した。

The Technocrat.s
Ruckzuck

Roughmix	RTD 176.1252.0	1991

ディー・クルップス〜プロパガンダのラルフ・デルパーの「ドクター・アシッド&ミスター・ハウス」、「ザ・マシナリーズ・オブ・ジョイ」に続く第3のソロ・プロジェクト「テクノクラート」(技術士官)による唯一のリリース。デルパー自身が敬愛するクラフトワークのファースト・アルバムの冒頭をかざる初期代表曲「ルックツック」をさまざまに調理した単発企画。リミキサーとしてキャバレー・ヴォルテールの故リチャード・カークも参加。

Härte 10
What's Underground

| baff | baff 1004 | 1984 |

ディー・クルップスにも参加したジャズ・パーッカショニスト、フランク・ケルゲスが率いた3人組ニュー・ウェイヴ・バンド「ヘルテ・ツェーン」(硬度10)は、1983年にファースト・アルバム『ヘルテ・ツェーン』でデビューした。ファンキーでコミカルなエレクトロ・ポップ路線で1987年の解散までに3枚のアルバムを残した。これはファースト・アルバムの後で出された、ジャケットのインパクトがすごいシングル。2012年にケルゲスは永眠した。

Östro 430
Durch Dick & Dünn

| Schallmauer | SCHALL 005 | 1981 |

エストロゲン(発情ホルモン)から名を取られたとおぼしき4人組ガールズ・バンド、エストロ430。ドイツの女性バンドとはいってもマラリア!やエクスマル・ドイチュラントなどとは根本的に異なり、すこぶる軽快なポップ。陰鬱さや攻撃性が希薄なのはデュッセルドルフの土地柄のせいか? バンドはこの後メンバー・チェンジし、1983年にはカンのインナースペース・スタジオで録音されたセカンド・アルバム『Weiber Wie Wir』を発表し解散した。

Silvia
Silvia

| Schallmauer | Schall 014 | 1982 |

謎の女性シンガー、ジルフィア・マネニックによる唯一のアルバム。デア・KFc、ファミリー・ファイヴのギタリスト、キャプテン・ヌス、そしてシンセやギターからプロデュースも手掛けるトミー・シュトゥンプが参加。シュトゥンプの初期ソロ作品のようなミニマルでソリッドなシンセ・ビートに、物憂げなジルフィアのヴォーカルが絡む。彼女はシュトゥンプのファースト・ソロ『Zu Spät Ihr Scheißer』にもピアノで参加している。

Trash Groove Girls
Disco-Tech

| Robot Düsseldorf | ROB 3 | 1986 |

バンデージに身を包んだガールズ・トリオ「トラッシュ・グルーヴ・ガールズ」のファースト・アルバムで、プロデューサーはラインゴルトのボド・シュタイガー。同時期に開花しつつあったボディ・ミュージックを先取りしたサウンドだが、ガールズバンドがアッパーなのは、もともとデュッセルドルフに根差した地域性のように感じられる。同年にはワッツ・ソー・ファニー・アバウトからアルバム『Vol. 1 Arbeit, Sport & Spiel』もリリースされている。

INK Records

90年代シーンへの橋渡しとなった幻のレーベル

クラフトワークのアルバムをはじめ、あまたのデザインを手掛けたデュッセルドルフのデザイン事務所「インク・スタジオ」の主催者、マイク・シュミットは、郊外にレコーディング・スタジオも運営し始めた。1980年にはレーベル「インク・レコード」もスタートし、シュミットのバンド「クルックス」を中心にリリースが展開された。カタログ・タイトルは多くなかったが、デュッセルドルフを象徴するアーティストたちが在籍した、この街を語るうえで欠かせないレーベルだ。そして1980年代半ばには、運営陣を一新し「デア・プロドゥーツェンテンクループ」として再始動。マウス・オン・マーズの前身ともいえる「ジャン・パーク」、「パンチ・ザ・ローゼス」といった1980年代後半から90年代にかけてのシーンで重要なアーティストを輩出した。だが1994年のシュミットの急逝により、インク・スタジオはほどなくして閉鎖してしまう。これにともない両レーベルの多くの音源が凍結されてしまった。

		LP
v.a.		
Partysnäks		
INK Records	INK 010	1982

躍るチキンがフロントを飾る『パーティスナック』は、インク・レコードのアーティスト総出演のコンピレーションで、全曲このアルバムのため特別に録音されたものだ。クルックス、ライフェンシュタール、ドン・バートニックのレーベルの3本柱のみならず、盟主マイク・シュミットのソロ「ベラ・マオール」、プロパガンダのクラウディア・ブリュッケンとズザンヌ・フライタークの2人とクルックスのザビーネ・ヴォルデによる女性トリオ「トポリノス」、ドイツ最古参パンク・バンドから派生した「オイローパ」、ダンス・ポップの「ルナパーク」、シュミットとライフェンシュタールのゲルト・ガイダによるワンオフ・ユニット「ジャズ・オー・マット」など、当時の快活な空気が伝わってくる。

LP

Croox

A

INK Records		INK 001	1980

インク・スタジオを運営していたマイク・シュミットとパートナーのザビーネ・ヴォルデが中心になって結成されたクルックスは、1978年頃からの活動が確認されている。『A』は物憂げなヴォルデのヴォーカルにエレクトロニクス、どこか滑稽でシアトリカルな雰囲気をもつファースト・アルバム。クルックスは同時代のほかのバンドとは異なり、スタイリッシュないでたちと立ち振る舞いを戦略的に取り入れていたため、かなり異色の存在だったという。

LP

Croox

Geld Her!

INK Records		INK 007	1981

前作から、より一層エレクトロに傾倒したクルックスのセカンド・アルバム『カネよこせ！』。ハード・シンセをベースに、自動車のエンジン音やクジャクの鳴声と言った現実音までコラージュされた、デュッセルドルフの匂いに満ちた実験ニュー・ウェイヴ作品。2枚のアルバムに続き「ラトロス」(困惑)なる12インチの発売が予告されていたが実現には至らず、翌年のコンピレーション参加曲「メンシュ＆トン」(人と音)が最終音源となった。

LP

Reifenstahl

Die Wunderwaffe

INK Records		INK 006	1981

シングル「デア・レーツェンセント」でデビューした「ライフェンシュタール」は、ゲルト・ガイダとクラスメイトだったマティアス・ラップのふたり組。バンド名は、ナチス映画の監督として知られるレニ・リーフェンシュタールの名をもじり「くたびれた鉄」の意味にしたものだ。プログレ、クラシック、ファンクを融合させた『ディー・ヴンダーヴァッフェ』(秘密兵器あらわる)のコンセプトは、サスペンス・ドラマへのオマージュだという。

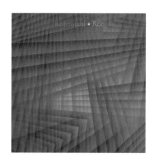

LP

Reifenstahl

Rex

Der Produzentenklub		003	1986

前作から5年を経たライフェンシュタールのセカンド・アルバム『レックス』は、インクの後継レーベル「デア・プロドゥーツェンテンクループ」からリリースされた。編成もラップが去り、ガイダ、シュミットとミヒャエル・ラインハルトの3人に。前作のようなコミカルでアイロニカルな小曲集ではなく、ＡＢ面ともドラマティックな展開をする長尺のトラックで構成されている。表現豊かになったが、残念ながら最終作品となってしまった。

Don Bartnick

Casino / Gefährliche Karriere

INK Records	INK 004	1980

7インチ・シングル1枚と、わずかなコンピレーション曲のみが知られる
謎多きミュージシャン「ドン・バートニック」は、本名をマンフレート・バー
トニックという、デュッセルドルフ在住のマフィアに扮した巨漢の男だ。
本作「カジノ／危険なキャリア」と題されたこのシングルは、チープなリズ
ムボックスに乗せてコミカルな裏声ヴォーカルがかぶさるユーモラスな作品。
1980年代半ば以降、彼はデュッセルドルフを離れ音楽活動を休止している。

v.a.

Lebensmittelsex

Der Produzentenklub	001	1986

インク・レコードの実質的な後継レーベルとして発足した「デア・プロドゥー
ツェンテンクループ」の第一弾としてリリースされたコンピレーション『糧
としてのセックス』。インク時代から引き続きライフェンシュタールとドン・
バートニック、トポリノスが参加。ほかにも「CCCP」や「ディー・フィッシェ」、
「エコー・ロメオ」といった新顔も。おそらくレーベルの方針としてオーヴァー
グラウンドへの転換を画策していたのであろう。

Jean Park

Dressed in Mirrors

Der Produzentenklub	004	1987

90年代デュッセルドルフ・シーンを牽引したマウス・オン・マーズのアンディ・
トーマが、かつて率いていたセクシャルでファンク色の強いオルタナティ
ヴ・バンド「ジャン・パーク」のデビュー・アルバム。彼らは1991年にエピッ
クに移籍してメジャー・デビューを果たし、セカンド・アルバム『ラヴスネ
イク』、翌92年に『レコード・レコード・イェイ』を発表し解散した。その後トー
マはサウンド・スタイルをがらりと変え、商業的に成功をする。

Die Fische

Eine Nacht in Cairo

Fisch Records	Fish 001	1986

コンピレーション「Lebensmittelsex」でデビューしたラーティンゲン出身の
3人組、ディー・フィッシェ唯一のリリース『カイロの夜』。エスニックなサウ
ンドコラージュやデジタル・テイストなエレクトロニクスが融合した、90年代
サウンドを先取りしたかのようなポスト・パンク作品。本作のオリジナルLP
は少数限定プレスの完全自主製作リリースだったため、長いあいだ入手困難
アイテムとして知られていたが、近年の再評価を受けて2021年に再版された。

S.Y.P.H.

刃物で知られたデュッセルドルフ近郊の町、ゾーリンゲンで1977年に結成されたパンク・バンド
で創設メンバーはハリー・ラグ（ペーター・ブラーツ）、ウーヴェ・ヤーンケ、トマス・シュヴェーベ
ルの３人。当初のバンド名は嫌悪感を催すような汚らしい響きのSYPHとされたが、後にそれぞ
れピリオドが加えられ、意味ありげな体へと変更となった。シュヴェーベルの脱退後、代わってウリ・
プッチュとジョジョ・ヴォルターが加入する。彼らは早い時期からカンとの交流をもち、ホルガー・
シューカイの『On The Way To The Peak Of Normal』にメンバー全員で参加したり、カンの缶入
り限定カセット『Onlyou』をリリースしたりもした。
またラグはアーティストのカルメン・クネーベルと共同でプーレ・フロイデ・レーベルを運営、
S.Y.P.H.やベルフェゴーレといった国内のバンドだけでなくレッド・クレイオラ、レインコーツ、
カラハリ・サーファーズなどのリリースも手掛けている。

		LP
S.Y.P.H.		
S.Y.P.H.		
Pure Freude	PF 04 CK 2	1980

自身が運営するプーレ・フロイデ・レーベル
からリリースされたS.Y.P.H.のファースト・
アルバム。ど直球なパンクと言うよりは、
どこかユーモアとアイロニーを漂わせ、そ
こに実験性を盛り込んだ、まさしく'80年
代の夜明けを象徴する名盤。このリリース
はハリー・ラグの遊び心にあふれ、ジャケッ
トの色が6種類も存在する。このような自
由度もインディペンデントな時代ならで
はのものだ。1999年にリマスター版CDが
出ているが、こちらはよりロウでパンク的
に仕上げられた別物。代表曲「Zurück Zum
Beton」（コンクリートに返れ）は2002年に
デュッセルドルフで行われた大規模なパン
ク～NWエキシビションのタイトルにも用
いられた。

S.Y.P.H.

Pst!

Pure Freude		PF06CK3	1980

ホルガー・シューカイ（カン）の度量と手腕
と、インナースペース・スタジオまで借り
て10日間に及ぶセッションが行われた。残
された長時間のテープからロック色の強い
曲を中心に抜粋し出来上がったのがこのセ
カンド・アルバム。シューカイは共同プロ
デュースだけでなく、ベースとお得意のフ
レンチホルンなどもプレイしている。LP
のA面ではS.Y.P.H.がごく初期から演奏し
ている「Euroton」や「Modell」といった代
表曲などが再構築され、B面にはスタジオ・
セッションで自然発生的に生み出された曲
が収録された。この完成度の高さは、シュー
カイとの邂逅によってS.Y.P.H.の潜在的な
才能が覚醒し、もたらされたものだ。

S.Y.P.H.

S.Y.P.H.

Pure Freude		PF 15	1981

セカンド・アルバム『Pst!』で使用されたホ
ルガー・シューカイとのセッションにはま
だ大量の未使用音源が残されていた。そし
て未発表部分を再編集したのが4枚目のア
ルバムにあたる本作『S.Y.P.H.』だ。ロック
色の強い曲はすでに使用済みだったせいか、
実験的で長尺の曲を中心に収録されている。
A4「Nachbar」（隣人）は『Pst!』にも収録さ
れていた曲だが、こちらは10分以上のロン
グ・ヴァージョン。B面は全1曲の「Little
Nemo」。作品は全体的に実験的だが、難解
な仕上がりになっていないのはシューカイ
の手腕によるところも大。2003年ベスト盤
『Ungehörsam』には新たな未発表曲が収録
されている。

S.Y.P.H.

Live Hier Und Da

Pure Freude		PF 11	1981

順番からいえばサード・アルバムにあたるのだが初期ライヴ音源。LPのA面はベルリンの伝説的クラブ、SO36での78年8月13日のライヴで、途中でメイルのシュテファン・シュヴァープとベルンハルト・マラカが飛び入り。たぶん当日は共演していたのだろう。B面は77〜80年のライヴ音源を編纂したもので初期メンバーのトマス・シュヴェーベル（ミッタークスパウゼ、フェールファーベン）とラルフ・デルパー（ディー・クルップス）も参加したレア・トラックス。

S.Y.P.H.

S.Y.P.H.

Pure Freude		PF 21	1982

フェールファーベンでの活動が忙しくなり、ギタリストのウーヴェ・ヤーンケがゲスト扱いとなって制作された2枚組7インチ。数10秒〜2分程度の短いトラックが13曲も収録されているバラエティに富んだ内容で、本作をS.Y.P.H.のベスト作に挙げる人も多い。またA1「Der Bauer Im Parkdeck」のPVが制作されており、トラクターで都会に出てきた農民の姿がコミカルに描かれている。5枚目『Harbeitschlose』がCD化された際に本作は全曲ボーナスとして収録。

S.Y.P.H.

Harbeitslose

Pure Freude		PF 25	1982

5枚目にして彼らの根城Pure Freudeからの最後のリリースとなった作品。前作の2枚組7インチと同じくハンブルクのコンテナ・スタジオで録音のせいか作品の雰囲気も極めて似ており、派手さはないが彼ららしい個性にあふれている。彼らにとっても思い入れのあるアルバムのようで、2003年にはリミックス・アルバム『Harbeitslose - Active』もリリースされている。なおタイトルは失業者を意味する「Arbeitslose」をもじった言葉遊びとのこと。

S.Y.P.H.

Das Tönende S.Y.P.H. Buch!

Pure Freude		---	1982

バンド結成時の1977年から1980年にかけて録音されたデモ、ライヴ、未発表曲を80曲も収録した3本組カセット。音源はハリー・ラグによって編纂され、わずか15セットのみのリリース。おそらく関係者のみに配布されたものだろう。後にLPに収録されるトラックの原曲や盟友ミバウのカヴァー、中には単なる機材のチェックのような音源まである。注目すべきは幻のファースト・シングル「Viel Feind, Viel Ehr」の別テイクが収録されていること。

S.Y.P.H.
Wieleicht

Das Büro	DESK-06	1985

2LP

Ata Takスタジオで録音された2枚組の6枚目。ベースにジョジョ・ヴォルターが復帰しラグ、ヤーンケ、プッチュの4人組で制作された。キーボードにはピロレーターがゲスト参加し、作品全体のアレンジがこれまでにないミクスチュアな雰囲気を多分に含んでいる。ポップな新曲だけでなく「Traumraum」などの過去の曲のリメイクまで飛び出す安定感。ちなみに「Vielleicht」は「たぶん、おそらく」を意味するが、言葉遊びでスペルが変えられている。

S.Y.P.H.
Stereodrom

What's So Funny About..	SF 60	1987

LP

1987年のライヴ音源を収録したアルバムでハンブルクのレーベルからリリースされた。ドラムはプッチュからラルフ・バウアーファイントに変わっている。同年に発表された7枚目『Am Rhein』からの曲を中心に演奏され、スタジオ録音とは違う枠組みに収まらない大胆な演奏が聴きどころ。何といっても本作はヤーンケのサイケデリックで凶暴なギターが圧巻である。さてバンドは1993年に9枚目のアルバム『Rot Geld Blau』を出して活動を一時休止する。

S.Y.P.H.
Am Rhein

Das Büro	desk 23	1987

LP

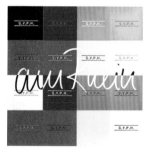

ドラムがウリ・プッチュからラルフ・バウアーファイントにメンバーチェンジして制作された7枚目アルバムは、前作『ヴィーライヒト』同様にダス・ビューローからリリースされた。これまで以上に緩やかで熟成したメロウな作風で、デア・プランのフランクがゲスト参加。S.Y.P.H.は本作をもってしばらくバンドとしての活動を休止し、ウーヴェ・ヤーンケはフェールファーベンに、ハリー・ラグは映像制作と、メンバーはそれぞれ活動の場を移した。

S.Y.P.H.
Rot Geld Blau

Buback	5118-1	1993

LP+7"

前作『Am Rheim』から6年のブランクを経てリリースされた、9枚目にして第一期S.Y.P.H.の最終作。タイトルは「赤・カネ・青」の意味だが、Geld（金）とGelb（黄色）のミスリードを誘うもので、ハリー・ラグらしいユーモアだ。音遊びと言葉遊びのスタイルは健在で、ピンポン球の音をトレースした曲まで収録されているが、彼らの敬愛するカンの最終アルバム『カン』の曲「ピン・ポン」を連想させる。初回500枚のみ7インチ・シングル「Die Nette Marion」が付属。

Boss & Beusi

Scarborough Fair

Pure Freude	PF 07	1981

ボスこと S.Y.P.H. のハリー・ラグと、ボイジーことステファニー・デ・ヨング
によるボス＆ボイジーは 2 枚の 7 インチだけを残した企画ものユニット。
1 枚目の「Shaleika」はエキセントリックなボイジーの歌声の実験ポップ
スで、2 枚目にあたる本作はサイモン＆ガーファンクルの「スカボロフェア」
のチープなエレクトロニクスによるカヴァーなど 4 曲入りホワイト・ビニル盤。
なおボイジーは S.Y.P.H. のファースト・アルバムにもコーラスで参加している。

Harry Rag

Trauerbauer

Hidden Records	Bulb No. 4	1992

ハリー・ラグ、本名ペーター・ブラーツ。S.Y.P.H. のリーダーにしてプーレ・
フロイデ・レーベルの主催者である。彼の唯一のソロ作品はヒドゥン・レコー
ドから出された10インチ・ミニ・アルバム。S.Y.P.H. のような激しさよりも、
ギターとヴォーカルによるシンプルなインディ・ロックといった趣の作品。
初回盤は566枚限定のクリア・ビニル、再発盤は400枚限定のブルー・ビニル。
なお本作の後にラグはスロベニアに移住し、映像作家として活躍中。

Bit's

s/t

Pure Freude	PF 19	1982

S.Y.P.H. のドラマー、ウリ・プッチュとベーシストのジョジョ・ヴォルター
らによるサイドプロジェクト「ビッツ」の 4 曲入り12インチ。カンのミヒャ
エル・カローリがプロデューサーとしてクレジットされ、1 曲のみだがギター
でも参加。セッション色の強いエクスペリメンタル・ロック作品。2003年
には上記の 4 曲に、ウーヴェ・ヤーンケが参加したラインナップでのレコー
ディング 7 曲を追加したアルバム『ホーム・ラン』もリリースされている。

Jürgen Dönges

Ich Bin Ein Deutsches Kindchen

Pure Freude	PF 13 AU 1	1981

パンク～ニュー・ウェイヴ系のレーベル「プーレ・フロイデ」で、もっとも不
可解なリリースは本作だろう。電子ポルカとでも呼ぶべき牧歌的な童謡風
のシングルなのだ。レーベル主催者のペーター・ブラーツにこのアーティス
トについて尋ねたところ「俺も知らない、会ったこともない。いつのまにか
リリースが決まっていた」とのこと。ユルゲン・デンゲスは別名ジャン・ピエー
ル・ヴェロンスという流行歌のプロデューサーが正体らしい（2012年没）。

Toon

The Song Cycle

Space Cadet Records	15303 – 2	1997

1990年代半ばといえば、ほとんど全員のミュージシャンがクラブ系サウンド
を手掛けていた時代だったように思う。トゥーンもそのひとつで、S.Y.P.H. や
フェールファーベンで活躍するギタリスト、ウーヴェ・ヤーンケのサイド・プ
ロジェクトだ。1996年に Ata Tak のオムニバス『Electric City Düsseldorf』で
初登場し、エスプリの効いたブレイクビーツを披露した。本作は翌年にリリー
スされた唯一のアルバム。前述のオムニバスの曲も収録されているが別テイク。

Residenz

7"

Albert Hilsberg Ist Ein Schwein

Rondo	FIT 10	1980

あの米国のレジデンツではなく、こちらはミッタークスパウゼのメンバー
で Rondo レーベル主催者のフランツ・ビールマイヤーの個人プロジェクト。
A面は「アルバート・ヒルスベルクは豚野郎！」という個人的中傷をただひ
たすら繰り返すだけの内容。よく似た名前の某レーベルのオーナーが実在
しているのは周知の事実だが……。ビールマイヤーにはアクア・ヴェルヴァ
という別プロジェクトもあり、Rondo からシングルを発表している。

Strafe Für Rebellion

LP+7"

Strafe Für Rebellion

Pure Freude	PF 22 CK 11, PF 24 CK 12	1983

ジークフリート・ミヒャエル・ジュニウガとベルント・カストナーによって
1979年にデュッセルドルフで結成されたシュトラーフェ・フュア・レベリ
オン（騒乱罪）の第1作。異教徒音楽のような呪術性を内包した実験ロック・
バンドだが、後に自作楽器やフィールド・レコーディングなどを基調とした
作風へと移行していく。彼らはこれまでに8枚のオリジナル・アルバムを
発表しているが、1990年以降は名称の表記を Strafe FR へと変更している。

v.a.

3x12"

Massa

Klar! 80	Klar! I/1/2/3	1981

カセットのレーベルとして知られている Klar!80から出された段ボール箱
入り3枚組12インチ。収録されているのはクサオ・ゼフシェクとベルンハ
ルト・マラカ（ディー・クルップス）らによる「ブレッセ」、シュトラーフェ・フィ
ア・レベリオンの前身「EKG」、そして Klar!80の主催者ライナー・ラボウスキー
の「ローター・シュテルネ・ベルグラード」の3バンド。それぞれ個性は異な
るものの、どのバンドも試行錯誤な姿勢が時代性を体現している。

Mutterfunk

Mutterfunk

Schallmauer	SCHALL 006	1981

ディー・クルップスのライヴ・メンバーだったラルフ・アルバーティニと、テープス・クラー主催者のバンド、ローテ・シュテルネ・ベルグラードに参加したアクセル・グルーベによる「ムッターファンク」唯一のリリース。ハード・エレクトロに生ドラムというD.A.F.を彷彿とさせる編成だったり、サックス入りのノー・ウェイヴ調だったりと、ヴァラエティに富んだ1枚。前年にコンピレーションに参加した際は英語表記の「マザーファンカー」名義だった。

LP

Nichts

Made In Eile

Schallmauer	SCHALL 008	1981

パンク・バンド、デア・KFcを脱退したギタリスト、マイケル・クラウスとドラマーのトビアス・ブリンクを中心に、ベーシストのクリス・シャーベック、そして女性ヴォーカル、プルネラ・プステクーヘンことアンドレア・モーテスをセンターにしたニュー・ウェイヴ・バンド。このファースト・アルバムでは、パンク・テイストを残したオーソドックスなインディ・ロックを展開。収録曲「レディオ」はCBSからシングル・カットされて小ヒットした。

LP

Nichts

Tango 2000

WEA	WEA 58 430	1982

前作と同じラインナップのままWEAに移籍してリリースされた、メジャー・デビュー作にしてセカンド・アルバム。これまでのガレージ・テイストは薄れ、アンドレアのヴォーカルもシャウトするよりも、歌いこむように成熟した雰囲気がある。ファーストに引き続き、同じデュッセルドルフのインク・スタジオでレコーディングされ、エンジニアはクルックスのマイク・シュミットが担当していたようだ。本作を最後にクラウスとシャーベックはバンドを脱退した。

LP

Nichts

Aus Dem Jenseits

WEA	24.0084-1	1983

大幅なメンバーチェンジの後でリリースされたニヒツのサード・アルバム。前の2作に比べるとメインストリームなポップ・ロックな作風で、出自であるパンクの雰囲気は希薄で、本作をもってニヒツは活動を休止した。だが2009年には、オリジナル・メンバーのマイケル・クラウスを中心にバンドは再結成され、2枚の新作アルバムも発表されている。これを機に過去のアルバムも再発されたのだが、このサード・アルバムだけは除外されたままである。

		LP

Belfegore

A Dog Is Born

Pure Freude	PF 28 CK 14	1983

ベルフェゴーレはデア・KFc、ニヒツを経たギタリスト、マイケル・クラウスを中心に結成された3人組。本作はインナースペース・スタジオで録音され、S.Y.P.H.のプーレ・フロイデ・レーベルから発表されたファースト・アルバム。ゴシックな雰囲気漂うパンク系ダークウェイヴ作品だが、当時はカルト的人気作品だったという。彼らは大幅なメンバー・チェンジの後、同レーベルから12インチと7インチを発表、そして翌年にはメジャー移籍を遂げる。

		12"

Belfegore

s/t

Pure Freude	PF 32 CK 16	1983

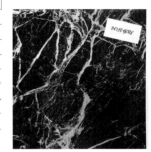

マイケル・クラウスとチャーリー・T(ドラム)、ヴァルター・イェガー(キーボード)の3人編成で制作された3曲入り12インチで、このあたりからサウンドにダーク・ウェイヴのカラーが加わりはじめる。表題曲はセカンド・アルバムにも再収録されているが、こちらはスピード感のあるパワフルな別テイク。この後でクラウスとチャーリー・Tはベルフェゴーレとしてメジャー契約。イェガーはディー・クルップスの英国進出に同行した。

		7"

Belfegore

In Roma

Pure Freude	PF 38 CK 19	1983

1983年10月7日、ローマのTeatro Spazio Zeroで行われたProgretto Germania Festivalのライヴ音源を収録したシングル。すでに黒人ベーシストのラオウル・ウォルトンが参加し、メジャー移籍の直前の録音なので時期的にも作風的にもちょうどダークウェイヴとの過渡期の作品。渇いた打ち込みとノイジーなギターそして独語で歌われる陰鬱な歌詞、派手さはないものの絶妙なバランスを保っており、前年に発表された12インチ「Belfegore」と共に彼らのベスト。

		LP

Belfegore

Belfegore

EMI Electrola	960 378-1	1984

EMIと契約し1984年のU2ツアーのサポートに大抜擢、MTVでのPV放送など華々しい時期に発表されたセカンド。コニー・プランクのプロデュースのもとメジャーらしい派手で激しい曲作りのアルバム。ドイツだけでなくジャケット変更のうえ欧州全土と北米、日本でも発売された(邦題『シーバード・シーモアン』)。また収録曲の新録音EPも制作されたが、これまた時代を感じさせるアレンジを満載。残念ながら本作を最後にバンドは解散した。

Deutsch Amerikanische Freundschaft / DAF

ミヒャエル・ケムナーはデュッセルドルフ郊外の町、ヴッパータールで喫茶店を経営していた。いつしかここに仲間が集まりだしバンド「You」を結成、メンバーはケムナーとヴォルフガング・シュペルマンス、クルト・ダールケの3人。1977年当時、彼らは共同生活をしながら日々セッションに明け暮れていた。翌年にはロベルト・ゲアルとクリスロー・ハースが加わり、バンドの名称は「キャプテン・バベット」に変更。それに伴い喫茶店も商売替えし、伝説のパブ「グリュン・イン」となる。パブではライヴの企画も行うようになり、バンドはヴォーカリストのガビ・デルガドを迎え入れ「Deutsch Amerikanische Freundschaft」（独米友好協会）が誕生した。D.A.F.は瞬く間に頭角を現し'80年代ドイツを代表するバンドへと成長、活動の拠点を英国に移し、世界的なバンドへと躍進する。

彼らが提示したミニマル・シンセのメソッドは、後のエレクトリック・ボディ・ミュージックの源流となった。

		LP
Deutsch Amerikanische Freundschaft		
Produkt Der Deutsch Amerikanischen Freundschaft		
Ata Tak	WR 001	1979

「作品」と題されただけの音源22片が収録された第1作で、Ata Takの前身であるアート・アタック／ワーニング・レコードの第一弾としてリリースされた。ロベルト・ゲアル、ミヒャエル・ケムナー、ヴォルフガング・シュペルマンスそしてクルト・ダールケ（ピロレーター）の4人で演奏される壮絶なるセッション。まだミニマル・シンセの方法論は確立されていないが、新しい時代の到来を予見するフリーフォームで混沌に満ちた大名盤である。ちなみに録音時、クリスロー・ハースはたまたま参加していなかったということのようだ。ガビ・デルガドに関してはD.A.F.結成時に参加したものの即脱退、渡英の直前で再加入したとのこと。

Deutsch Amerikanische Freundschaft

Die Kleinen Und Die Bösen

Mute	STUMM 1	1980

いまや英国が誇るミュート・レーベルから
のLP第一弾は自国のアーティストではな
く、D.A.F.のセカンド・アルバムだった。ボ
ブ・ギドゥンス（サープラス・ストック）に
誘われ英国進出してからの彼らのサウン
ドは大きく飛躍する。ハースの卓越したサ
ウンド・デザインによるミニマル・シンセ・
ビートに生ドラム、ギターそしてデルガド
のヴォーカルという、まさしく'80年代ド
イツのサウンド・スタイルの要素が本作で
初めて出揃ったといっても過言ではないだ
ろう。B面はワイヤーのサポートを務めた
時の生々しくアグレッシヴなライヴ音源で、
肉声とギターのタガの外れ方が半端ではな
い。この後D.A.F.からはハース、シュペル
マンスの順に脱退していく。

Deutsch Amerikanische Freundschaft

Alles Ist Gut

Virgin	203 644	1981

およそ1年半の英国滞在の後にD.A.F.は
ドイツに帰国、メンバーはガビ・デルガド
とロベルト・ゲアルの2人になりヴァージ
ンに移籍した。最も世に知られたD.A.F.の
フォーメーションはこのデュオに違いない。
ミュート時代の方法論を踏襲しながらも、
さらにシンプルなシンセ・ビートと生ドラ
ムに肉感的なヴォーカルという極限までム
ダを排除したサウンド構成となった。黒ず
くめの衣装に短髪、ときには同性愛的な雰
囲気さえも漂わせる彼らのイメージ戦略
も功を奏し商業的にも成功を収める。本作
『万事良好』には彼らの代表曲である「デア・
ムッソリーニ」も収録。ボディコンシャス
さとポリティカルの融合は当時はまだ珍し
かったのだろう。

Deutsch Amerikanische Freundschaft

Gold Und Liebe

Virgin		204 165	1981

『愛と黄金』と題された国内盤LPもリリースされていたD.A.F.の4枚目のアルバム。前作で確立したサウンド・スタイルをさらに推し進めたオーヴァーグラウンドなダンス・チューンを収録。この頃になると彼らの方法論は同時代の音楽シーンに波及し始め、D.A.F.の影響で路線変更したとおぼしきバンドも少なくない。また本作収録曲は積極的にシングル・カットされ「Goldenes Spielzeug」と「El Que」のカップリングの12インチで発売、どちらもLPとは異なるミックスに変更された。また7インチでの展開も多く、中でも英国盤「Sex Unter Wasser」のB面「Knochen Auf Knochen」はLP未収曲で、いまだに一切の再発やCD化もないレア音源。

Deutsch Amerikanische Freundschaft

Für Immer

Virgin		V 2239	1982

『永遠に』と題され、まさしく「爛熟」という表現がピッタリなD.A.F.最終作。これまで以上に重厚なシーケンス・ビートが特徴的。だがサウンド・マテリアル自体はすべて新規制作ではなく、B1やB3などは1980年頃のギターやベースもいた5人編成時代のライヴで使用されていた音源である。また並々ならぬコニー・プランクの尽力があったであろうことは、メビウス&プランクの作品との比較で推察できる。いずれにせよブレのない全く同じコンセプトのアルバムを3枚も立て続けにヴァージンからリリースした彼らの偉業は、あまたのフォロアーを生んだことでも明白だろう。彼らは日本での解散コンサートを予告していたが、実現には至らなかった。

			LP

DAF
1st Step To Heaven

Dean Records	207 435	1986

「セックスマシーンの解体」などと言われた D.A.F. の解散であったが、1985
年にはあっさりと再結成してしまう。トレードマークだった黒ずくめの衣
装を脱ぎすてスチールドラムなど異種ミュージシャンまで配し歌詞は英語、
といった具合に過去のステレオタイプを払拭。シングル「Absolute Body
Control」を皮切りに作品は次々と発表された。本作はシングル曲の再編集
盤のような体裁のアルバムだが「セックス！　セックス！」の連呼は破壊力大。

			CD

DAF
Hitz Blitz

JCI & Associated Labels	JCD-9027	1989

'80年代中期の再結成 D.A.F.はそれなりに面白い動向ではあったが、プロモー
ショナルな部分と時代のニーズがかみ合わなかったのか自然消滅のような幕
引きだった。本作は最後にひっそりと出された企画編集盤。基本的に既存曲
の再収録だが「The Gun」(実質的にガビのソロ)が大きく取り上げられている
ので、以降のガビのプロジェクト「Delcom」や「F/X」の布石のような意味合
いがあったのだろう。再発もなく流通数も少なかったので現在では入手困難。

		2LP	CD

Deutsch Amerikanische Freundschaft
Fünfzehn Neue DAF Lieder

Superstar Recordings	SUPER DJ 2068 / 0678032	2003

先行シングル「Der Sheriff - Anti-Amerikanisches Lied」(シェリフ〜反米歌)
をひっさげて D.A.F.は再々結成する。'80年代半ばの再結成とは違い、ヴァー
ジン時代のスタイルとサウンドを継承しての復帰だった。タイトルの『15の
D.A.F.新曲』のとおり15曲が収録され、それぞれに「○○歌」のようなサブタ
イトルが付けられている。この流れで D.A.F. は2003年に来日し、WIRE03で
日本初公演を遂げた。来日中止事件から20年以上経ってからの出来事である。

			CD(Single)

Deutsch Amerikanische Freundschaft
Du Bist DAF

(self-release)	---	2010

2003年のフル・アルバムから７年を経てリリースされた、わずか１曲だけを
収録した自主制作シングルCD。スリーヴもいたって簡素でスタンプが押さ
れただけの廉価版の紙袋。だが内容は野太いシンセのリフにタイトな生ドラム、
そしてガビのヴォーカル。これぞまさしく D.A.F.！　というべき完成度なのだ。
しかし日本以上にメディアとしてのCDが不人気なドイツではこの作品の評
判はよろしくない。だからこそアンチテーゼとしての存在意義は実に大きい。

203　　　　NDW　　　　Düsseldorf

Deutsch Amerikanische Freundschaft

Reworx

Grönland Records	LPGRON176 / CDGRON176	2018

2017に出された『Das ist DAF』は過去のD.A.F.の作品群を総括した豪華ボックス・セットで、出版物なども含む大規模なプロジェクトだった。ボックス用に新作として制作されたリミックス・アルバムが本作だ。ヴァージン時代の代表曲の数々をリミックスするのはジョルジオ・モロダー、DJヘル、ウェストバムらのお歴々が名を連ね、新解釈されたD.A.F.の楽曲が収録されている。PVも複数製作され、アルバムは翌年に単品でもリリースされた。

	LP	CD

Robert Görl & Deutsch Amerikanische Freundschaft

Nur Noch Einer

Grönland Records	LPGRON227 / CDGRON227	2021

ガビ・デルガド亡きあとにリリースされたD.A.F.の完全新録音アルバム。本来はロベルト・ゲアルのソロ・プロジェクトとして進行していたレコーディングだったが、前年のガビの急死からD.A.F.名義でリリースされる運びとなった。ガビが生前に残した歌詞を使い『ヌア・ノッホ・アイナー』(あと1度だけ)とリリースされたことは、なんとも感慨深い。キーヴィジュアルが、再結成時の妖艶なふたりのポートレートというのも作品内容に合っている。

	LP

Robert Görl

Night Full Of Tension

Mute	STUMM 16	1984

D.A.F.最初の解散後、メンバーはそれぞれソロ活動に移行する。本作は2枚のシングルをリリースした翌年に発表されたロベルト・ゲアルのファースト・ソロ・アルバム。ユーリズミックスのアニー・レノックスが参加し当時は少しだけ話題となった。D.A.F.のミニマルを継承したシンセ・ポップだが、より音数が少なくシンプルでゲアルのヴォーカルも優男風。この傾向はそのまま再結成D.A.F.のサウンドに反映される。シングル曲追加でCD化もされた。

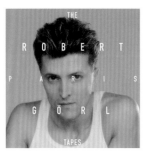

	LP	CD

Robert Görl

The Paris Tapes

Grönland Records	GRON184 / CDGRON184	2018

2回目のD.A.F.解散後にロベルト・ゲアルは役者になるべく渡米したが、ビザの問題で強制送還となった。帰国後も、うやむやにしていた徴兵のために一時拘束の憂き目に。そしてミュンヘンからパリまで夜行列車で逃亡し、徴兵逃れのためにパリ郊外の安アパートに1年限定で転がり込んだ。仏語も話せず誰とも会わず、携えていた新型シンセ「ESQ-1」に終日向かう日々を送っていた。このアルバムは、そのときに録音された「失意の記録」だという。

Robert Görl

Electric Marilyn

Hangman Records		HGN 70-0	1992

D.A.F.解散後のロベルト・ゲアルは英国の人気バンド、ユーリズミックスや、米国のラディカルな女性ラッパー、カレン・フィンレイの作品に参加していたことが知られているが、人知れず米国のレーベルから「エレクトリック・マリリン」と題されたソロ・シングルを単発でリリースした。これ以降の彼の作風はしだいに無機的なループが骨子となったソリッドなものに移行していくが、このシングルはちょうど過渡期にあたる最後の歌物作品である。

R Görl

(Psycho) Therapie

Disko B		db 23 cd	1994

あらかじめ断っておくが、以降のロベルト・ゲアルの諸作品は「クラウトロック」とするにはいささか無理がある。だが人脈的に重要な位置にいるのであえて取り上げた。本作はミュンヘンのエレクトロ専門レーベル、ディスコBからリリースされたゲアルの12インチ作品を編纂したCD。リズムマシンとわずかなサウンド・ループとエフェクトだけという至極シンプルなサウンド。ちなみにオリジナルのレコードはフェティッシュなクリア・ビニル。

R Görl

Sexdrops

Disko B		db 68 / db 68 cd	1998

ロベルト・ゲアルは1990年代、しばらくディスコBを拠点にリリースを続ける。12インチでの作品を何作かリリースしてから1996年の2枚組LP、『Watch The Great Copycat』の後に発表されたのが本作。プロデューサーには英国のレーベル、ダウンワーズの創設者の1人 Regis ことカール・オコーナー。当時のクラブ御用達のミニマルトランス作品なので鑑賞する音楽ではなく、ハコや場とセットになって初めて真価を発揮する。

R Görl

Final Metal Pralinées

Disko B		db 90 / db 90 cd	2000

これまで通りのハードなミニマル・トランス作品。ヴァラエティに富んだトラックだがBPMは全曲ほぼ一緒。アナログの方が1曲多く当該のD4はエンドレス・カッティング。本作はディスコBからの最終作で、本作をもってゲアルはしばらくソロ作品のリリースを休止し、D.A.F.の再々結成へと活動の軸足を移行させていった。原点回帰のサウンドに落ち着いたD.A.F.と、一連のソロ作品を比較すると2000年前後のシーンの動向がトレース出来るはず。

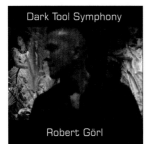

Robert Görl

Dark Tool Symphony

Prussia Records	PRSA 5001	2008

やはり、というかD.A.F.の再々結成はロベルト・ゲアルのソロ作品へも大きな影響を与えた。BPMも抑えられ、アグレッシヴさよりも空間的サウンド・デザインに重きを置くような作風へと変化した。クレジット上は全6曲だがノンストップの30分。なおCDは映像特典入りのエンハンスド仕様となっており、2007年10月27日にミュンヘンで行われたdigitalanalog 6フェスティヴァルでのライヴの様子が20分ほど収録されている。

Elektro

Elektro

Fax +49-69/450464	PK 08/109	1996

フランクフルト出身のミュージシャンにしてレーベルFax +49-69/450464の創始者であるピート・ナムルックこと故ペーター・クールマンとロベルト・ゲアルのユニット。サウンド・アートっぽいアンビエントに当時のゲアルの手法である4つ打ビートがかぶさるスタイル。「Perfect Body」のパート1から5を収録、2000枚限定。アルバムからはパート2と3のカップリングで12インチもリリースされた。また翌年には続編の『Ektro II』も発表されている。

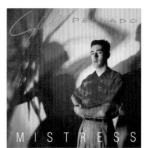

Gabi Delgado

Mistress

Virgin	205 367	1983

スペイン生まれのヴォーカリスト、ガビ・デルガドはシンセ・ビートを脱ぎすて、ホーンセクションとチョッパーベースの鳴り響く妖艶なソロ・アルバムを作り上げた。ヤキ・リーベツァイトやマンフレード・ショーフ（！）など豪華ゲスト・ミュージシャンが参加し、プロデューサーはコニー・プランク。余談ではあるが、日本で予定されていたD.A.F.解散コンサートが中止になった理由は、このアルバム制作の遅れにあったと噂されている。

DAF.DOS

Allein, Zu Zweit, Mit Telefon

Columbia	486502 2	1996

ガビ・デルガドはD.A.F.解散後、女性パートナーのサバ・コモッサとともにF/X、デルコムといったクラブ・ユニットで活動していたが、1996年には新パートナー、ヴォルトン・ヴィルケと旧知のネームバリューに乗った新ユニット、DAF/DOSを結成する。典型的な'90年代半ばのリズム・パターンにラテンなヴォーカルがかぶさるというスタイル。D.A.F.時代のサンプリング・ソースが使われているだけでなく、セルフ・カヴァー曲まで収録。

206

DAF/DOS

Der DAF / DOS Staat

SubSpace Communications	CDCOM 05	1999

前作から3年後に発表されたDAF/DOSのセカンド・アルバム。メンバーだっ
たヴォルトン・ヴィルケが俳優業に専念するために脱退してしまい、実質的に
ガビ・デルガドのソロ作品と言っても間違いないだろう。プロデューサーとして
VOOVことクリスチャン・グラウプナーが参加。また本作のアルバム構成を踏襲
したライヴ・アルバム『Der DAF / DOS Live Staat』もリリースされた。こうした
DAF/DOS時代の経験が確実に再々結成D.A.F.のサウンドに反映されている。

2xLP | CD

Gabi Delgado

1

Golden Core	GCR 20083-1 / GCR 20083-2	2014

1982年の『ミストレス』以来のガビ・デルガドのソロ名義アルバムだが、F/X、
デルコム、DAF/DOSといった、彼のD.A.F.以降のプロジェクトの集大成ともい
えるエレクトロ作品で、ZYXレコード傘下のゴールデン・コアからリリースされた。
同じD.A.F.メンバーのソロワークでも、ロベルト・ゲアルは無機的でアブストラ
クトな方向に傾倒していったのに対し、こちらはエモーショナルで肉感的なボ
ディ・ミュージックという違いも、D.A.F.のパブリックイメージそのものだ。

2xLP | CD

Gabi Delgado

2

Oblivion	SPV268591 / SPV68590	2015

発売元をSPV系列のOblivionに移籍してリリースされた、『1』の続編にして
ガビの遺作となった『2』。ボンデージやドミナを想起させ、前作よりもフェティッ
シュでエロティックな雰囲気が漂う。そのためにYouTubeではPVの試聴に
年齢制限が設けられているほどだ。ガビ・デルガドは2020年の3月22日に当
時の居住地であったポルトガルの病院で、心臓発作のため61歳で永眠。一方
でドイツのラジオでは「生地のスペインのコルドバで亡くなった」と報じられた。

LP

20 Colors

s/t

Metronome	827 209-1	1985

D.A.F.創設メンバーのひとりで、マウマウを経てフェールファーベンに加
入するベース・プレイヤー、ミヒャエル・ケムナーのプロジェクトのひとつ
である「20カラーズ」はエレクトロとは程遠く、サックスが甘く歌うムーディ
なカクテル・ポップ・グループだ。アルバム冒頭から情感たっぷりに映画『ピ
ンクパンサー』のテーマ曲を、つづけて「フライ・ミー・トゥ・ザ・ムーン」で
夜の情景を描き出す。このLPのほかにシングルも2種類存在する。

Materialschlacht
Kinderfreundlich

Schizeanoia Production	007/33337	1979

黎明期 D.A.F. の練習場「グリュン・イン」はメンバーたちの拠点だった。ヴォルフガング・シュペルマンス、ミヒャエル・ケムナー、ウーヴェ・バウアー（フェールファーベン）とゲストによって録音された本作は、無から新しい音を作り出そうとする混沌とした試行錯誤がそのまま音に刻まれている。グリュン・インでの音源は、残念ながら本作と D.A.F. のファースト、デア・プランの「ダス・フライシュ」くらいしか残されていない。

	CD

Genericartensemble
NYC Deconstruct

(self-release)	–	2013

ヴォルフガング・シュペルマンスはプラザ・ホテルでの活動後、表現の場をヴィデオ編集等の映像の世界にシフトしていった。21世紀になってからは新たなパートナー、グンナー・エバートと、プロジェクションマッピングやサウンドアートの総合プロジェクト「ジェネリックアートアンサンブル」を発足させた。「NYCデコンストラクト」彼らの第一作にあたるが、以降のリリースはすべて配信のみのため、唯一のフィジカル・リリースである。

	MC

CH-BB
1 – 4

(self-release)	---	1981

D.A.F. を抜けたクリスロー・ハースとマニア D のベアーテ・バルテルが、ハード・エレクトロニクスの原点ともいえるユニットを結成、名称は2人のイニシアルから取られた CH-BB。彼らは黒・赤・青・銀という4種類のカセットをそれぞれ50本限定でリリース。屈指の入手困難アイテムで何度か海賊盤LPやカセットまで出回ったほど。彼らはヴォーカルにクリシュナ・ゴイニューを迎え、このままリエゾン・ダンジュルーズに移行する。

	2LP	CD

Chrislo
Low

Tresor	Tresor 92 / 092	1998

ミーヌス・デルタ T、デア・プラン、D.A.F. そしてリエゾン・ダンジュルーズのクリスロー・ハースのソロ。ベルリンのテクノ・レーベル、Tresor から出されたので音は推して知るべし。本来の「クラウトロック」という枠組みから大きく逸脱するが、人物的に重要なポジションなのであえて記載。彼の業績はきわめて大きく、以降のミニマル・シンセのサウンド・デザインの方向性を決めたと言われる。2004年、48歳の誕生日を目前に逝去。

Liaisons Dangereuses
Chrislo Haas

クリスロー・ハースは1956年にバイエルン地方のアイヒャッハで生まれた。アウグスブルク音楽大学で学び、ジャズ演奏をしていたロベルト・ゲアルに誘われヴッパータールの伝説のクラブ、グリュン・インに出入りするようになる。

当時、ピロレーターが持っていたコルグのMS-20とシーケンサーSQ-10に触発され、同じ機材にMS-50を加えたセットを購入し、瞬く間に独自の才能を発揮した。この様子からピロレーターは、D.A.F.サウンドの発明者はハースであるという見解を示している。ハースはD.A.F.を筆頭にリエゾン・ダンジュルーズ、ミーヌス・デルタT、クライム＆ザ・シティ・ソリューションといったバンドに参加したほか、日本のPhewの作品でも演奏している。

ハースは毎日コルグのシンセサイザーに向かって音の合成に長時間を費やしていた。気に入った音はカセットに録りためられ、大量のテープをキャリーバッグで保管していたという。

		LP
Liaisons Dangereuses		
Liaisons Dangereuses		
TIS	66.22 433-01	1981

D.A.F.のシンセ奏者、クリスロー・ハースとマニアDのベアーテ・バルテルのハード・エレクトロ・デュオ、CH-BBにヴォーカリスト、クリシュナ・ゴイニューが加わってリエゾン・ダンジュルーズが始動した。バンド名はラクロの小説『危険な関係』から。D.A.F.で確立したシーケンス・ビートをさらに高密度に再構築した大傑作アルバム。彼らの特徴は通常のポップスにはない6/4のポリリズムが使われていることにある。公式リリースはこのアルバムと関連シングル、そしてマンチェスターで1985年に行われたライヴのヴィデオしかない。それにも関わらず、デトロイト・テクノなど後の世代に大きな影響を与えた。

Mau Mau

Kraft

Polydor	2372 107	1982

D.A.F.の初期メンバーだったミヒャエル・ケムナーとヴォルフガング・シュペルマンスを中心に結成されたマウマウ唯一のアルバム。ケムナーの重厚でプリミティヴなベースと、鋭利でフリーキーなシュペルマンスのギターという初期D.A.F.の重要なエレメントをパワフルに昇華させたサウンド。ヤキ・リーベツァイト（カン）、ルネ・ティナー、ボブ・ギデゥンス（サープラス・ストック）などの多彩なゲスト・ミュージシャンが参加。本人たちによれば当時はオーヴァーグラウンドなポップ・ミュージックを目指していたとのこと。1983年にはセカンド・アルバムも録音されたが未発表に終わる。近年セカンドとのカップリングCDとなって再発された。

Plaza Hotel

Bewegliche Ziele

Delphin	Delphin 001	1983

D.A.F.のセカンド・アルバム録音中にヴォルフガング・シュペルマンスは偶然にヤキ・リーベツァイトと出会い意気投合した。その後、デュッセルドルフで再会した時にはすでにプラザ・ホテルの原形となるアイデアは生まれていたという。そして1983年、ついにレコードが完成した。後にシュペルマンスの妻となる女性ヴォーカリスト、タブーのチャーミングな歌声、ヤキ・リーベツァイトの渇いてタイトなドラム、そしてダイナミックなシュペルマンスのインストルメンタルが融合した歴史的名作である。純粋にスタジオ録音のためだけに存在したプロジェクトのため、以降のリリースやライヴなどの活動は一切なかったという名実共に幻の名盤。

210

Ata Tak

アート・ギャラリーからレーベルへ

'70年代末、ヨゼフ・ボイスのもとで学んでいた芸術アカデミーの2人の学生、フランク・フェンスターマッハーとモーリッツ・ライヒェルトは、デュッセルドルフに作品展示のギャラリーを開設。当初ギャラリーはHeart Attack（心臓発作）をもじった「Art Attack」と呼ばれていた。2人はクルト・ダールケとともにデア・プランとして音楽活動も開始。バンドの根城となるレーベルとしてギャラリーを活用し出し、いつしかその名はAta Tak（アタ・タック）へと変化していたという。パンクを経て巷では自主制作のタイトルが次々とシーンに台頭する時代へと突入し、Ata TakはハンブルクのZickZackなどと並びドイツの音楽シーンを担う中核的存在となっていく。レーベルからは盟主のデア・プランを筆頭に、D.A.F.、アンドレアス・ドーラウ、ホルガー・ヒラー、ヤー・ヤー・ヤー、ロスト・グリンゴス、S.Y.P.H.、ディー・テートリッヒェ・ドーリスといったドイツ本国の独創的なミュージシャンのほか、米国L.A.F.M.S.系列のモニターや、日本のピッキー・ピクニックなど世界中の個性的な作品が次々と世に送り出された。とりわけドーラウのシングル「木星から来たフレート」の国民的ヒットは、レーベルの発展に大きな転機を与えた。Ata Takのカラーはカラフルさとキッチュなエスニック感覚、そしてつかみどころのない幼児性がミクスチュアされた独特なもので、このポップさは他に類を見ない。

その後もAta TakはOvalのデビュー作や、チャールズ・ウィルプの広告音楽集の復刻、アフガニスタンの覆面少女バンドのブルカ・バンド、アフリカのブルキナ・エレクトリック、最近ではオランダ人ミュージシャンのパスカル・プランティンガと沖縄音楽の重鎮である喜納昌吉との異色の共作などのリリースも手掛け、現在も精力的に活動を続ける。またレーベル独自のアート感覚や世界観に魅了され、ファンであることを公言しているアーティストも数多い。

v.a.

Fix Planet!

Ata Tak	WR 8	1981

「人類よ、次に来たるものは何か？」の名の
もとに世界各国からの音源が編纂された国
際オムニバス・アルバム。エスプレンドー・
ジオメトリコ、フラ・リッポ・リッピ、MB、
ジャド・フェアといった後に名を馳せるこ
とになる欧米諸国のミュージシャン、ソ連
の地下音楽、現地録音された南米の民族音
楽からイランの反体制歌、日本からはシス
ターMなど一筋縄でないいわく付きの楽
曲の数々が集められた。LPには席亭であ
るデア・プランの7インチまで付属、ドイ
ツ本国の音源はこれだけだが、世界中の個
性的な音源が「ドイツ」でアウトプットさ
れたという事実が何よりも重要。Ata Tak
史上きわめて重要なアルバムでありながら、
いまだに再発はない。

Der Plan

Geri Reig

Art Attack (Ata Tak)	WR 003	1980

'70年代末、フランク・フェンスターマッ
ハー、モーリッツ・ライヒェルト（Rrr）ら
は「Weltaufstandsplan」（世界転覆計画）を
デュッセルドルフで結成。しばらくメンバー
が不定形だったが、D.A.F.のメンバーだっ
たクルト・ダールケ（ピロレーター）を引き
入れた頃にはバンド名は「Der Plan」（ザ・
計画）と改名。ピロレーターの参加で音楽
の幅が広がったデア・プランは79年11月〜
翌年1月にかけてファースト・アルバム『ゲ
リ・ライク』の録音に着手する。自主制作時
代の到来を告げる宅録シンセ・ポップはこ
うして完成した。彼らの書き割り＆段ボー
ル小道具の学芸会風ステージもインディペ
ンデント精神の賜物に他ならない。

Der Plan

Da Vorne Steht Ne Ampel / Rot-Grün-Tot

Art Attack (Ata Tak)	WR 005	1980

フランク、モーリッツ、ピロレーターの「天
使・悪魔・ロボット」のラインナップでリリー
スされたデア・プランの2枚目の7インチ・
シングル。ジャケットの絵が示す通り道路
横断をシニカルに歌ったシングル「前方に
信号だ」。B面曲は「赤・緑・死」と、これま
た交通信号を連想させる曲で、AB両面と
もLP未収曲。このシングルが発売された
1980年という年は、奇しくも日本でもツー
ビートによる「赤信号みんなで渡れば怖く
ない」というギャグが流行していた。本作
は後に大手Telefunkenレーベルからクリ
ア・グリーンのカラー・レコードで再発さ
れている。またA面曲の新ヴァージョンは
『フェッテ・ヤーレ　～円熟』に収録。

Der Plan

Fette Jahre

Ata Tak	WR 34	1985

公園でボロをまとい酒盛りするホームレス
に扮したメンバーが印象的な本作は、バン
ド結成5周年を記念して発売された5枚目
のフル・アルバム。記念リリースだけあっ
てこれまでの作品群から代表曲・ヒット曲・
名曲の数々が編纂されている。さらに別
ヴァージョンや新録音といった小粋なファ
ン・サービスもあり、これ1枚に彼らの5
年間の歴史が高密度に凝縮されている。メ
ンバー自らによる各曲の解説もあり、彼ら
のスタンスやアティチュードを知る絶好の
資料だ。なおタイトルは「脂の乗った年月」
つまりは「充実した日々」を意味し、国内盤
は『フェッテ・ヤーレ　～円熟』。オリジナ
ルLPは初回盤のみ白無垢のような美しい
ホワイト・ビニル。

Der Plan

Das Fleisch

Art Attack (Ata Tak)	AAP001	1979

簡易カセット・レコーダーを用いて録音されたとされるデア・プランの処女
作。ラインナップはモーリッツ・Rrr、フランク・フェンスターマッハーのお
なじみの2人に、ロベルト・ゲアル（D.A.F.）、クロスロー・ハース（D.A.F.、リ
エゾン・ダンジュルーズ）の加わった4人編成で、ピロレーターの参加はない。
D.A.F.のファーストにも通じる混沌に満ちた実験作品。初期D.A.F.メンバー
の拠点だったヴッパータールのパブ、グリュン・インでの産物のひとつ。

Der Plan

Normalette Surprise

Ata Tak	WR 007	1981

アイスクリーム入りびっくりオムレツ、オムレッテ・シュルプリーズをもじっ
て名付けられたセカンド・アルバム。歌物としての色合いが強いが、つかみ
どころのないユーモアはファーストの世界をそのまま継承していている。
本作のフォーマットは変わっていて、A面33回転・B面45回転という変則仕
様。ドイツのほか、米国でもレコードが発売されている。また2010年にはモー
リッツ・Rrr本人による装丁リメイクでLPも再発された。

Der Plan

Die Letzte Rache

Ata Tak	WR 17	1983

ライナー・キルベルク監督の映画『最後の復讐』(1982)用の音楽を編集した
サード・アルバム。映画用音楽らしく短くまとめられたもの、ジングル、中
には演者のセリフがオーヴァーラップした曲さえもある。さて映画は劇中
にフェンスターマッハーやドーラウまでもが登場し、美術をモーリッツ・
Rrrが手掛ける不可解で理不尽な実験モノクロ作品。ジャケットを飾るの
はストーリの節々で登場する「運命の果実」なる謎の三連生物。

Der Plan

Gummitwist

WEA	24-9585-0	1983

自らの根城Ata Takから飛び出し、大手WEAから出された12インチ。同時
に7インチでも発売されている。表題曲「グミツイスト」(ゴム飛びのことこと
らしい)は後発のアルバムでたびたび再収録されるデア・プランの代名詞的
な名曲。またB面収録の「スペースボブ」と「ユンガー・マン」の2曲はアル
バムとは異なるディスコ・ヴァージョン。数々のバンドがメジャー移籍し、
シーンが大きく変革し出した1983年という時代性を物語る1枚。

2x7"

Der Plan
Golden Cheapos

Ata Tak	WR 23	1984

「金ピカの安物」と題された7インチ・シングル2枚組。ピート・ジェキル、フランク・サンバも参加した中期の名作。なおレコード・ジャケットに「公序良俗に反す物」が印刷されていたため、日本に輸入されたレコードには検閲により該当箇所が紙ヤスリで片端からキズものにされた醜聞もあり。また当時、本作のリミックス・ヴァージョンの発売が予定されており「WR 32」のカタログ番号まで与えられていたが発売には至らなかった。

LP

Der Plan
Japlan

Wave	SP256002 Japan	1984

バブル経済前夜で景気が良かった1984年の日本。それまでに国内盤すら発売されていなかったデア・プランはいきなり日本に招聘され「進化論ストリップ」なる奇天烈な学芸会風音楽ショーをやってのけた。本作はこの時のパフォーマンス用音源と既存曲を編集した日本特別盤。ジャケットは日本側が「Golden Cheapos」を模して作ったものだが、「いけないモノ」が写りこんでいたため一部黒塗りにされる顛末付き。東芝からはヴィデオも発売された。

LP

Der Plan
Es Ist Eine Fremde Und Seltsame Welt

Ata Tak	WR 41	1987

全てが真っ黒、デヴィッド・リンチの映画作品のようなヴィザーレの世界を表現した6枚目。1人の若者が迷い込んでしまった知覚の新領域を各楽曲で再現。また当時デア・プランはライヴ・ツアーを行っており、ステージは真っ黒、メンバー全員も黒い衣装に黒いマスクで段ボール製楽器を手にし、まさしく『未知なる奇妙な世界』を演じていた。レコードも真っ黒なジャケットで、あらゆる文字情報は曲名ですらレリーフの凹凸で記されている。

LP	CD

Der Plan
Die Peitsche Des Lebens

Ata Tak	WR 50 / WR 50CD	1991

音楽・アート・映画にエキゾチカ、ポーズを決める伊達男3人衆の周囲には彼らの出自を物語る物品の数々が無造作に置かれているが、さりげなく自分たちの作品も潜り込ませているのが憎い演出。デア・プラン7枚目のアルバムは爛熟した男の世界から皮肉に満ちた人生譚、果てはデュッセルドルフの大先輩にあたるあのバンドへのオマージュとおぼしき曲まで収録されたポップ作品。『人生の鞭』と題され国内盤も出ていた。

Der Plan – Live At The Tiki Ballroom Of The Senior Maoris Recreation Center In Maketu, Bay Of Plenty, New Zealand

| Ata Tak | WR 57/58 | 1993 |

『ニュージーランド・ベイ・オブ・プレンティ地方マケトゥ地区マオリ族老人保養センターのティキ・ボールルームにおけるライヴ』とあるが、言わずもがな架空のライヴショー。なんともユルくて閑散とした演出が可笑しい。収録曲は新曲だけでなく従来の曲のリメイクが多い。初回盤には収録曲のスタジオ・ヴァージョン収録のミニCDが付属。また装丁がまったく異なる日本盤まで出ていた。本作をもってデア・プランはいったんお休み。

Mini CD

Der Plan

Pocket

| Ata Tak | WR 58 | 1993 |

デア・プランの最後のアルバム『ニュージーランド、ベイ・オブ・ペレ（中略）ライヴ』の初回盤のみに封入されていたミニCD。本体のアルバムはライヴ録音仕立てだったが、こちらはスタジオ・ヴァージョン。収録曲は「ピッツァ」「グミツイスト」「前方に信号だ」「ハンスとガビ」の4曲の新規5ヴァージョン。最後に収録されているのはキッチュフィンガー名義のアンドレアス・ドーラウによる「グミツイスト」のリミックス。

| LP | CD |

Der Plan

Die Verschwörung

| Marina Records | MA 61 | 2004 |

冬眠中だったデア・プランが突如覚醒、それもベルリンで「デア・プラン4.0」として再始動。世に知られた「天使・悪魔・ロボット」という黄金律のラインナップではなく、モーリッツが新顔J.J.ジョーンズとムッターのキュンストラー・トロイを従えての活動で、新たな血脈での試みであった。この3人によるデア・プランではアルバムとシングルを各1枚リリースし幕を閉じた。なおデア・プランは2014年以降は'80年代のラインナップで再結成を遂げている。

 LP

Der Plan...etc.

The Sound Of Geri Reig

| Kernkrach | KRACH 024 | 2012 |

デア・プランの前史的関連プロジェクトの貴重音源が大量放出！ 収録されたのは世界転覆計画からカルマン・ギアス、プレヒストリック・ニューウェイヴ・シンガーズそしてデア・プランなど。DIYというには荒削り、実験的というには調子外れ、若さよりも無謀さの愛すべき時代の有象無象音源の数々。リリースのうたい文句「ワインになる前のブドウ」とはけだし名言。酔狂なリリースで知られるケルンクラッハ・レコードより500枚限定で発売。

			7"

Der Plan
Gefährliche Clowns

Bureau B		BB257	2016

1993年の疑似ライヴ・アルバム以来、フランク、ピロレーターそしてモーリッツの黄金のラインナップが23年ぶりに再会。ファースト・アルバム『ゲリ・ライク』に収録された彼らの初期代表曲「危険な道化師たち」の新録音ヴァージョンをひっさげて活動を再開した。愛くるしいレッド・ヴァイナルで登場したシングルのB面には、同曲の1979年のオリジナル、1987年版の全3ヴァージョンを収録。500枚限定でクリスマス・リリースとして発売された。

			LP+7"

Der Plan
Unkapitulierbar

Bureau B		BB266/270	2017

24年ぶりに登場した完全新録音アルバム『降伏不可能』。アンドレアス・ドーラウの50歳の誕生日に3人でデア・プランを再結成したことがきっかけとなり、現在はベルリンに移転したAta Takスタジオでフルアルバムのレコーディングに至った。初期のような即興から曲を生み出すのではなく、歌詞ありきの作曲だった模様。「猫はいじるな」、「基本権」や「ブックなしのフェイス」など、彼ららしいユーモアも近代的にアップデートされている。

		LP	CD

Der Plan
Les Fanuks - Save Your Software!!

Bureau B		BB362	2021

近年になって発掘された1980年代のデア・プランの未発音源。アルバムのコンセプトは、メンバー3人が不老不死をテーマに日本のロボット企業「FANUK」（FANUC株式会社?）と契約し、ロボット・ミュージシャンのプロジェクト「Fanuks」を計画したが、技術的問題の前にその野望は頓挫した……。とのことだが、そのときに残された6曲に、1989年の未発表音源も追加。出発点や機材が異なるせいか、これまでのデア・プランとは作風も音質もまるきり違った異色作。

		LP+7"	CD

Moritz R ®
Nach Herzenslust

Suezan Studio		SSZ3064 / SSZ3065	2021

デア・プランのアートディレクションを担当し、トリオの中で「悪魔」役のモーリッツ・R®ことモーリッツ・ライヒェルト初のソロ・アルバム。エキゾチカにフォルクスムジーク、アシッド・サイケ、エクスペリメンタルからフランク・ザッパ、果ては脱力ポルカと化したザ・KLFまで、既成のジャンルに収まらないポップ・ソング集。テーマを「自由へのオマージュ」と謳うだけあって、多様化していったデア・プランの世界観そのままだ。

Pyrolator

Inland

Art Attack (Ata Tak)	WR 002	1979

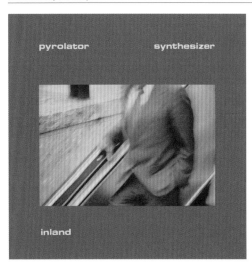

ピロレーターが初めて手にしたシンセサイザーは、15歳の時に買ったイタリア製のダーヴォリシントだったという。78年にコルグから発売されたMS-20とシーケンサーSQ-10を使い、D.A.F.のファースト・アルバムは録音された。そんな折、D.A.F.渡英の話が持ち上がったがピロレーターはドイツに留まることを決め、バンドとは袂を分かつ。そして79年夏から録音が開始され、ファースト・ソロ・アルバム『インランド』(内国)が完成。以降の作品とは異なる灰色で重苦しい雰囲気は、当時の暗い社会情勢を色濃く反映したもの。そしてピロレーターはフランクとモーリッツのデア・プランに加入、同年11月から『ゲリ・ライク』の録音に突入する。

Pyrolator

Wunderland

Ata Tak	WR 026	1984

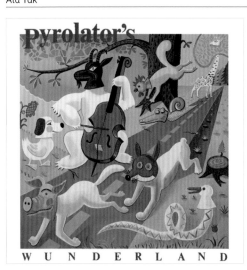

ソロ・コンポージングの原点に立ち返った「ランド・シリーズ」第3作『ヴンダーランド』(不思議の国)は、ふたつの異なるコンセプトから成る。ひとつはヒンデミット流派で示されたメロディ言語、つまりは凡庸なポップスのメロディの排除。もうひとつは即興ではなくあらかじめ作曲された曲の演奏することである。ちょうど83年春にドーラウの公演のため渡米していたピロレーターは、ニューヨークで見聞した街の匂いやラテン文化に触発された。こうした見知らぬ街の空気や、可愛らしくもどこか寂しい動物たちの鳴き声を詰め込んだ稀代の名盤の本作は誕生した。録音には盟友であるフランク・サンバ、フランク・フェンスターマッハーが参加。

218

Pyrolator		LP
Ausland		
Ata Tak	WR 10	1981

天才エンジニア、ヴェルナー・ランバーツによって生み出されたカスタム・メイドの演奏機材「ブロントロギーク」を引っ提げ、数々のゲスト・ミュージシャンと共に制作された国際色豊かなセカンド・ソロ・アルバム『外国』。収録は20日にも及び最終日にはホルガー・ヒラー、モーリッツ・Rrr、シュタインクリューガーらを迎えての大セッションとなった。また愛くるしいジャケットとはうらはらに歌詞には性的にかなり過激な表現も含まれる。

Pyrolator		LP
Traumland		
Ata Tak	WR 42	1987

サーティーンのメンバーでもあるイェルク・ケンプとスーザン・ブラッキーンを中心に13人ものゲスト・ミュージシャンを迎えて制作されたランド・シリーズ第4弾『夢の国』。デジタル・シンセが多用され英語詞で歌われた国際色豊かなアルバムは、そのままレーベル活動の成熟を反映してのことだろう。ヤー・ヤー・ヤーのサンバとヴィト、日本のピッキー・ピクニックといった参加者も豪華。ちなみにスーザンはピアニスト、ジョアン・ブラッキーンの娘。

Pyrolator		LP	CD
Neuland			
Bureau B	BB84	2011	

ピロレーターのライフワーク、ランド・シリーズは全5部作として企画され、最終作が『ノイランド』(新しい国)であることは'80年代から早々にアナウンスされていた。だが実現されたのは『トラウムランド』以来、実に24年もの歳月を経た2011になってからである。ピュア・エレクトロニクスの初期コンセプトに回帰した本作はタイムレスなセンスと貫禄を知らしめた。また意外にも本作は彼自身のレーベルであるAta Takからのリリースでない。

A. K. Klosowski / Pyrolator		LP
Home-Taping Is Killing Music		
Ata Tak	WR 30	1985

大量のカセットテープを操るミュンヘンのパフォーマー、A.K.クロゾフスキーとピロレーターによる大傑作コラボレーション。モリコーネからマーラー、ベートーベン、ジョン・コルトレーン、スプリームズ、ザ・ストゥージズに民族音楽、そして果ては鉄道の雑音までがアナログ&マニュアルでツギハギされたサウンドにピロレーターのエレクトロニクスが融合。同時代に旬だったダブ・サウンドにも通じる音だが、出自がまったく異なる。

LP

Pyrolator / Sharrock / Samba
Every 2nd

Ata Tak	WR 45	1989

1988年、ソウルオリンピックに向けて企画された総合芸術ディスコ館「クンストディスコ」のために制作された音楽集。担当するのはジャズ・ギタリスト、ソニー・シャーロックの元妻、リンダ・シャーロックとピロレーター、そしてヤー・ヤー・ヤーのドラマー、フランク・サンバの3人。元になるトラックはわずか2日で制作された。ちなみに建築・内装・飲食・映像などを総括したクンストディスコ(2000人収容可)は大盛況だったという。

CD

a certain frank
No End Of No ...

Ata Tak	WR 66	1996

ピロレーターとフランク・フェンスターマッハーのデア・プランの構成要員2/3が新たに「某フランク」なる奇妙な名前のプロジェクトを始動、「寄せ波電子音楽」もしくは「漂流音楽」のコンセプトの下に作られたファースト・アルバム。MS-20、SQ-10、MC202、OB-1、S-750、M1000、56K-HDといった新旧機材を入れ混ぜて作られたアンビエント・ディスコ・チューン11曲をノンストップで収録。また全くデザインの異なる日本盤CDもある。

CD

a certain frank
Nobody ? No !

Ata Tak	WR 71	1998

前作のアンビエントな雰囲気から一転、ギターやサックスまで導入されジャッジィでダイナミックな架空のラウンジ・ミュージックのように世界を広げたア・サートゥン・フランクのセカンド・アルバム。ギターを担当しているのは盟友ウーヴェ・ヤーンケ。装丁も凝っていて真っ白なプラスティック・ケースに曲名からバーコードまで直接刻印され、そこに綿棒を封入。またフォーンヘッドとクライドラーによるリミックス・カットもある。

LP

a certain frank
Nothing

Ata Tak	WR 81	2001

オランダ人ミュージシャン、パスカル・プランティンガをベースに迎え制作されたサード・アルバム。歌物エレクトロニクスといった21世紀版AtaTakの新境地。モーリッツ・Rrrによる装丁も愛くるしい。また本作と関連して4曲入り12インチEPもリリースされたが、うち1曲はCD未収。彼らはこの後も凝った装丁の作品を作り続け、『Wildlife Live』(枯葉と木の枝入りCD、2004)、『Nowhere』(マッチ棒入りCD、2007)もリリースしている。

Die Philanthropen		7"
Heisses Gerät		
Ata Tak	0815-19	1987

シングル1枚しか知られていない「ディー・フィラントローペン」(博愛主義者)
は、コントレロとザ・プレートなる謎の人物ふたり組。AB面とも「ハイセス・
ゲレート」(ホット・デヴァイス)という曲でミックス違い。コーラスでデア・
プランのフランク・フェンスターマッハーが参加し、プロデューサーはピ
ロレーター、発売元もアタタックだったため、デア・プランの変名プロジェ
クトではないかと、まことしやかな噂まで流布していた。

Ja Ja Ja		LP
Ja Ja Ja		
Ata Tak	WR 16	1982

ニューヨーク出身の女性ヴォーカル、ジュリー・ジグソウとフランク・サン
バ、ヴィートン・ヴィトの3人によるヤー・ヤー・ヤー唯一のアルバム。オー
ルドスクール・ヒップホップとクラウトロック、そしてノー・ウェイヴとい
う異種音楽が邂逅した奇跡の名盤。録音エンジニアにはメル・ジェファー
ソンが起用されている。本人によれば、ヨーロッパ初の女性ラッパーはジグ
ソウだとのこと。またベースのヴィトはこの後にグルグルに加入する。

Lost Gringos		12"
Nippon Samba		
Ata Tak	WR 15	1982

エバーハルト・シュタインクリューガーとピート・ジェキルによるデビュー作。
伝説のスタジオ・エンジニア、ヴェルナー・ランバーツの計らいでシュタイ
ンクリューガーの31歳の誕生日に無料開放されたスタジオで録音された
のが本作。ケイコ・ミラーなる女性による日本語サンバ、ペルー風トルコ音
楽などの無国籍ぶりは、彼らの言うところの無政府主義ラテン音楽。彼ら
の多彩・多才さは所属レーベルをよりカラフルにした。

Lost Gringos		LP
Endstation Eldorado		
Ata Tak	WR 19	1983

前作以上に無国籍で奔放になったアルバム。カネとセックスを歌う13歳の
少女たち、レゲエ風ボブ・ディラン、女性哲学者が歌うブレヒト＝ヴァイル、
87歳老人による軍歌……。参加者もゲイ男優、じゅうたん屋に元服役囚な
ど総勢22名ものゲストで繰り広げられる軽妙洒脱な世界音楽見本市。こう
した出自の違った各国の音楽を自由気ままに交配させる術は、世界中を旅
してまわるシュタインクリューガーとジェキルの手腕ならではのもの。

Lost Gringos
Troca Troca

Ata Tak	WR 24	1984

無茶振りともいえる放蕩無国籍音楽集団、ロスト・グリンゴスの4曲入り
12インチにして最終作。これまで同様にラテン・テイストを基調によりロッ
クやポップスの要素を取り入れ、お家芸ともいえるSEがコラージュされ
た架空の望郷音楽ともいえる作品に仕上がっている。なおB1はドクター・
ジョンの1973年曲の替え歌、B2はフレッド・ブスカリオーネのカヴァー。シュ
タインクリューガーはこの後でよりロック色の強いサーティーンを結成する。

Thirteen
Can That Be True?

Ata Tak	WR 40	1987

ロスト・グリンゴス解散直後、シュタインクリューガーは新たに2人のメン
バーを迎え入れ、よりロック色の強いパワフルなサウンドへと転身した
サーティーンを始動。85年にはシングル「Bones To Chrome」でデビュー。
本作は87年に発表された唯一のアルバムで、奔放なる夜のナンバーから一
筋縄でないカヴァー曲など、無国籍×無政府な名曲の数々でつづる作品集。
なおジャケットに「ロスト・グリンゴス」の名が併記されているのはご愛敬。

Minus Delta T
The Bangkok Project

Ata Tak	WR 21/22	1984

カーレル・ドゥデゼックとマイク・ヘンツを中心に結成された国際的総合芸
術集団ミーヌス・デルタT。初期にはロベルト・ゲアルやクリスロー・ハース
も構成員だった。本作は「実践的かつ生身の経験」の名のもと、英国からタ
イのバンコクまで5.5トンもの巨石を数年かけて陸路で運ぶという地球規
模的に非常識な「芸術」を記録した怪盤。なお本作発表後も活動は継続され、
巨石はヒマラヤにまで到達した。聴くのではなく体得するべき1枚。

Minus Delta T
Opera Death

Ata Tak	WR 36-38	1987

ミーヌス・デルタTの第2作は、その名のとおり「死」をテーマにした3枚組。
1枚ずつ異なるコンセプトで制作され、ピロレーター、トム・ドクピル、フ
ランク・ケルゲス(ディー・クルップス)など多数のゲストが参加。バンドの
盟主、カーレル・ドゥデゼック氏の話によると、クレジットはないが1枚は
コニー・プランクがミックスを手掛けたそうだ。現在、ドゥデゼックは中国
の深センに住み、アジアの若い世代の芸術家たちの支援をしている。

v.a.

Klar Und Wahr - Sounds Rettet Deutschland

Das Büro	RP 10 237	1982

「愛は地球を救う」ならぬ『音楽はドイツを救う』と題されたオムニバス・カセット。参加しているのはトーテン・ホーゼン、デア・プラン、ミバウ、パレ・シャンブルク、トミー・シュトゥンプ、ディー・テートリッヒェ・ドーリスなど当時最も熱くて勢いのあった面々の音源ばかり。中にはクサオ・ゼフシェクとジュリー・ジグソウ（ヤー・ヤー・ヤー）のセッションという異色の顔合わせも。妖艶な建物のジャケットはもちろんモーリッツ・Rrr 。

v.a.

Denk Daran!

Überblick	SM 001	1980

デュッセルドルフのパンク〜NW系アーティストによるクリスマス・アルバム。ミッタークスパウゼ周辺のユニットやクサオ・ゼフシェク、クルックス、ZK、デア・プラン、ドン・バートニック、レミンゲなど'80年代初頭の代表的な顔ぶれがずらり。ほとんどの曲はいまだに再収録されていない。なおタイトルは「お忘れなく」というような意味だが、レーベル面は『Denke Dran』とスペルが違う。こちらは南ドイツでの言い回しだとのこと。

v.a.

How Much More Black Can It Be?

Totenkopf	TOT 100	1987

文字すらなく何から何まで真黒な装丁なので、ホワイト・クリスマスとはいかないクリスマス・アルバム。ディー・トーテン・ホーゼンのレーベルからのリリースで、ヴァージン・レコードに配給された。参加しているのは席亭のディー・トーテン・ホーゼン、デア・プラン、ピロレーター、アンディ・トーマ率いるジャン・パーク、S.Y.P.H.の他、日本ではあまり知られていないパンク〜パワーポップ系バンドが多い。全曲とも初登場音源。

v.a.

Sammlung - Elektronische Kassettenmusik, Düsseldorf 1982 - 1989

Bureau B	BB236 / 133991	2017

SAMMLUNG
Elektronische Kassettenmusik,
Düsseldorf 1982–1989

80年代の特徴といえば、誰もが自作の音楽を簡単にカセットで配布できるインディーズ時代が訪れたことがあげられる。テクノ発祥の地であるデュッセルドルフも多分に漏れず、あまたのアマチュア・ミュージシャンが自主製作に勤しんでいた。『蒐集』(Sammlung)と題されたこのサンプラーは、現在では街の顔役となっているトゥ・ロココ・ロットのシュテファン・シュナイダーによるコレクション。彼自身も参加したクライドラーの前身バンドも収録。

Rheinland (other)

ドイツ西部のライン川流域にあるノルトライン＝ヴェストファーレン州には、ケルンやデュッセルドルフといった音楽シーンに欠かせない2大都市だけでなく、1968年にクラウトロックの前史的イベント「ゾンクターク」の開催地となったエッセン、当時の首都ボン、ドルトムント、ハーゲンなどが存在する。これらの近隣都市と、ラインラント＝プファルツ州、ヘッセン州のライン川東岸地域を合わせた「ラインラント」から興味深いミュージシャンを選出した。

	LP
Die Zinnförster	
Das Zauberhafte Land	

WSDP	WSDP 92	2018

かつてクサオ・ゼフシェクをして「ロック不毛の地」と言わしめたドルトムントにおける、稀有な例外「ディー・ツィンフェルスター」。全員10代の学生だったメンバーたちにより1983年に自主製作されたカセット作品だが、後年にLPとしてリリースされた。若さゆえの初期衝動と疾走感にあふれたオブスキュア・ポスト・パンク。メンバーのトム・モルゲンシュテルンは現在、エンジニアとしても活躍し、数々の旧メディアの復刻に辣腕を振るっている。

	LP
DIN-A-4	
Videospiele	

Ariola/Schallmauer	204 779-320	1982

ハーゲン出身の「ディン・A・4」（A4判）は、メジャー寄りのポップ・ロック・バンドで、どうやらメンバー全員はクラシック畑出身のようだ。この『ヴィデオシュピーレ』（ヴィデオ・プレイ）はアリオラとシャルマウアーから共同リリースされた唯一のアルバムで、収録曲「Chauvi」はシングル・カットされた。なお同名のバンドがベルリンにも存在したが、そちらはグドルン・グートが率いた、ディン・A・テストビルトの前身となったバンドである。

	7"
Die Autos	
Niemals!	

Park Platten Records	VidKid0019	1983

ロイドことクラウス＝ペーター・ライデゲルトと、マルティン・キルヒャーで結成された「ディー・アウトス」は、メンヒェングラートバッハ出身の幻のポスト・パンク・バンド。フェティッシュな装丁の200枚限定の自主製作盤だが、この伝説的シングルのほかに彼らのリリースはない。ディー・アウトス休止後、ロイドはディー・フィッシェのメンバーらと「チム・チム・チェリー！」を結成。キルヒャーは古参のパンクバンド「EA80」などに加入した。

	LP
Die Regierung	
Supermüll	
Elfmeter Records	–	1984

エッセンのバンド「ディー・レギールング」は1982年に結成された。本作は
1984年に完全自主製作されたファーストLPで、少しラフでストレートな
ニュー・ウェイヴ・アルバム。次作「ゾー・アライン」は、1990年にツィック
ツァック傘下のスクラッチン・スニフ・レーベルから出され、バンドは都合
4枚を残し1995年に活動を休止した。その後、メンバーのティルマン・ロ
スミーは「ティルマン・ロスミー・カルテット」を率い、商業的成功をおさめた。

	12"
Pension Stammheim	
Pension Stammheim	
5te Gangart	GANG4	1982

当時の西ドイツの首都、ボンを拠点に活動していた「ヘック＆シュレック・
コンボ」を母体に結成された「ペンジオーン・スタムハイム」は、イェルク・
ノン、ゲオーク・D、アルフレート・ヤンタの3人組。本作は自主レーベル「5te
Gangart」からリリースされた彼ら唯一のレコード。エレクトロニクスを
駆使した歌物インダストリアルといった風変わりなスタイルで、パラゴン・
スタジオ時代のコンラッド・シュニッツラーに少しだけ質感が似ている。

	LP
Non Toxique Lost	
Wanton	
Neuer Frühling	–	1986

1982年にゲルト・ノイマン、シュテッフェン・シュッツェらによってマイン
ツで結成された「ノン・トキシーク・ロスト」ほど全貌がつかみづらいバンド
もないだろう。結成以来、自身のレーベルCan-Canから数々のカセット作
品をリリースし、独自のインダストリアルな世界を構築し続けている。こ
れはシュッツェのレーベル、ノイアー・フリューリングから300枚限定でリリー
スされたファーストLP。現在、彼らは活動拠点をベルリンに移している。

	7"
No Aid	
Charlie Wutz	
(self-release)	3231	1980

自主製作7インチ・シングルだけが知られ、長いあいだ正体不明だった「ノー・
エイド」は、のちにノン・トキシーク・ロストを結成するゲルト・ノイマンが
中心となり、ヴィースバーデンのミュージシャンたちとで活動していた短
命のニュー・ウェイヴ・バンドだ。ほかにノイアー・フリューリングからも
カセット・アルバムも自主リリースされていたようだ。作風は異なるが実
質的なノン・トキシーク・ロストの前身と言って差し支えないだろう。

Andreas Dorau

当時まだ中学生だった牧師の息子、アンドレアス・ドーラウは、ホルガー・ヒラーからギターの個人レッスンを受けていた。ドーラウはヒラーから多大な影響を受け、自らも音楽制作に手を染めだす。16歳の夏休みに家族とバイエルン・アルプスに滞在した時に楽曲のアイデアを練り、大ヒット曲「木星から来たフレート」の原形が生まれた。

さまざまな幸運に恵まれ、あれよあれよという間にドーラウは「アイドル」としてスターダムに登りつめるものの、大手ではやりたいことが思うようにできないという不満が募るばかりだった。

結局はアンダーグラウンドなインディ・シーンに舞い戻り、マイペースながらも影響力の強い作品を作り続け今日に至る。

	7"

Andreas Dorau & Die Marinas

Fred Vom Jupiter

Ata Tak	WR 9	1981

学校の課題授業でポップ音楽を作ることになったハンブルク出身の16歳の青年アンドレアス・ドーラウは、クラスメイトのたちと木星からやってきたハンサムな宇宙人の歌を作ることに。録音はハンブルクの大先輩ガイスターファーラーのスタジオで、頭首のマティアス・シュスターがエンジニアを務め、バック・コーラスはドーラウの後輩の11〜14歳の女の子たちが受け持った。課題での評価は「B」程度だったが、この音源を持ってドーラウはデュッセルドルフのAta Takレーベルを訪れる。こうして「木星から来たフレート」はシングル・レコードとして発売され、国民的大ヒット曲へと成り上がる結果、都合2万5千枚ほどのセールスを記録した。

Die Doraus Und Die Marinas

Blumen Und Narzissen

Ata Tak		WR 12	1981

「木星から来たフレート」の大ヒットを受
け、Ata Tak ではアルバム制作の企画が持
ち上がる。女の子のコーラス・グループは
「ディー・マリーナス」そのままだが、楽器
担当は Fähnlein Fieselschweif の面々と
ドーラウで「ディー・ドーラウス」というこ
とに。ヒット曲「木星から来たフレート」を
収録し、以前から作り溜めていた歌の数々
が新録音。ピロレーターとフランク・フェ
ンスターマッハーの共同プロデュースによっ
て完成した本作のタイトルは、『お花とナ
ルシス』。シンプルすぎる構成と甘く気恥
ずかしい若々しさを前面に出したアルバム
は、パンク由来一色だったシーンに大きな
衝撃を与えたティーンエイジ・ポップスの
金字塔。

Die Doraus Und Die Marinas

Die Doraus Und Die Marinas Geben Offenherzige Antworten Auf Brennende Fragen

CBS		CBS 25 273	1983

公式ファンクラブまで設立され「アイドル」
として認知されるようになったドーラウ
は、大手テルデックよりシングル「Kleines
Stubenmädchen」(かわいい小間使い)を発
売するもエロティック過ぎたこともあって
不発に終わる。だが大手レコード会社が彼
を放っておくはずもなく、CBSにてセカン
ド・アルバムが制作されることに。ロスト・
グリンゴス、デア・プランやモーリッツ・フォ
ン・オスヴァルトらのサポートを得て録音
された本作は、ヴァラエティに富んだサウ
ンドに仕上がった。二番煎じを強いるばか
りの商業主義にドーラウは辟易し、原点で
あるアンダーグラウンドへの思いだけが募っ
ていく。

Andreas Dorau

Der Lachende Papst

ZickZack	ZZ 24	1981

ハンブルクの先輩、ホルガー・ヒラーの影響を受け、簡素な機材で自宅録音されたドーラウのデビュー作。不敬にもグレゴリオ聖歌をコラージュした実験トラック「笑う教皇さま」など3曲入り7インチ。当初ドーラウは、さまざまなレーベルから1枚ずつレコードをリリースするつもりだったようで、手始めとして地元ZickZackから発表されたのが本作。だが2枚目以降はデュッセルドルフのAta Takに留まり、看板アーティストになった。

Andreas Dorau

Demokratie

Ata Tak	WR 43	1988

商業的な大きな波にのまれ辛酸をなめたドーラウはすべての音楽から遠ざかり、映像作家になることさえ真剣に検討していたらしいが、結局は音楽の世界へと舞い戻る。デヴィッド・カニンガム（フライング・リザーズ）を介して知り合ったマイケル・ナイマンをアレンジャーに起用し、アルバムの録音に突入する。そしてエレクトロニクスとバロック様式が見事に融合したサード・アルバムは完成し、古巣であるAta Takからリリースされた。

Andreas Dorau

Ärger Mit Der Unsterblichkeit

Ata Tak	WER 53	1992

1988年、偶然にもドーラウはミュンヘンのクラブで全く新しい音楽に遭遇する。それは当時、巷を席巻しつつあったアシッド・ハウスだった。これにひらめいたドーラウは演奏機材、とりわけサンプリング・マシンの目覚ましい発展のおかげで、今までとはまったく異なるアプローチのアルバムを制作する。こうして完成したのが4枚目の作品『不滅との問題』だ。レーベルの存在意義が変化する中、ドーラウは本作をもってAta Takを去る。

Andreas Dorau

Neu!

Motor Music	523 176-2	1994

前作でエレクトロニクス機材のみでのアルバム制作の方向性を確立させ、続いて制作された5枚目はその名も『新！』。リリース元はベルリンのジャーナリスト、ティム・レナーがポリグラム傘下に設立したMortor Musicで、当時はまだ出来たばかりのレーベルだった。本作からはシングル「Stoned Faces Don't Lie」が先行リリースされたが、タイトルもジャケットもゴキゲンな1枚。共同プロデューサーはパレ・シャンブルクのラルフ・ハートヴィッヒ。

	2LP	CD

Andreas Dorau
70 Minuten Musik Ungeklärter Herkunft

ElektroMotor	RTD 302.6904.1 38 V4 / 531 700-2	1997

前作から３年、２枚組LPの大作には『出所不明の素性の70分の音楽』のタイトル通りヴォリュームたっぷりの楽曲を収録。この当時、ドーラウはキッチュフィンガーの名でリミックスを手掛けることもたびたびあり、その活動は当時のクラブ・シーンと綿密にシンクロしたものだった。また前作と本作からはおびただしい数のシングル・カットやリミックスがある。そういえばブルネットだったドーラウの髪が、いつの間にかブロンドに……。

	LP	CD

Andreas Dorau
Ich Bin Der Eine Von Uns Beiden

Mute Tonträger	StummTT5	2005

８年ものブランクの後にミュートから発表された７枚目のアルバムは、ハンブルクの人気女性歌手、アレクサンドラ・プリンスをバック・コーラスに迎え、しっとりとした歌物ポップ・アルバムに仕上がった。いたずらに機材に頼ったような派手な演出がない分、ドーラウの個性の強さが目立つ。ディー・テートリッヒェ・ドーリスのヴォルフガング・ミュラーが歌詞を提供。また収録曲から４曲がそれぞれリミックス・カットされている。

	LP+CD	CD

Andreas Dorau
Todesmelodien

Staatsakt	AKT717LP / AKT717CD-P	2011

小脇に抱えられたのはジョン＆ヨーコの『ダブル・ファンタジー』のLPとサリンジャーの「ライ麦畑でつかまえて」。気恥ずかしいアイテムが指し示す通り、このアルバムはドーラウの出自を総括するかのごとくシリアスな内容となった。『死のメロディ』と物騒なタイトルだが、何のことはないセルフ・カヴァー・アルバムである。ドーラウはすでに47歳。すでに中春後期に差し掛かった永遠の少年が再演するティーンエイジ・ポップス集。

	LP	CD

Andreas Dorau
Aus Der Bibliotheque

Bureau B	BB 152	2014

『デモクラティー』(1988)から久しぶりにバンドを従えての作品となった９枚目のアルバム『図書館から』。ここ数年、ドーラウは時間があれば必ずハンブルク中央図書館で時間を過ごしたことからこのタイトルが付けられたという。本作は、ポピー・クラウトロック、ビートレスク・サンシャイン・ポップなどと称賛された。また30余年に及ぶ音楽生活を総括したベスト盤『Hauptsache Ich』(主なものは私)も同時に発売されている。

Hamburg

ハンブルク

無名時代のザ・ビートルズやモンクスが活動していた北ドイツ最大の都市ハンブルクでは、ごく早い段階からロックが浸透していた。ファウストが出現したあたりからアンダーグラウンド・ロックが台頭し始め、'70年代末になると当時最も新しかった音楽「パンク」のイベントがたびたびおこなわれるようになった。ドイツ各地からバンドが集まることにより、独自のコネクションが形成されていく。こうした好条件が後押しになり、'80年代ドイツ音楽シーンを代表する自主レーベル、ZickZack が設立された。このレーベルには地元ハンブルクだけなく、ドイツ中から強烈な個性のバンドが次々と集まり、レーベルの活動はムーヴメントそのものの活性化を促すことになった。

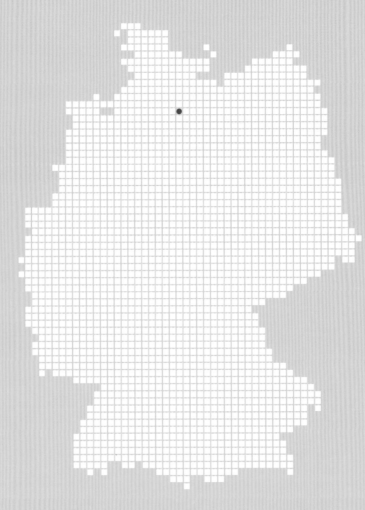

Palais Schaumburg

'70年代末、ホルガー・ヒラーとトマス・フェールマンはハンブルクのアート・スクールで学んでいた。パンクの波を受けて時代が変わっていく中、彼らも音楽活動を開始する。卒業制作で作られた2枚組LP『Das Ist Schönheit』を皮切りに、音楽家ヒンデミットの1930年代の楽曲の再演などを経てパレ・シャンブルクは結成された。バンド名は1976年まで旧西ドイツの首都、ボンにあった初代首相官邸の愛称から取られた。

1981年にはメジャー・デビューを遂げ、その個性的なサウンドはドイツ国内外で高い評価を得た。幾度かメンバーを入れ替えながら都合3枚のアルバムを残しバンドは解散したが、2011年に突如再結成。まさかの来日公演まで実現し、世間を驚かせたのが記憶に新しい。

		LP
Palais Schaumburg		
Palais Schaumburg		
Phonogram	6435 139	1981

ホルガー・ヒラー、トマス・フェールマン、ティモ・ブルンク、ラルフ・ハートヴィッヒの4人によるパレ・シャンブルクのファースト・アルバム。ヒラーの言葉遊びとダダイズムに満ちた歌詞、ブラスやコラージュ、エレクトロニクスが紡ぎ出す'80年代ドイツ前衛ポップス屈指の名作。プロデューサーにはフェールマンがファンだったフライング・リザーズのデヴィッド・カニンガムが起用された。カニンガムならではのエッジの効いた編集は、同時代のドイツには見られない独特のものだった。シングル曲の「Wir bauen eine neue Stadt」は、前年にヒラーとフェールマンによって再構築されたヒンデミットの曲からインスパイアされている。

Palais Schaumburg

Lupa

Phonogram	6435 182	1982

ホルガー・ヒラーが脱退し、代わってヴァルター・ティールシュが作詞とヴォー
カルで参加して制作されたセカンド・アルバム。バンドの根幹である前衛
性はそのままだが、楽曲はよりポップな仕上がりになっている。それは独
創的だった'80年代ドイツの音楽シーンがひと段落し、大手レコード会社
が介入し次なる局面が模索されていた82年の時代性を反映している。バン
ドは翌年、マリンバの美しいシングル「Hockey」もリリースした。

Palais Schaumburg

Das Single Kabinett

ZickZack	ZZ 145	1982

ZickZack に残された 2 枚の 7 インチ・シングル「Rote Lichter」(1980)と
「Telefon」(1981)の 4 曲とオムニバス『Lieber Zuviel Als Zuwenig』収録曲、
そして「Kindre Der Tod」の未発表ヴァージョン(80年録音のデモらしい)を
収録した12インチ EP。初期の試行錯誤感がありながらも彼ららしい個性に
あふれた実験ポップス。このレコードは屈指の入手困難アイテムであったが、
2012年にファースト・アルバムが2枚組で再発された際に全曲収録された。

Palais Schaumburg

Parlez-Vous Schaumburg ?

Phonogram	822 415-1 / 822 415-2	1984

トマス・フェールマン、ラルフ・ハートヴィッヒそしてモーリッツ・フォン・
オスヴァルトの 3 人でのラインナップで制作されたサード・アルバムにし
て最終作。これまでの実験性は影をひそめ、歌詞も英語で歌われているこ
ともあって、あたかもデペッシュ・モードのような英国風の軽快なシンセ・ポッ
プ作品として仕上がった。それもそのはず、プロデュースを手掛けている
のはUKの重鎮ガレス・ジョーンズ。

Peter Gordon & Thomas Fehlmann

Westmusik

ZickZack	ZZ 111	1982

ジャコ・パストリアス・ビッグ・バンドなど数々のプロジェクトに参加した
マルチ・プレイヤー、ピーター・ゴードンとパレ・シャンブルクのトマス・フェー
ルマンという異色のコラボレーション。作品コンセプトは、フェールマン
が北ドイツに旅行した時に観光客がドイツ国歌を歌いだし、その嫌悪感か
ら生まれた無国籍国歌というアイデアが元になっている。レコードは「ヴェ
ストムジーク」という架空の映画のサントラという設定。

232

Holger Hiller

1956年にハンブルクで生まれたホルガー・ヒラーは少年時代からギターやピアノを習い、10代で
アンディ・ウォーホルとヴェルヴェット・アンダーグラウンド大きな衝撃を受けた。20歳頃にリリー・
フリーでマンという女性音楽教師に師事する。彼女は新古典主義音楽家パウル・ヒンデミットの
門下生の1人であった。

パンクの波がドイツにも押し寄せ、ヒラーはクラスメイトであったトマス・フェールマンらとパレ・シャ
ンブルクを結成し、自らもシーンで活動するようになる。クラシックの教育をきちんと受けたヒラー
の楽曲はどれも独創的かつ欧州的で、伝統的なミュジーク・コンクレートの手法をポップなものへ
と還元させる。ヨーロッパに連綿と根付いた精神を表現するのがコンセプトであり、同時代の他
のバンドの姿勢とは一線を画す。

'80年代末には英国で活動していた彼も近年はドイツに帰国し、パレ・シャンブルクを再結成する
など活動を再活発化させている。

		LP
Holger Hiller		
Ein Bündel Fäulnis In Der Grube		
Ata Tak	WR 20	1983

パレ・シャンブルクを脱退後 Ata Tak から
リリースされたファースト・ソロ・アルバム。
エミューレーターを大胆に使いクラシッ
クからポップス、ロック、伝承歌までが縦
横無尽にサンプリング・モンタージュされ、
1920年代表現主義やダダイズムから果て
は未来派まで20世紀芸術のエレメントを
凝縮した大傑作に仕上がった。本人よれば
バンド活動では成しえなかった表現やコン
セプトを初めて前面に打ち出すことができ
た作品だという。「ジョニー」はシングル・
カットされ、当時はディスコ・ヒットまで
した。本作は『腐敗のルツボ』と題されて日
本盤LPも出されたが、ジャケットはアン
トン・コービン撮影のポートレイトに変更
されている。

233   **NDW**   **Hamburg**

v.a.

Das Ist Schönheit

Art Records	1073	1980

コンラッド・シュニッツラーによって編纂されたハンブルク・アート・スクールのオムニバス２枚組LP。当時学生だったホルガー・ヒラー、トマス・フェールマンなどパレ・シャンブルク周辺人脈の面々が参加。学生らしい荒削りなエレクトロ作品集で、これまでに一切再発されていない。またジャケットは手書きのため個々に異なる。なおホルガーにシュニッツラーのことを尋ねたら「カセットをぶら下げた坊主頭の人」と答えてくれた。

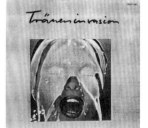

Holger Hiller / Thomas Fehlmann

Wir Bauen Eine Stadt

Ata Tak	WC 1	1981

「画家マティス」などで知られるドイツ新即物主義の音楽家パウル・ヒンデミットが、R. ザイツの児童劇「街をつくろう」のために制作した1930年の楽曲を、ヒラーとフェールマンの２人が忠実に再現。違いはオーケストラがシンセに置き換わっている程度だろう。言うまでもなくこれが後のパレ・シャンブルクのコンセプトへとつながる。オリジナルはカセットだが、21世紀になってからフェリックス・クビンのGagarin Recordsから再発された。

Träneninvasion

Träneninvasion

Welt-Rekord	WER 4	1980

ホルガー・ヒラーのエレクトロニクスにミヒャエル・ケムナー(D.A.F.)のベース、ドラムはたまたまスタジオに居合わせたウリ・プッチュ(S.Y.P.H.)が駆り出され、フェールファーベンによってプロデュースされた７インチ・シングル。B面にはAta Takから出されたヒラーの7インチにも収録された「Herzmuskel」の別テイク。残念ながらこれ１枚でプロジェクトは終了してしまったが、1980年当時のミュージシャンたちの自由で活発な交流の貴重な記録。

Holger Hiller

Ich Kann Nicht Mehr Warten

Art Attack (Ata Tak)	WR 004	1980

ヴァルター・ティールシュとザ・ウィッチ・トライアルズのクリスチャン・ランチのサポートで制作されたホルガー・ヒラーの５曲入り７インチEP。初期パレ・シャンブルクにも通じるアイロニカルな歌詞の実験シンセポップ。B面の「Herzmuskel」はパレ・シャンブルクのライヴでも演奏されているヒラーの初期代表曲。ジャケットのデザインはデア・プランのフランク・フェンスターマッハー。また瑣末なことだがジャケットは２種類存在する。

Walter Thielsch / Holger Hiller

Konzentration Der Kräfte

(self-release)	RP 17 117	1981

ヒラーとティールシュによる自主リリース作品。Ata Tak の 7 インチをさら
にルーズにしたような 4 曲収録。この作品名は彼らのユニット名でもあった
ようで、この名称でのライヴ活動も確認されている。さてティールシュはミュー
ジシャンでありグラフィック・デザイナーでもある人物。ソロ名義ではクラ
ウス・ヴュボルニー監督映画のサントラ「Am Arsch Der Welt」をシングルで
発表したことが知られている。2011年に惜しくも60歳の若さで亡くなった。

12"

Holger Hiller / Walter Thielsch

Ha't Vo'i Que Huong

ZickZack	ZZ 125	1982

ホルガー・ヒラーとヴァルター・ティールシュによる企画もの。ドライなド
ラムと実験的すぎるエレクトロニクス、そこに不似合いなアジア系女性の
歌声が混然一体となった怪盤。伝聞によれば当時ヒラー宅の近所に住んで
いたベトナム人姉妹がヴォーカルに抜擢され、歌われているのは「故郷に
歌う」という有名なベトナム民謡だとのこと。本作のずば抜けた異様さは、
年月を経た今日でも銀色の装丁とともに色褪せることはない。

LP

Holger Hiller

Oben Im Eck

Mute	STUMM 38 U.K.	1986

活動の場を英国に移し制作されたセカンド・アルバム。コンテンポラリー
な雰囲気漂うオーケストレーションのサンプリングで構成され、どことな
くエドガー・ヴァレーズの影が見え隠れする。ビリー・マッケンジー（アソ
シエイツ）、日本からは小林泉美、かの香織らが参加。なお本作の別ヴァー
ジョン LP『Hyperprism』が先駆けて日本のみで発売されたが、本作とは数
曲が別ミックス。とりわけ A1 はインスト・ヴァージョンなので違いが大きい。

LP	CD

Holger Hiller

As Is

Mute	STUMM 60 / CD STUMM 60 U.K.	1991

前作から 5 年後にリリースされたサード・ソロ・アルバム。どこかで聴き覚
えのある曲の断片の数々がサンプリング＆コラージュされ、そこにシニカ
ルなヴォーカルがからむヒラーらしい実験ポップス。LP と CD が同時に発
売されたが、CD にはブックレットの代わりに透明シートが添付、LP は透
明スリーヴにクリア・ビニルというファウストを彷彿とさせる装丁。日本
国内盤 CD も出ていたが普通の紙製ブックレットだった。

Holger Hiller
Demixed

| Mute | STUMM 102 / CD STUMM 102 U.K. | 1992 |

4枚目のソロ・アルバムだが新曲はわずか1曲のみで、他はすべて既存曲の
リミックス、否、＜デミックス＞。手掛けるのはボーダー・クロッシングの
アレックス・アンゴールやキッチュフィンガー名義のアンドレアス・ドーラ
ウなど。各曲ともきちんと原曲の原形をとどめている分、現在の感覚で聴
いても古さは感じない。本作発表の直後にまき起きる拡大解釈リミックス
の魔手から逃れた好例。やはり作品改変に重要なのは普遍性に他ならない。

Holger Hiller
Little Present

| Mute | CD STUMM 108 U.K. | 1995 |

ヒラーは小林泉美との間に一男を設けたが「家庭の事情」で離ればなれに
なっていた。その父子の日本での再会をつづったアルバム。のっけから息
子の歌う童謡に始まり、テレビCMのコラージュ、街の雑踏のフィールド・
レコーディングなど滞在期間中の日常が切り張りされた異色作品。ある意
味、究極の親バカともいえる絆が垣間見られる。そんな息子、小林健太郎も
現在は英国に在住しトラッド系のミュージシャンとして活躍しているもよう。

| | | 12" | CDV |

Ohi Ho Bang Bang
The Three

| Mute | 12 MUTE 72 / CDV MUTE 72 U.K. | 1989 |

レネゲイド・サウンドウェイヴのカール・ボニーとホルガー・ヒラー、羽田
明子によるユニット唯一のリリースで、3曲入り12インチEP。冒頭からス
ウィートの「ロックンロールに恋狂い」の一節やゲイリー・グリッターのリ
ズム・パターンのサンプリングが飛び出す、インダストリアル調のヒップホッ
プ。CDにはベルリン在住の映像作家でもある羽田明子によるPVも収録さ
れているが、旧規格のため残念ながら現行の機材では再生不可能。

| | | CD |

Holger Hiller
Holger Hiller

| Mute | CD STUMM 109 U.K. | 2000 |

オリジナル・アルバムでいえば『As Is』から9年ものブランクの後に発表さ
れたアルバムで現在のところ最新作。当時ミュートのプロデューサーとし
て活躍していたヒラーだけあって、さまざまなミュージシャンの作品を渡
り歩いた貫禄のあるアレンジが施されているが、基調となるのはお得意のオー
ケストレーションとサウンド・コラージュ。この後ヒラーはベルリンに移り
若手ミュージシャンとの共作を経てパレ・シャンブルクを再結成させる。

236

Fähnlein Fieselschweif
Pluto Grüßt Unsere Perser

		7"
Luna Park	66.10227	1981

アニメ、ドナルドダックの3人の甥が所属する「ジュニアウッドチャックス」の独語版「フェーンライン・フィーゼルシュヴァイフ」(日本では「冒険少年探偵団」)の名を冠したこのバンドはディー・ドーラウスの母体になった存在だ。本作はホルガー・ヒラーのプロデュースによるファースト7インチでアイデアー発勝負のような勢い優先のDIY精神にあふれた1枚。彼らは1983年に12インチ「Böser Kleiner Ritter」もリリースしている。

Andreas Dorau & Holger Hiller
Guten Morgen Hose

		12"
Ata Tak	WR 28	1984

「現代表現主義大全」なる権威ある書籍を適当に開き、目に付いた記述をヒラーと後輩ドーラウが即興で演じた不条理歌劇。人妻ルーシーを巡って父親(ドーラウ)、じゅうたん、ももひき(ヒラー)が争うという筋書。歌手をスカウトしに行った大学で偶然出会った守衛と女性清掃員が演者に抜擢された。関係者によれば作品の解釈には高度な知識が求められる部類の音楽とのこと。オランダでも7インチで発売された他、映像化もされている。

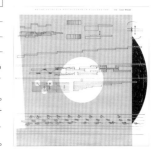

Claus Böhmler
Materialien Zur Postmoderne In Bild Und Ton

		12"
Edition Block	EB 120	1986

クラウス・ベームラーは1939年生まれ、ハンブルクを拠点に活動を続ける芸術家。本作は老舗レーベル、エディション・ブロックから発売された12インチ・シングル。A面には1982年、B面には1984年のパフォーマンスを収録。楽器や日用品の音がサウンド・コラージュされた非再現性が重視されたサウンド・アートで、ホルガー・ヒラーがエンジニアとして参加。クレジットはないが、音から判断してヒラーはギターなどの演奏もしていると思われる。

Claus Böhmler
Live At The Lightbulb

		CD
? Records	13	2003

クラウス・ベームラーの1981年の公開パフォーマンス(インスタレーション?)を収録したCD。ひたすらラジオを「演奏」したサウンド・アート作品。ラジオからは次々と流行歌やクラシックが垂れ流しにされ、しまいにはなぜかエストロ430の曲がそのままバックで流されたりしている。なお収録当日はホルガー・ヒラー&ヴァルター・ティールシュのコンツェントラティオン・デア・クレフテとの共演だった模様。本作は400枚限定でのリリース。

ZickZack

音楽誌「Sounds」のジャーナリストだったアルフレート・ヒルスベルクによってハンブルクで設立されたレーベルZickZack（ツィックツァック）は、'80年代以降のドイツの音楽の方向性を決めてしまった。レーベルにはE.ノイバウテンを筆頭にパレ・シャンブルク、ディー・クルップス、アンドレアス・ドーラウといった著名なミュージシャンが名を連ねるだけでなく、無名ながらも個性的でアイデアに満ちたあまたの若きミュージシャンたちが所属していた。まさしくシーンの縮図のごとき多様性と独創性、自由度を兼ね備えた稀有な存在であった。

だが華々しい活動とはうらはらに運営面ではかなりの苦労もあったようで、所属バンドは次々とレーベルを離れて行き、奇しくもそれをきっかけにメジャー移籍したアーティストも少なくない。ZickZackの活動は1984年以降、関連レーベルのWhat's So Funny Aboutに統合されたが、21世紀になってから再活発化し、新人のみならず旧知のバンドの新譜などを手掛け今日に至る。

		LP
v.a.		
Lieber Zuviel Als Zuwenig		
ZickZack	ZZ 45	1981

「ツィックツァック81年夏のヒット」と副題の付けられた同レーベル黄金期のコンピレーション『過少よりも過剰』。コスモナウテントラウム、ディー・テートリッヒェ・ドーリス、アプヴェルツ、ザール2、パレ・シャンブルク、E.ノイバウテン、アンドレアス・ドーラウ、ディー・ツィマーメナー、ヴィルトシャフツヴンダーといったレーベルの花形18アーティストが参加。そのうえ全ての曲がこのアルバムのために用意された音源という絢爛豪華さであり、シーンが頂点にあった1981年の暑さと濃密さが集約された大名盤。初回流通分にはクサオ・ゼフシェクのニセDJシングル「Happy New Wave」が付属。

238

		7"
Front		
Georg		
ZickZack	ZZ 34	1981

フロントはわずか2枚の7インチとオムニバス参加曲のみが知られる短命のバンド。正式なクレジットはないがパレ・シャンブルクのドラマー、ラルフ・ハートヴィッヒと、ベース・プレイヤー、ユルゲン・ケラーを中心に結成されている。前年に発表された7インチ・シングル「Alternative」では普通のバンド編成の音構成だったが、本作ではいきなりミニマル・シンセのハード・エレクトロニクスへと変貌。ちなみにハートヴィッヒは当時まだ10代だった。

		12"
Bergtraum		
Almenrausch		
ZickZack	ZZ 135	1982

パレ・シャンブルクのラルフ・ハートヴィッヒと、ミヒャエル・ヤーリックによるベルクトラウム唯一のリリース。ヤーリックはツィッギー・XY名義でデア・モダーネ・マンへの参加や、コスモナウテントラウムを率いた人物として知られる。オーヴァーグラウンドへの進出を目論んだとおぼしきニューウェイヴ・ポップ作品。ヤーリックのヴォーカルは個性が強すぎ、どの曲もコスモナウテントラウムに聞こえてしまうのが面白い。

		LP
Kosmonautentraum		
Juri Gagarin		
ZickZack	ZZ 100	1982

ツィッギー・XY、エッカート・クルツを中心にカイ・メイ、ジュスキンドによってハノーファーで結成されたコスモナウテントラウムは自主7インチを発表後ZickZackに移籍、セカンド7インチ「Rache!」に続いてのファースト・アルバムが本作。ジャケットを飾るのは世界初の宇宙飛行士、ユーリ・ガガーリン。焦燥感をあおるエレクトロニクスと狂気、たまにピアノ曲で弛緩する'80年代ドイツ屈指の傑作アルバム。初回盤にはコミックが付属。

		LP
Kosmonautentraum		
Tagediebe		
ZickZack	ZZ 200	1983

ドラムをクルツからイェルク・アイニッケにチェンジして制作されたセカンドLP『その日暮らし』。音数はずいぶん減ったものの、社会に突き付けたブラック・ユーモアは健在で、所属レーベルの以降の方向性を象徴するタイトルだ。初回盤は黄色、再発盤は赤色のカラー・レコード仕様。同年、コスモナウテントラウムは同じラインナップで5曲入り12インチ「リヴォルノ1956」をリリースし、徐々にアブストラクト路線に軌道変更していく。

Kosmonautentraum
Angst ist mein König

ZickZack		ZZ 220	1985

ツィッギー・ＸＹの一存でメンバー全員がクビになり、「ディー・イッヒス」からホーペック・クイリンとヨッヘン・アルバイトのふたりをスカウトして制作された『不安はわが王なりき』は、ツィックツァックでの最終作となった。これまで以上にツィッギー・ＸＹの言葉に重きが置かれているが、変拍子や東洋音階など実験要素も大きい。新メンバーのヨッヘン・アルバイトは、のちにアインシュトゥルツェンデ・ノイバウテンに加入する。

Kosmonautentraum
Magdalena

Ulan Bator		UB-MS 689	1986

ツィックツァックを離れ、レーベルを「ウランバートル」に移して製作された「マグダレナ」は、ドラムにイェルク・エッカートが戻り、新たにレナルト・シュミットハルスを迎えて製作された。環境音と残響音で空間が演出されたアブストラクト作品で、B面曲はアンビエント風だが妙に殺伐とした雰囲気が漂う。彼らは翌年にクリスマス・シングルを発表後に活動を完全に休止した。アンディ・ジョルビーノの加入が検討された直後のことだった。

Ti-Tho
Traumtänzer

ZickZack		ZZ 42	1982

当時16歳だったクリスティーナ・カルカグノと、26歳のトマス・シュテラーによる男女デュオ「ティ・トー」は、「トラウムテンツァー」（夢みるダンサー）でデビュー。いたいけな少女の声とシンセが融合したシニカルなニュー・ウェイヴ作品。彼らは翌年に大手レーベルのテレフンケンに移籍しシングル「エレファンテンイェーガー」を発表後にポリドールに移籍、さらに２枚のシングルを残したが、活動中にアルバムを残すことなく解散した。

Detlef Diederichsen
Volkskunst Aus Dem Knabengebirge

Konkurrenz Schallplatten		KON 14	1982

イェンス・クラフト（ザール２）らとの学生時代のバンド「ドイズ・バンド」を経て、ディー・ツィマーメナーの創設者となるデトレフ・ディーデリッヒゼンのソロ・アルバム『少年山脈の民芸品』。穏やかで少し気恥しい青春エレクトロ・ポップで、プロデューサーはパレ・シャンブルクのトマス・フェールマン。伝聞によると、ディーデリッヒゼン自身がこのアルバムに思うところがあって、各店頭から私費で回収していた時期があったという。

Ede + Die Zimmermänner

Eva, Jürgen + Max

| ZickZack | ZZ 7 | 1980 |

大工、つまり「カーペンター」(ツィマーマン)を意味するディー・ツィマーメナーはデトレフ・ディーデリッヒゼンとパレ・シャンブルクのメンバーでもあるティモ・ブルンクを中心にハンブルクで結成された。本作はティモの妹であるエデことリカ・ブルンクとの連名でリリースされたファースト7インチでレゲエやスカ風にアレンジした明るいポップス(全曲アルバム未収)。また本作に限りメンバーの名字がツィマーマンに統一されている。

LP

Die Zimmermänner

1001 Wege Sex Zu Machen Ohne Daran Spaß Zu Haben

| ZickZack | ZZ 1001 | 1982 |

前作「Ein Halbes Jahr」(7インチ、1981)から名義がディー・ツィマーメナーと簡略化され、翌年にリリースされた『楽しみなくセックスをする1001の方法』と題されたファースト・アルバム。彼らのサウンドはきわめてシンプルで透明感にあふれたポップス。この作品の後、「Erwin, Das Tanzende Messer」と「Zurück In Der Zirkulation」の2枚の12インチを発表した彼らはZickZackを離れ、英国チェリー・レッドからシングル「Anja」を発表する。

LP

Die Zimmermänner

Goethe

| Ata Tak | WR 25 | 1984 |

経営悪化のZickZackを離れたディー・ツィマーメナー。だが旧知の仲であったデュッセルドルフのAta Takからセカンド・アルバム制作の話が持ち上がる。そしてメル・ジェファーソンのエンジニアリングによって誕生したのが本作『ゲーテ』。ラテン・リズムやファンク、AORなどのさまざまな新機軸が導入された甘く切ないポップ・アルバム。本作で彼らは活動を休止するが、2007年に突如再結成し『Fortpflanzungssupermarkt』を発表する。

12"

The Flying Klassenfeind

The Flying Klassenfeind

| Line Records | LMMS 3026 | 1982 |

フライング・ブリトー・ブラザーズの調子外れなカヴァーから幕を開ける本作のバンド名はフライング・クラッセンファイント。その正体はデトレフ・ディーデリッヒゼン(ディー・ツィマーメナー)とその兄のディーデリッヒ、マルクス・エーレン(ミッタークスパウゼ)、ミヒャエル・ルフ(ガイスターファーラー)の単発ユニット。プロデューサーはクンニリングス・ツインズなる謎の人物。A2「毛皮のビーナス」の狂い方がスゴイ。

Andy Giorbino

Lied An Die Freude

ZickZack		ZZ 95	1981

ハンブルク生まれのミュージシャン、アンディ・ジョルビーノ。前年のデビュー7インチ「Kredit」に引き続きZickZackからリリースされたファースト・ソロ・アルバムでA.L.L.のエルドラドが参加。同年のカセット作品のような実験性よりもトイピアノやチープなリズムマシンを配したコミカルな作品。いわばZickZackレーベルが混沌と輝きに最も満ちていた時期の作品のひとつ。ちなみにベートーベンの第九「歓喜の歌」の原題が「An die Freude」。

Andy Giorbino

Anmut Und Würde

ZickZack		ZZ 175	1983

ホルガー・ヒラー、レーダーナッケンをゲストに迎えトム・ドクピルのプロデュースで制作されたセカンド・ソロLP『優美と尊厳』。前作以上にシンセ・ポップ路線で収録曲も「子供の世界」や「若き反逆者」といったジュヴナイル・テイストにあふれた名盤。1981年に出された7インチ曲「Stolpern」(つまづき)の新録ヴァージョンも収録されている。さて彼の次回ソロ作は1989年の『The Art Of Letting Go』まで待たねばならない。

Giorbino / Eldorado

Ivanhoe!

ZickZack		ZZ 90	1982

後にガイスターファーラーに合流するハンブルクの重鎮、アンディ・ジョルビーノとアウス・ラウター・リーベのイェキ・エルドラドとニキ・エルドラドの3人による単発企画で、リミックスを手掛けるのはメル・ジェファーソン。両アーティストとも個性の強い作品を残しているが、合作すると意外にもオーソドックスなバンド・サウンドに。ちなみにニキ・エルドラドはA.L.L.の他にシュプルング・アウス・デン・ヴォルケンにも参加したドラマー。

Aus Lauter Liebe

Ein Herz Und Eine Krone

ZickZack		ZZ 16	1980

アウス・ラウター・リーベ(真実の愛ゆえに)はエルドラドことイェキ・ヒルディッシュを中心に活動していた短命ユニットで、本作「心と栄冠」と翌年の「Pingelig」(こだわり屋)の7インチ2枚とオムニバス参加曲の5曲が全作品。まるでオールディーズのようなメロディラインを超ローファイの録音環境で制作したような独自のサウンド。実はエルドラドは根っからのパンクの人で、ライヴ中のイギー・ポップに抱きついた前科がある。

Geisterfahrer
Schatten Voraus

Konkurrenz / Phonogram	KON 1	1980

ZickZackの1番目としてシングル・デビューしたガイスターファーラー。
マティアス・シュスター、ミヒャエル・ルフ、ユルゲン・ワイス、ハンス・ケラー
の4人編成でフォノグラム傘下のコンクレンツ・レーベルの第一弾として
リリースされたファースト・アルバム。陰鬱なゴシック・テイストな曲から
シュスターのソロ・ワークそのままの曲まで10曲収録。ちなみにバンド名
は高速道路を逆走する暴走自動車のことで、彼らのロゴはこれから。

Geisterfahrer
Fest Der Vielen Sinn

Konkurrenz / Phonogram	KON 10	1981

現在のドイツの音楽シーンにおいて「ダーク・ウェイブ」という音楽ジャン
ルは人気があり、その源流のひとつにガイスターファーラーがあると位置
付けられている。これはセカンド・アルバムで、前作『Schatten Voraus』よ
りもはるかにストレートなスリーピース・バンドとしてのサウンドを確立
している。このアルバムには当時ヨーロッパを放浪していたメイヨ・トン
プソン(レッド・クレイオラ)が参加。

Geisterfahrer
Topal

Konkurrenz / Phonogram	KON 15	1983

ミヒャエル・ルフが抜け代わりにエルダム・ギュンゲレケックが加入して制
作されたサード・アルバム。Konkurrenzレーベルからのリリースは本作が最後。
スリーピース・スタイルのバンド・サウンドでの演奏でエレクトロニクスは控
えめ。A4は82年のストックホルムでのライヴ音源、A5はどう考えてもアモン・
デュールへのオマージュ。この後バンドはアンディ・ジョルビーノらが加入し、
What's So Funny Aboutなどから4枚のアルバムを残し、活動を休止する。

Geisterfahrer
Himmel Und Hölle

Dom Elchklang	DOM EK 024	2006

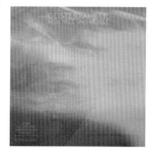

ドイツのノイズ系レーベル、DOMから100枚限定で発表されたミニCD。
1994〜95年録音なので、最後のフル・アルバム『The G-Far-I』以降の音源。
メンバーはシュスターとワイスの主要メンバー2人に1曲のみサポートメンバー
が加入。サウンドはシュスターお得意のゴシック・テイストなシンセ・サウン
ドで全曲インストの8曲入り。これまでのバンド形態の作風とは大きく異なる。
ほぼ同時期にガイスターファーラーのトリビュート・アルバムまで出ている。

Geisterfahrer
Fi$ch Gott

What's So Funny About..	SF 33	1986

前作から3年、ツィックツァックの後継レーベル「ワッツ・ソー・ファニー・アバウト」に移籍してリリースされた4枚目アルバム。初期のような実験的で内省的な重苦しさよりも、アップテンポなインディ・ロックとして仕上がっている。偶然に観た彼らのライヴ映像を気に入ったアンディ・ジョルビーノが、本作からメンバーとして加入。この布陣で同レーベルからは88年に『シュタイン&バイン』、89年には『G・ファー・Ⅰ』も出されている。

	7"

Im Namen Des Volkes
Ich War Da, Leergebrannt

Konnekschen	Kon S 2	1980

「民衆を代表して」という仰々しい名のユニットだが、マティアス・シュスターの個人プロジェクト。陰鬱なミニマル・シンセの3曲入りで、B面はエンドレス・カッティング。『Atemlos』がCD化された際に本作の全3曲がボーナス扱いで追加収録されたが、残念ながらアナログ盤起こしで音質はイマイチ。また本7インチが唯一のリリースであったが、2007年になって79〜82年の未発表音源を編纂したフル・アルバム『Volksmusik』もリリースされている。

	LP

Matthias Schuster
Atemlos

Konkurrenz / Phonogram	KON 8	1981

'80年代以降のハンブルク音楽シーンにおいてマティアス・シュスターの存在を忘れてはならない。ガイスターファーラーのリーダーである彼はマルチ・プレイヤーとしてあまたの作品に参加するだけでなくプロデューサーとしても手腕をふるい、アンドレアス・ドーラウの大ヒット作「Fred Vom Jupiter」なども手掛けた。これは内省的なシンセの使い方が特徴的なファースト・ソロ・アルバム。彼のサウンドこそがハンブルクのシーンを体現している。

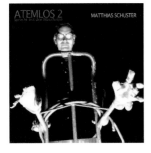

	CD

Matthias Schuster
Atemlos 2 - Sprecht Mit Den Maschinen

Plastic Frog Records	PFR 011	2006

1983〜84年にレコーディングされ、前作ソロ『アテムロス』の続編として1986年にリリースが予定されながら未発に終わったセカンド・ソロ『機械との対話』の音源に、1987〜88年録音のトラックを追加収録し、21世紀になってCD化されたのが本作。アナログ機材の限界に挑戦したかのような実験色豊かなアルバム。機材のコレクターで研究家でもあるシュスターらしく、クレジットに列記されたシンセサイザーの名がずらりと並ぶ使用機材一覧は圧巻。

		12″

Die Schönsten

Linientreu

Konkurrenz Schallplatten	KON 2	1981

ユルゲン・ヴァイスとソングライターのミヒャエル・ルフの、ガイスターファーラーの2人によるワンオフ・ユニット「ディー・シェーンステン」(「美しい」の最上級)による「リニエントライ」(忠実なルート)。これはもともとガイスターファーラーの曲として初期ライヴでも演奏され、あきらかに地続きの音世界だ。ジャケットに描かれた巨大なガーゴイルを前に生贄になることにあらがう人びとや、反逆的な曲名など、意味深な作品といえる。

		LP

Die Kapazität

Leichte Stimmen

Konkurrenz Schallplatten	KON 13	1982

アンドレアス・ドーラウの「ディー・ドーラウス」のメンバーだったクリストフ・ヴィルーマイトと、シュテファン・ブラウン、ヴォルフガング・マルクスの3人による「ディー・カパツィテート」のファースト・アルバム『軽やかな歌声』。米国人ミュージシャン、クリス・ランチのプロデュースらしく、シンセとエフェクトを多用したエレクトロ・パンク作品。彼らは前年にデビュー作の5曲入り12インチ「ビュンディヒ」(洗浄)も発表している。

		LP

Exkurs

Fakten Sind Terror

Konkurrenz Schallplatten	KON 7	1981

ピエランゲロ・マゼットを中心にハンブルクで1979年に結成された「エクスクルス」は、エレクトロニクスを大胆に取り入れた3人組で、一部で「EDMの始祖」と呼ばれることもあるようだ。本作はガイスターファーラーが拠点にしていたコンクレンツ・レーベルからリリースされた唯一のアルバム『事実は恐怖なり』。2004年にはミニマル・エレクトロ専門レーベルNLWから大量の未発曲追加でCD再発もされた。エクスクルスは現在でも活動を続けている。

		7″

Der Favorit

Mea Culpa

Unser Angebot	UNAN 002	1981

E.ノイバウテンのマーク・チャン、アプヴェルツのアクセル・ディルと写真家のボド・ドレッツケの3人による単発ユニットで、ローマ法王の説法がコラージュされた実験作品。「メア・クルパ」とはラテン語で「不徳の致すところ」のような意味とのこと。発売元の「ウンザー・アンゲボート」(われらの提案)は、大手レコード会社に勤務していたペーター・カデラが設立したレーベルだが「レックス・ディルド」と本作の2枚のみで休止した。

Saal 2
Weil Das System Nicht Funktioniert!

Vinyl-On-Demand	VOD 21	2005

1980年にZickZackから「Angst Vorm Tanzen」でデビューした3人組ザール2。ドタバタとしたドラムとギターにリズムボックス、そしてチープなシンセという'80年代DIYテイストの彼らだが、いつの間にかメンバーが減り、次のシングルではザール3と名前がヴァージョン・アップ。さらにザール4になり、ザール5名義でアルバムの企画が持ち上がった時点でバンドはいったん解散してしまう。これは後年に発売されたザール2時代の全音源と未発表曲を補完したLP。

Saal 2
Auf Der Suche Nach Dem Glück

Moll Tonträger	Moll 5	1994

活動休止からおよそ10年、イェンス・クラフトとゴーデケ・イルゼはふたたびバンドを始める。名前ばかりがいたずらに膨張していた彼らだが、バンド名は原点回帰でザール2に。ディー・ツィマーメナーのデトレフ・ディーデリッヒゼンのプロデュース＆全面協力で完成したのが本作。リメイクされたザール3、4時代の名曲で幕を開け、どこかシャイで愁いを帯びた楽曲は健在。さらにオマケでザール5時代のライヴ音源まで追加されている。

Rex Dildo
Du Bist So Nett Zu Mir

Unser Angebot	UNAN 001	1981

日本でいえば北島三郎級の大物歌手、レックス・ギルド。その名を下品に魔改造した張本人はザール2の片割れ、イェンス・クラフトその人。レックス・ディルドはクラフトの個人ユニットで1981年に発表された7インチ・シングルが唯一のリリース。サウンドの質感だけでなく「君はステキすぎる」なんて気恥ずかしいタイトルも、まさしくザール2の世界そのもの。また初回流通分にのみ、その名にちなんだチン子ステッカーが付属していた。

v.a.
Wunder Gibt Es Immer Wieder

ZickZack	ZZ 190	1983

『不思議は繰り返す』と題された中期ZickZackコンピ。前回のコンピは全曲オリジナル音源だったが、今回は既存音源が多く全13バンド中オリジナル曲提供はディー・ラディーラー、ザール4、ティ・トーのほかZickZackに在籍していない数バンド程度。だが参加アーティストはどれも個性的で、時代の第2ラウンドの幕開けにはふさわしい。初回盤には英国進出を遂げたディー・ツィマーメナーの片面シングルが付属。プロモ盤とはいえ粋な「はなむけ」。

LP+7"

v.a.

Geräusche Für Die 80er

ZickZack	ZZ 3	1980

『'80年代の騒音』は1979年12月29日に行われたイベントのライヴ音源が収録されたオムニバス。参加アーティストはアプヴェルツ、サリノス、レイザーズ、リーベスギーア(ブッツマン、グート、ケスナーのバンド)とコロナーズ。すべてパンク系のバンドでこのアルバムでしか名前の確認できない存在まであるが、新しい時代への期待と予兆が入り混じった独自の緊張感に満たされている。初回盤にはミーヌス・デルタTのソノシートが付属。

7"

Abwärts

Computerstaat

ZickZack	ZZ 2	1980

フランク・Z、アクセル・ディル、E.ノイバウテンのメンバーでもあるF.M.アインハイトそしてプログレ・バンドRMOの女性ヴォーカル、マギータらによって79年にハンブルクで結成されたパンクバンド、アプヴェルツ(落下)の5曲入りデビュー7インチ。表題曲A1はスピード感のあるストレートなパンク、B2「Japan」は彼らの代表曲。B1でいきなりクルト・ヴァイルの「アラバマの月」が始まるのはいかにもドイツらしい。全曲LP未収。

LP

Abwärts

Amok Koma

ZickZack	ZZ 10	1980

後にE.ノイバウテンに加入するベーシスト、マーク・チャンが参加して制作されたファースト・アルバム。変な音のコラージュやシンセ音など、実験性と疾走感を兼ね備えたパンクというのは同時代のドイツでも特異な存在であろう。B6にはシングル収録の「Japan」のライヴを収録、そしてB面はエンドレス・カッティング。彼らはこのアルバムの翌年の7インチ・シングル「Roboter In Der Nacht」(LP未収)を最後にZickZackからメジャーへと移籍する。

LP

Abwärts

Der Westen Ist Einsam

Mercury	6435 155	1982

大手Mercuryに移籍して発表されたセカンド・アルバム。女性ヴォーカル、マギータが脱退するがそれ以外はファーストと同じ顔ぶれ。前作と比較するとずいぶんとスッキリとした音作りになってはいるものの、リズム隊の強靭さやメロディラインはアプヴェルツらしい秀作。翌年発表の12"「Beirut, Holiday Inn」にはこのアルバムからの2曲も新録で収録された。この後アインハイトとチャンが抜け、フランク・Z中心のバンドとなり現在も活動中。

Freiwillige Selbstkontrolle

Herz Aus Stein

ZickZack	ZZ 6	1980

ミュンヘンで1980年に結成されたフライヴィリゲ・ゼルプシュト・コントロレ（＝F.S.K.：自由なる自己管理、ドイツにおける映倫のような団体と同名）は女性ヴォーカル、ミヒャエラ・メリアンとその伴侶、トマス・マイネッケを中心にした5人組。フォーキーなインディ・ロックの本作はハンブルクのZickZackから出された4曲入りデビュー7インチ「冷酷な心」。本作を皮切りに彼らは何枚もの作品を同レーベルから次々と発表し続けることになる。

Freiwillige Selbstkontrolle

Stürmer

ZickZack	ZZ 80	1982

おそらくZickZackレーベルで最も作品を発表したアーティストは彼らであろう。1980年のデビュー7インチ以来、1995年までに5枚のアルバムと4枚のシングル・EP、そしてベスト盤2枚組CDまでをもリリースしている。本作は彼らのファースト・アルバムで、アコースティックなバンド編成にエレクトロニクスが加味されるという彼らお得意の作風。定番アルバムらしく何度か再発されているが、何故か毎回LPでのリイシューでCDでの発売はない。

F.S.K.

Freiwillige Selbstkontrolle Ist Ein Mode Und Verzweiflung Produkt

Disko B	DB155CD	2011

1989年以降バンド名を簡略化、F.S.K.となった彼らだが、結成以来31年間に14枚ものアルバム、8枚のシングルを発表していた。そんな膨大な音源をデビュー作から最新作までを再編成し、都合53曲を3枚のCDに収めた1000個限定の特装盤ボックス・セット。これ1枚あれば彼らの軌跡を網羅できる。箱の中には分厚いブックレットやポスター、そしてお子様ランチ用の旗付きつまようじまでもが封入された愉快な贈り物。

v.a.

Geräusche Für Die 90er

What's So Funny About..	SF 100	1990

『'90年代の騒音』はZickZackの後継レーベルWhat's So Funny Aboutからのリリース。ムッター、アンディ・ジョルビーノ、ディー・ハウト、ディー・エルデ、KMFDM、トミー・シュトゥンプ、ウェストバムといった有名どころから無名なバンドまで28バンドも収録。次の時代の幕開けというよりも、ある意味「祭りの終焉」のような作品。2枚組LPとCDが出されたがCDは8曲減らされている。どうでもいいけど漢字間違ってますよ。

Ma Gita
Dolly Jones Engtanz

FDH Musikverlag	RP 10243	1983

12"

フュージョン系プログレ・バンド「リリース・ミュージック・オーケストラ」(RMO)のヴォーカリストだったマギータことマルギッタ・ハバーラントは「アプヴェルツ」にも加入し、1980年のデビュー作「コンピューターシュタート」とファーストLP『Amok Koma』まで迫力のあるヴォーカルを取った。これはアプヴェルツのアクセル・ディルらがバックになって制作された最初で最後のソロ作品。タンゴ調の実験的な曲など3曲が収録された12インチ。

X Mal Deutschland
Incubus Succubus

ZickZack	ZZ 110	1982

12"

Xマル・ドイッチュラントは1980年にハンブルクで結成された。当初、メンバー5人は全員女性で構成され、1981年にシングル「シュヴァルツェ・ヴェルト」でツィックツァックからレコード・デビューした。その後、ベーシストがヴォルフガング・エラーブロックに交代し、男女混成の編成になった。この1982年発表の12インチ「インキュバス・サキュバス」は、大胆なユニゾン・ヴォーカルとストレートなシンセ、ダイナミックなリズム隊が特徴的。

X Mal Deutschland
Fetisch

4AD	CAD302	1983

LP

コクトー・ツインズのツアー・サポートを務めたことで注目を集めたXマル・ドイッチュラントは、英国4ADレーベルと契約、1983年には英国デビュー作となるファースト・アルバム『フェティッシュ』をリリースした。ツィックツァックからの12インチは「インキュバス・サキュバスII」に再編、LPからのシングルカット「Qual」とともに発売され、どちらの曲もドイツ語の歌詞にもかかわらず、英国のインディ・チャート入りするほどの人気を誇った。

X Mal Deutschland
Tocsin

4AD	CAD 407	1984

LP

英国で人気バンドとなり、1984年にリリースされたセカンド・アルバム『トクシン』(邦題：突進)。翌1985年にはワールド・ツアーまで行われた。その後バンドは、フォノグラムに移籍し、元ストラングラーズのヒュー・コーンウェルにプロデュースされたシングル「マタドール」を発表、この曲を収録したサード・アルバム『ヴィヴァ』も1986年にリリースされた。バンドは徐々にポップ路線へと進み、1989年の最終作『デヴィルズ』を残し活動を休止した。

Der Spielverderber
Der Spielverderber

ZickZack	ZZ 17	1980

デア・シュピールファーダーバー（盛り下げ屋）ただ1枚のリリースは、複数の短編実験映画のために作られたとされる謎のシングル。音そのものは映画監督でもあるドナルド・ファックなる人物によって1979～80年に録音され、サッカーの試合中継から、アドルフ・ヒトラーなどナチス軍人の演説、そしてレーベル主催者アルフレート・ヒルスベルク（豚野郎）の声まで無秩序に地獄窯で煮込んだようなカオス。残念ながら続編もなく正体不明。

Grosse Freiheit
Die Moschusfunktion

ZickZack	ZZ 115	1982

マーティン・グルンヴァルトを中心にハンブルクで結成されたグロッセ・フライハイト（大いなる自由）のデビュー12インチ「ムスク機能」。他のメンバーは西ドイツ生まれで西アフリカのリベリア育ちのギタリスト、イェンス・ツュガーが参加していた。異常なシンセの使い方とコミカルさ、ポップさが同居した爛熟期ZickZackの代表作。彼らは同年に2枚目の12インチ「Piroschka」を発表後に活動を休止したようで忽然と消えてしまった。

Kreutzer
Lieblingsfarbe

ZickZack	ZZ 130	1982

「クロイツァー」は、ヴォルフガング・クロイツァーとムラート・ザレーのふたり組で、唯一の作品である3曲入り12インチ「お気に入りの色」は、ツィックツァックからリリースされた。パーカッシヴでエッジの効いたミニマル・エレクトロは、いかにもプロデューサーのデヴィッド・カニンガムの手腕といったところ。彼らはほかにオムニバスLPに収録された1曲と、サンプラー・カセット『Klar und Wahr』の1曲が知られている（後者は「Kreuzer」名義）。

M. Oehlen, A. Oehlen, J. Immendorf, W. Büttner M. Kippenberger, A.R. Penck – Die Rache Der Erinnerung

ZickZack	ZZ 205	1984

奈良美智のドイツの師といわれるA.R.ペンクに、ミッタークスパウゼのマルクス・エーレンと、その兄のアルバート、そしてイエルク・イメンドルフ、ヴェルナー・ビュットナー、マルティン・キッペンベルガーといった新表現主義の画家たちによる『思い出の復讐』。ローリング・ストーンズ、エリック・クラプトン、マイケル・ジャクソンなど、参加者それぞれの思い出の曲が、ローファイを凌駕する下手くそさで再現されたサウンドアート作品。

Knusperkeks
Knusperkeks

ZickZack	ZZ 185	1983

「クヌスパーケクス」(クリスピービスケット)はクリステル・シェーンハイトによるソロプロジェクト。アコーディオンなどの生楽器、そしてウィスパーヴォイスのミニマムな編成の本作は、トム・ドクピルによってプロデュースされた。ほかに自主製作のカセットも存在し、こちらはコスモナウテントラウムのツィッギー・ＸＹが参加。2021年にはその名にちなみ、本物のビスケットがジャケット表面に配された私製CD-Rとして再発盤も出されている。

Nachdenkliche Wehrpflichtige, LSDAP/AO, Vielleichtors, Männer In Nassen Kleidern – Kirche Der Ununterschiedlichkeit

ZickZack	ZZ120	1983

『多様性なき教会』と題された4バンドによるスプリット2枚組だが実情は、ディーデリヒとデトレフのディーデリヒゼン兄弟、アルバートとマルクスのエーレン兄弟、そしてカシバーのハイナー・ゲッベルスを中心に参加者をシャッフルしてレコーディングされた脱力アコースティック作品集。Ａ面の「沈思する徴兵」にはブッツマンは参加せず。Ｃ面「フィライヒトアス」はこれ以外にも音源はあるが、残りのふたつは１回限りのユニットのようだ。

Trigger And The Thrill Kings / Plus Instruments
Trigger And The Thrill Kings / Plus Instruments

What's So Funny About..	SF 01	1984

ハンブルクのインディー・シーンの中核として機能したツィックツァック・レーベルは、当時のドイツのムーヴメントそのものを牽引する存在であったが、1984年から名称を「ワッツ・ソー・ファニー・アバウト」へと変更した。これは新生レーベルの第１弾としてリリースされた12インチで、女性ヴォーカルを含む３人組バンド「トリガー＆スリル・キングス」と、オランダの「プラス・インストゥルメンツ」のスプリット作品。後者は現在も活動中。

4 Kaiserlein
Die Welt Der Musik

Was Soll Das? Schallplatten	WSDP 020	2005

フィア・カイザーライン(４人の女帝)は、シアトリカルな雰囲気をもつ男女混声の４人組バンド。おそらく当時、ツィックツァックからのアルバム・リリースの予定があったため「アインザム」１曲だけコンピレーション『不思議は繰り返す』に先行収録されたが、企画が見送られたと思われる。これは2005年に復刻された1982年録音のフル・アルバムで、前述の曲も含まれている。中心人物のトビアス・グルーベンはこの後に「ディー・エルデ」を結成した。

	LP	CD

Die Erde
Kch Kch Kch

What's So Funny About..	WSFA SF 94	1989

80年代初頭に「フィア・カイザーライン」を率いたギリシャ生まれのミュージシャン、トビアス・グルーベンを中心に結成されたバンド「ディー・エルデ」は、3曲入り12インチ「パーティ」でデビューした。E.ノイバウテンのF.M.アインハイトによってプロデュースされたダイナミックなサウンドは、きたるべき90年代シーンの先駆者として期待された。この直後に同じ布陣でリリースされたアルバムが本作だ。彼らは後にライヴ・アルバムも発表した。

		LP

Die Egozentrischen 2
Der Aufstand Der Chemiker

Was Soll Das? Schallplatten	·	WSDP 019	2005

1990年代後半以降、ドイツの重鎮のひとりとなったフェリックス・クビンはかなり早熟だったようで、1982年に若干12歳で学友とともに「ディー・エゴツェントリッシェン・ツヴァイ」を結成した。はじめてシンセサイザーを手にした子供のいたずらのような爛漫さだけで終わらせず、実験的な挑戦や独自のユーモアの萌芽がすでにみられる。クビンの1981〜84年の草創期ソロ作品集『ザ・テッチー・ティーンエイジ・テープス・オブ』もリリースされた。

		7"

Inzucht & Ordnung
Irrenanstalt

ZickZack Platten	ZZ 9	1980

バルト海に面した北ドイツ最大の都市キールのパンク・バンド「ノー・ホライゾン」のヴォーカリスト、ヤーン・Cと、ドラマーのミゴーことアルミン・カスパーの2人による単発プロジェクト「インツーヒト＆オルドヌング」（近親婚と秩序）唯一のリリースは「精神病院」と題された7インチ・シングル。アグレッシヴで実験色豊かなパンク寄りのニュー・ウェイヴ作品。オリジナル盤はホワイト・ヴァイナルであるが再版や再収録がいっさいない。

		10"

No More
A Rose Is A Rose

Too Late Records	TLR 005	1982

アンディ・A・シュヴァルツ、ティナ・ザナーダクラ、クリスチャン・ダルク、トマス・ヴェルツの4人で結成されたキールのシンセ・ポップ・バンド「ノー・モア」は、1980年にシングル「トゥ・レイト」でレコード・デビューした。本作は彼らのレーベルからリリースされた10インチ・ミニアルバムで、後年になって7インチで再版もされている。彼らはこれまでに10枚以上のアルバムを出し、2022年現在でも人気バンドとして現役で活動中。

252

80年代ドイツの自主レーベル事情

'80年代の音楽シーンは世界的にインディペンデント・レーベルが台頭し、手軽にレコードが作れる時代だったといえる。ドイツの自主レーベルといえば'70年代中期のエイプリル〜シュネーバールに始まったのは既述のとおりだが、80年頃になるとものすごい数のレーベルが生まれていった。ハンブルクのZickZackとデュッセルドルフのAta Takのふたつがその代表格だが、他にもユニークなレーベルは数々ある。

まずデュッセルドルフにはクラブ、ラーティンガー・ホフのオーナーであったカルメン・クネーベルのPure Freude。クルックスがスタジオ運営とともにやっていたInk Records。カセット専門レーベルKlar!80。レコード店のリーガー兄弟のSchallmauer、後に大手の傘下となったペーター・ハインのWelt Rekord。ミバウのフランツ・ビールマイアーのRondoなどがあった。

ベルリンは特に自主レーベルが活発だった。ノイバウテンがデビューを飾ったMonogam。その前身であるExil-Systemはオーナーであるトマス・フォブールカのシングルを出すためだけに存在した。カセットばかりの専門レーベルDas Cassetten Combinat。ブルクハルト・ザイラーのZensorはブッツマンからTG、ザ・スミスまで手掛けた間口の広いレーベルだった。異端のバンド、アルーが拠点にしたDer Letzte Schrei！。そしてマックス・ゴルトのARO。

ハンブルクにはパンクとごく初期のNDWだけを扱ったKonnekschen。当初は大手傘下だったが途中で自主レーベルとなったガイスターファーラーのKonkurrenz。ZickZackの後継レーベルWhat's So Funny About。ベルリン系ミュージシャンばかりリリースしていた12インチ専門レーベルSupermaxは意外にもハンブルクにあった。

そして忘れてはいけないのがハノーファーのNo Fun。ここからはハンザプラストや39クロックスが輩出された。他にも各地に小さなレーベルがありすぎて、全貌をつかむことは困難だ。

自主制作はフットワーク軽くリリースできる半面、大手レコード会社のように大規模なプロモーションも出来ず、流通網も限られている。そのため自ずと生産数は少数にならざるを得ない。中には数枚というような、信じられない小ロットのリリースまであったのだから驚きだ。

Wirtschaftswunder

まずは、この人物を欠いて'80年代以降のドイツの音楽シーンを語ることはできないと断言してお
こう。男の名はトム・ドクピル、1959年にチェコのクルノフで生まれたミュージシャンでありプロ
デューサーである重鎮だ。彼が加担したバンドといえばヴィルトシャフツヴンダーを筆頭に、ど
れもこれもデタラメでふざけたバンドばかりで、その無軌道な演出は自らの個人ユニット、ジルエー
テス61の新喜劇風ストーリーで頂点に達する。そのうえバンドでもコメディアンのような顔芸を
しながらのプレイなので、そのアクの強さたるや他の追随を許さない唯一無二のものであると言
えよう。だが一方でポリドール系のセミ・メジャーなシンセ・ポップ作品のプロデュースを数多く
手掛けている事実から、本当は物凄くセンスと手腕を兼ね備えた人物であることは自明の理である。
ドクピルは現在もなお、コマーシャル音楽などを手掛けるプロのミュージシャンとして第一線で
活躍中だ。

		LP
Wirtschaftswunder		
Salmobray		
ZickZack	ZZ 20	1980

トム・ドクピル、ユルゲン・ボイト、アンジェ
ロ・ガリツィオ、マーク・プルチェラーの出
身国の異なる4人によるヴィルトシャフツ
ヴンダー(経済復興の奇跡)のファースト・
アルバム。「あいうえお、ボクはアナルファ
ベット」だとか、ただひたすらアイスの味
の種類を羅列したあげく「アイスうまい！
おいしい！」と連呼するなど、すがすがし
いまでに無意味なことを高らかに、そして
ねっとりと歌い上げる屈折ポップスの金字
塔。ジリ・ドクピル(トムの弟)の歪んだアー
トワークも相まって、存在感の異様さは唯
一無二。またこのLPは再プレスされるご
とにジャケットの印刷色が、緑→オレンジ
→黒＋銀と毎回変更されている(CDは白
黒)。

Wirtschaftswunder
Allein

Art Attack (Ata Tak)	WR006	1980

デュッセルドルフの Art Attack（後の Ata Tak）から発表されたヴィルトシャフツヴンダーの記念すべきデビュー作。がむしゃらに孤独を独白する「Allein」に始まり、金属に対する偏愛を描いた初期代表曲「Metall」まで都合 4 曲を収録。きわめてベーシックでシンプルな機材だけを使用しているにも関わらず、予想もつかないほど無軌道な作風に仕上がっている。言い換えればDIY 精神にあふれた時代を象徴するような産物といえるだろう。

The Wirtschaftswunder
The Wirtschaftswunder

Polydor	2372 110	1982

大手ポリドールに移籍して発表されたセカンド・アルバム。ダイナミックなシーケンス・ビートや派手なホーン・セクションが導入されているが、彼らの個性はそんなことで希釈されようはずもなく粘着質なヴォーカルと過剰なアレンジ、そしてナンセンスきわまる歌詞。父母の教育方針を歌ったかと思えば、マフィアの大親分を敬ったり羽振りの良い人にタカったりとデタラメさがたまらない名作。ちなみに件のマフィアの歌はシングル・カットされている。

The Wirtschaftswunder
Tscherwonez

Polydor	2372 120	1982

ヴェルナー・グラスマン監督の白黒映画『チェルヴォーニツ』のサントラ。物語はハンブルクに来て初めて西側文化に遭遇した若きロシア人船員が、街の暗部を見聞しながら生き別れの兄弟を探すというサスペンス・コメディ。ベルリン映画祭でプレミアム上映され、権威あるマックス・オフュールス賞を受賞した。さて音の方は相変わらずのヴィルツ節の屈折したポップス。表題曲のようなボキボキしたチョッパー・ベースを他に聴いたことがない。

The Wirtschaftswunder
Pop Adenauer

Ariola	206 092	1984

ドイツ連邦共和国（旧西ドイツ）の初代首相、コンラート・アデナウアーの名を冠しているので、ポリティカルな内容かと思えば、イタリア語とスクラッチで「ピッツァ、ピッツァ、美味い、そら食え～」と脱力するほど無意味ぶりを発揮する 4 枚目。本作からは件の「ピッツァ」が「ピッツァ・スペシャル」としてシングル・カットされた。これが最終アルバムだが、1991年になってリミックスを含むベスト盤『Die Gute Wahl』が発表されている。

v.a.

Limburger Pest

ZickZack		ZZ 11-13	1980

「リンブルクの黒死病」。ヴィルトシャフツヴンダー「Der Kommissar」と
ディー・ラディーラー「Angriff Auf's Schlaraffenland」の7インチ2枚、そ
してジルエーテス61のポストカード兼ソノシート「Wo Ist Der Dom?」の3
枚が透明スリーブに収められた特装盤で全曲ともアルバム未収。3者とも
'80年代以降の最重要人物の1人トム・ドクピルの関連プロジェクト。翌年
にはソノシート以外の2作品のみ単品で再発された。

LP

Die Radierer

Eisbären & Zitronen

ZickZack		ZZ 25	1981

ヴィルトシャフツヴンダーのメンバーでもあるユルゲン・ボイトと、クリス
チャン・ボーデンシュタイン、ペーター・レックの3人で結成されたディー・
ラディーラー。本作はヴィルツ〜のトム・ドクピルも参加して制作された
ファースト・アルバム『シロクマとレモン』。デビュー7インチの作風を継
承した軽快なシンセ・ポップと荒削りなパンク・テイストな曲が混在してい
る。'90年代初頭にいちどCD化されたが、それ以外に一切の再発はない。

LP

Die Radierer

In Hollywood

ZickZack		ZZ 180	1983

ペーター・レックの脱退後に発表されたセカンド・アルバム。前作よりもは
るかにエレクトロニクスが取り入れられ、バラエティに富んだ11曲を収録。
「シマウマに乗ったカウボーイ」やら「ゾンビ娘」、「キャットウーマン」、「プ
ラスティック」といったカトゥーン・カラーを前面に出した優良なシンセ・ポッ
プ作品。本作のアウトテイクとおぼしき「Ich Eß Lego」(レゴ食べちゃった)
はコンピレーション『Wunder Gibt Es Immer Wieder』に収録。

LP

Die Radierer

Gott Und Die Welt

ZickZack		ZZ 210	1984

地球儀を模した美しいピクチャー盤でリリースされたサード・アルバム『神
と世界』。いきなりホーン・セクションを配し、アコースティックでメロウな
作風に転じてしまった。しっとりと愁いを帯びた楽曲ながら屈折感が彼ら
らしい。ディー・ラディーラーは本作をもっていったん活動休止。2003年に
過去作品のベスト盤『Cowboys Auf Zebras』が発表された後に突如再結成。
2008年には女性メンバーを迎えアルバム『Der Andalusische Bär』を発表した。

			LP
Siluetes 61			
Siluetes 61			
ZickZack		ZZ 15	1980

ジルエーテス61ことチェコ生まれのトム・ドクピルは'80年代以降のドイ
ツ音楽シーンにおいて最重要人物の一人だろう。ただし彼の作品はどれも
ふざけていたり奇妙であったりと他に類を見ない。本作はジルエーテス61
名義でのファーストLP。アルバム全体がシアトリカルに構成され、そこに
「日本のディープ・パープル」だの「キュウリはみんな平等」、「入れたり出し
たり」、「人生」といったどこまで本気かわからないような曲を17曲収録。

			LP
Siluetes 61			
Ich Hasse Jeden Der Mich Nicht Mag			
Tausend Augen		20 013	1981

歓声を巻きあげ熱狂するライヴ客！カウントダウンともに始まったのは気
の抜けたヘッポコな歌……。徹底的なまでに真面目なバカバカしさが追求
された本作はヴィルツ組総代、奇人トム・ドクピルのセカンド・アルバム。
大人のセックスから共産圏へのアイロニー、はたまたD.A.F.のモノマネを
通してシーンを揶揄するなど、散漫に広げた大風呂敷をきちんと回収して
いるのがスゴい。ちなみにD.A.F.のモノマネ曲はシングルも出された。

			7"
Lustige Mutanten			
UnPop			
Pop-O-Rekords		POPO 1	1981

ディーヴォを知ったために新たな世界に目覚めてしまったマーブルクの異
端児、ルトガー・レスナー（別名エクソ・ノイトリノ、イギー・アンポップ）が、
敬愛するトム・ドクピルの助力を得て制作した『アンポップ』は、LPサイズ
のジャケットに収納された7インチという変則リリースで、ダメ押しに初
回100枚のみクリア盤。レスナーは自分自身が「こと座から来た宇宙人」と
いうコンセプトで制作活動をしている。翌年にはカセットで続編も出された。

			LP
Die Partei			
La Freiheit Des Geistes			
Tausend Augen		20 011	1981

ヴィルトシャフツヴンダーの主要メンバーで、数々の作品のプロデューサー
としても知られるトム・ドクピルと、ディー・ホーニッセンのヴァルター・ダー
ンの2人によるディー・パルタイ唯一のリリース。ひねくれてクセのある
作風で知られるドクピルだが、このアルバムはメロディアスで全編インス
トの洗練されたシンセ・ポップ。ポリドール傘下でドクピルが運営してい
たTausend Augenレーベルより発表された。

Die Hornissen
Zwei Jahre / Two Years

| 46 Records | Bestell-Nr. 5004 | 1984 |

ヨーゼフ・ボイスに師事した画家・写真家でもあるヴァルター・ダーンとデトレフ・キューネによるディー・ホーニッセン。'82年にルー・リードのカヴァー・シングル「ペール・ブルー・アイズ」を発表後、題名通り２年を経てリリースされたフル・アルバム。グリーンホーネット、タイムトンネル、ルイルイなど数々の有名曲のカヴァーなどを収録。アルバムにも収録のシングル曲をはじめ何曲かでホルガー・シューカイが参加している。

C.U.B.S.
Bone Shake Ska

| (self-release) | 001-1 | 1981 |

クリスティアーナ・レヴィ、ウリ・クレマー、ベン・ノー、シュテファン・レシュナーの４人の頭文字をとったキューブス。これは81年にトム・ドクピルのプロデュースで自主制作された４曲入り７インチEP。ドクピルらしいアクの強いエレクトロニクスが特徴的なニューウェイヴ・ポップ。彼らは85年までに１枚のLP、３枚の12インチと２枚組12インチをリリース。中でも84年にFÜNFUNDVIERZIGからリリースされた「Another Black Friday」は小ヒットした。

Alvi & The Alviettes
I'll Go To

| 46 Records | PA 5101 | 1983 |

女性ヴォーカリスト、ロジータ・ブリッセンバッハのソロプロジェクトで、この７インチ以外にリリースは知られていない。プロデューサーはディー・ホーニッセンのデトレフ・キューネ。ヴィルトシャフツヴンダー・スタジオでの録音だが、ヴィルトシャフツヴンダーのようなデタラメさはなく、シリアスな歌物のシンセ・ポップ。彼女はディー・ホーニッセンのシングル「Pale Blue Eyes」（ルー・リードのカヴァー）でもヴォーカルを務めている。

Wolfgang Luthe - Rolf Möller
Jupheidi Im Morgengrauen

| Tonträger 58 Hagen | 58-007 | 1982 |

グローブシュニットにも参加したドラマー、ロルフ・メラーと、ヴィルトシャフツヴンダーとの共作ソノシートを残したヴォルフガング・ルーテによる唯一のリリース。歌入りの実験ミニマル・エレクトロと即興フリーフォームの曲が混在しているが、どれも１分程度と短い。作品内容の実験性とはうらはらに、'80年代の超メジャー人気バンド、エクストラアルバイトの人脈から派生したコラボレーションというのが興味深い。

258

Hannover

ハノーファー

人口約50万人、ライネ川沿いにある北ドイツの主要都市のひとつハノーファーは、教育機関が発展した街である。この街から世に出たクラウトロック系のバンドといえば、世界的に有名になった超大物ハード・ロック・バンド、スコーピオンズが筆頭に挙げられるが、他にはジェーン程度しか知られておらず、いまひとつ印象の薄い街だった。だが'70年代後半になると突如としてパンク系のバンドが次々と現れ、ドイツ・パンクの一大拠点になってしまう。この動向は当地に居を構えたレーベル、ノー・ファン・レコードの功績が大きい。ノー・ファンがレコードのリリースのみならず、精力的にライヴ・イベントを開催していたことが理由であろう。

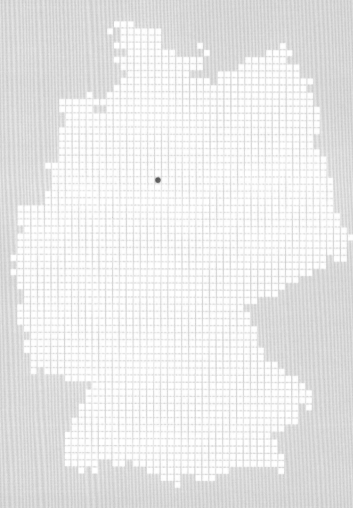

v.a.

Hannover Fun Fun Fun

No Fun Records	NF 001	1980

ハノーファーが誇るインディペンデント・レーベル、ノー・ファン・レコードの第一弾としてリリースされたのが本作。彼らはレーベル創設以前から頻繁にイベントを催しており、1980年3月7・8日の二日にわたって行われた第2回フェスティヴァルの音源を収録したコンピレーション。デア・モダーネ・マン、39クロックス、ハンザプラスト、ロッツコッツといったレーベルの顔ともいえるバンドの数々からこのアルバム以外で名前が確認できない短命バンドまで収録。どれも初期のパンク色の強い荒削りな演奏が特徴で、バンドをまたいでメンバーが重複しているのもインディならでは。なお39クロックスとハンザプラストだけは別の日の録音らしい。

v.a.

Deutsche Punk- Und New Wave-Klassiker

Sireena Records	SIR 2103	2012

ノー・ファン・レコードはパンク系ミュージシャンが多く在籍していたレーベルのためかリリースにおける7インチ・シングルの割合が大きい。ましてや現在ではどれも入手困難なアイテムばかりで簡単に聴けない音源も多々ある。そんなシングル10枚の音源を網羅し1枚CDに収められたのが本作。39クロックスの名曲「DNS」に始まりベルヒェン＆ディー・ミルヒブビス、ミューテン・イン・トゥーテン、デア・モダーネ・マン、A5、デイリー・テラー、ザ・クレティンズ、ハンザプラストの8バンド、27曲を収録。ブックレットには全ジャケット写真＆独文解説付き。レーベルからはもう1枚スプリット・シングルが出ているが、未収録。

	LP

Hans-A-Plast

Hans-A-Plast

Lava Records	TCH 79 449	1979

1978年にハノーファーで結成されたドイツ最古参パンク・バンドのひとつ、ハンザプラストのファースト・アルバム。女性ヴォーカル、アネッテ・ベンジャミンのシャウトするストレートでパワフルなサウンド・スタイルが、後のニューウェイヴにもシンクロしていたこともあって瞬く間に人気に。初回1万枚は瞬く間に完売、現在までに幾度となく再発されている。彼らは81年にはセカンド『2』、83年にはサード『Ausradiert』を発表し活動を休止した。

	LP

Der Moderne Man

80 Tage Auf See

No Fun Records	NF 005	1980

ハノーファーで1979年に結成されたデア・モデーネ・マンのファースト『海上での80日間』。ヴォーカルはコスモナウテントラウムの首謀者でもあるツィッギー・XYことミヒャエル・ヤーリック。スカっぽいリズムのパンク寄りのニューウェイヴ・バンドでシンセは効果音程度に少々。ヤーリックはこのアルバムを最後に脱退するが、バンドは1982年にセカンド『Unmodern』を発表、他にミニ・アルバム2枚、シングル2枚を1984年の解散までに残した。

	LP

39 Clocks

Pain It Dark

No Fun Records	NF 039	1981

'80年代ドイツでは珍しくニューヨーク系のノー・ウェイヴ・テイストを取り入れた39クロックスは、外見だけはスーサイドを彷彿とさせるハノーファーの2人組。リズムボックスのビートに乗せてルーズなギターとシンプルなシンセ音、そこにユルユルなヴォーカルがだらしなくからむ。基本はロックンロールなのだろう、ザ・ビートルズもカヴァーした「ツイスト＆シャウト」までやってのけているが、まったく異形化した仕上がりに。

	LP

Mythen In Tüten

Die Neue Kollektion

No Fun Records	NF 014	1981

ハノーファーのバンド、ミューテン・イン・テューテン（袋入りの神話？）のファースト・アルバム。サックスやオルガン、コミカルで牧歌的なヴォーカルのニューウェイヴ作品。アルバム以外にもダイアナ妃を歌ったシングル「Lady Di」でも独自のユーモアを咲かせる。人脈的にいえばカストリーアテン・フィロゾッフェンやダブバンド、ヴィジョンなどにもつながる存在だ。彼らは1983年にセカンド『Jedes Mal Ist Anders』を発表し解散した。

Rotzkotz

Lebensfroh + Farbenfroh

No Fun Records		NF 08/15	1981

初期ドイツ・パンク・バンドのひとつロッツコッツは1979年に自主制作で
LP、翌年にはフェールファーベンのヴェルト・レコードからシングルを発表。
ここまでの彼らはストレートなパンク・スタイルだったが、セカンド・アル
バムである本作はシンセやエフェクトを多用したニューウェイヴ・サウンド
へと変化している。バンドは本作で解散したようだが、何人かのメンバーは
ビートクラブというバンドを結成し、ZickZackからミニ・アルバムを発表した。

Kastrierten Philosophen

Love Factory

What's So Funny About...		SF 11	1985

鬼才マティアス・アルフマンとカトリン・アッヒンガーによるカストリーア
テン・フィロゾッフェンのファースト・アルバム。ストレートなアヴァンギャ
ルド・ロックで曲によってはネオサイケやプレ・オルタナティヴの雰囲気も
漂う。本作には39クロックスのユルゲン・グロイスや写真家としても知ら
れるヴォルフガング・ヴィッガースも参加。CDには彼らのファースト12イ
ンチEP「Die Kastrierten Philosophen」の4曲が追加収録。

Beatklub

Down At The Beatklub At Midnight

ZickZack		ZZ 230	1985

ハノーファーの古参パンク・バンド「ロッツコッツ」のエルンスト・アウグスト・
ヴェーマー、マルクス・ヨーゼフらを中心に、コスモナウテントラウムやデア・
モダーネ・マン周辺のミュージシャンで結成された「ビートクラブ」唯一の
リリースで45/33回転の変則ミニアルバム。経緯は不明だが、当時の東ド
イツの「DDRラジオ放送局」(Rundfunk Der DDR)で録音されたパワーポッ
プ・テイストの5曲を収録。3ケタ番号のツィックツァックの最終作。

Bärchen Und Die Milchbubis

Dann Macht Es Bumm

No Fun Records		NF 013	1981

女性ヴォーカルのベルヒェン(こぐま)ことアネッテ・グロートカシュテン
をフロントにしたハノーファーの男女混成4人組バンド「ベルヒェン＆
ディー・ミルヒブービス」。ポップ色の強いパンク・ロックといったスタイルで、
地元ではかなりの人気があった。彼らは活動期間中に1枚のLPと2枚の
シングルを残し、2021年には全曲集もリリースされた。余談ながらベルヒェ
ンはのちにデア・モダーネ・マンのマルティン・ジモンスと結婚した。

Berlin

'80年代になると壁に囲まれた街、ベルリンに蔓延していた逼塞感は頂点を極め、冷戦を背景にした不満と焦燥は「異常な」シーンを形成していった。当時の街の治安はお世辞にも良いとは言えず、駅の階段に注射器が捨てられている光景もたびたびあったようだ。そんな退廃が具現化したベルリンを象徴するバンドはアインシュトゥルツェンデ・ノイバウテンだろう。ドリル、チェーンソー、ハンマーで破壊を繰り返すステージは、そんな空気に抗う若者たちの衝動そのものだったに違いない。だがベルリンの壁が1989年に崩壊すると、10年後には、クラブ・カルチャーがベルリンのサブカルチャーの顔となる。

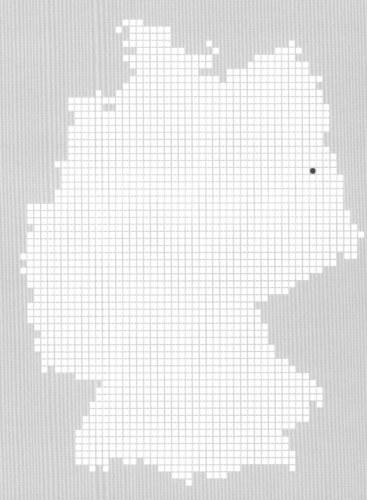

263

Einstürzende Neubauten

「倒壊する新しい建造物」の名を持つベルリンで最も重要なこのバンドは1980年にブリクサ・バーゲルト、N.U.ウンルーと2人の女性メンバー、グドルン・グートとベアーテ・バルテルで結成された。何度かのメンバー・チェンジを経た頃、バンドのドラマーはカネに困りドラムセットを売り飛ばしてしまう。苦肉の策として鉄骨やガラクタをステージ上でドラム代りに叩いたことが彼らのメタル・パーカッションの始まりといわれている。

「当時は、あと数年で世界が終ると思い、物を破壊することで〈生〉を実感していた」というバーゲルトの言葉どおり、壁に囲まれていた当時のベルリンの空気と、冷戦を背景にした逼塞感がサウンドの端々から感じ取れる。

		LP
Einstürzende Neubauten		
Kollaps		
ZickZack	ZZ 65	1980

カセットやシングルなどの作品リリースの後、80年10月に発表されたファースト・アルバム『コラプス』は、まさしく新しい時代の幕開けを飾る作品だった。裏ジャケットにはオリンピック・スタジアムを背に立つバーゲルト、アインハイト、ウンルーの3人のメンバー。その前に並べられたベースやギターに鉄板、掘削機、ハンマー、チェーンソーがその音楽性を物語る。当時は同じドイツでも他の地域のミュージシャンたちからは「ベルリンは異常」と言わしめた混沌と暴力、そして「街の音」がこの1枚に収められている。「破壊は否定ではない、創造のために破壊せよ」とは当時のスローガン。初回盤には異様なアートを掲載したブックレットが付属。

Einstürzende Neubauten

Zeichnungen Des Patienten O.T.

Some Bizzare	SBVART 2 U.K.	1983

デビュー作『コラプス』の好評価を受けて
英国サム・ビザーからリリースされたセカ
ンド・アルバム『患者 O.T. のスケッチ』は、
1983年 1 月から 8 月にかけてロンドン、ベ
ルリン、ハンブルクなどで録音された。ラ
インナップはファーストの 3 人に、アプ
ヴェルツのベーシスト、マーク・チャンと
天才少年、アレクサンダー・フォン・ボルジ
ヒが加わり、黄金期の 5 人の顔が出揃った。
金属が咆哮する楽曲は狂気と戦慄をはら
み、バンドとしての一般認識も確立させた。
「O.T.」とはオーストリア生まれの画家、オ
スヴァルト・チルトナーのこと。チルトナー
は二次大戦中に精神を病み、精神病院で暮
らしながら異常な絵を描き続けたアウトサ
イダー・アーティスト。

Einstürzende Neubauten

Halber Mensch

Some Bizzare	BART 331 U.K.	1985

引き続きサム・ビザーからリリースされた
サード・アルバム。廃墟の雰囲気を持って
いた金属音も、ガレス・ジョーンズのスタ
ジオ・ワークで整然としたサウンドになり、
バンドは新たな局面を迎えた感がある。こ
の変化はサンプリング・マシンの導入と、
録音に対する姿勢の変化が大きな理由であ
ろう。ライヴの定番曲「Z.N.S.」や「Der Tod
ist ein Dandy」を収録。また「Yu-Gung」は
On-U Sound のエイドリアン・シャーウッ
ドの手によるリミックスでシングルがリリー
スされ、かなり話題になった。この年E. ノ
イバウテンは初来日を遂げ、石井聰亙監督
によって映像作品「半分人間」も制作され
ている。

Einstürzende Neubauten

Fünf Auf Der Nach Oben Offenen Richterskala

Some Bizzare	BART 332 U.K.	1987

ガレス・ジョーンズのプロデュースと、ピッグことレイモンド・ワッツのエンジニアリングで制作された『上方地震波五』。原題には「マグニチュード5」の意味が含まれ、5とはE.ノイバウテンのメンバー5人と重ね合わせたものだ。エレクトロニクスでフィードバックされたメタル・サウンドの楽曲の数々の中に、いきなりメロウな「Morning Dew」のカヴァーが収録され、アルバムに独特のアクセントを加えている。さて日本では来日公演のせいでポップ・スターよろしく祭り上げられた感のあったE.ノイバウテンであったが、皮肉にもこの頃になると移り気な聴衆の多くは去ってしまった。本作リリース当時の邦題は『同時空間』。

Einstürzende Neubauten

Haus Der Luege

Some Bizzare	BART 333 / BART 333 CD U.K.	1989

『嘘の館』と題されたE.ノイバウテン5枚目のアルバムで、これまで以上にエレクトロニクスとバーゲルトの歌詞に比重が置かれた作品。LPの両面とも組曲風に構成され、A面は「プロローグ」〜楽曲〜「エピローグ」という折り目正しい曲順である。B1は「Fiat Lux」(光あれ)と題され、準備段階ではこれがアルバム・タイトルだった。ガレス・ジョーンズ、レイモンド・ワッツのプロデュース作品だが、2人ともゲスト・ヴォーカルとして作品にも参加している。収録曲からは「Feurio!」がリミックス・カットされた。本作が発売されたのは1989年10月9日、奇しくもその1ヶ月後の11月10日にはベルリンの壁が崩壊し、東西ドイツ統一の幕が開けた。

266

		7"

Einstürzende Neubauten
Für Den Untergang

Monogam	Monogam 005	1980

E.ノイバウテンのファースト・シングル。沈みゆくドラムとベースそして
エレクトロニクスという初期ならでは構成で、メタル・パーカッション導
入以前の異色の音源。A面LP未収、B面曲はジム・フィータスによって編纂
されたベスト盤『80-83 Strategien Gegen Architekturen』に抜粋音源が収
録された。またA面曲の別ミックスをベルリン系バンドのコンピレーショ
ン『Bandsalat』(Good Noise, 1982)で聴くことができる。

		2x7"

Einstürzende Neubauten
Kalte Sterne

ZickZack	ZZ 40	1980

ブリクサ・バーゲルト、F.M.アインハイトそしてN.U.ウンルーのトリオと
いう初期編成でハンブルクのZickZackからリリースされた2枚組7イン
チ。全曲アルバム未収だが「Kalte Sterne」や「Schwarz」は初期ベスト盤に
も収録されていので比較的知名度が高い。初回盤3000セットはドーナツ盤、
再発盤はピンホール。また当時の初期音源の多くはいまだに再発はないが
2004年の『Kalte Sterne - Early Recordings』で一部が再収録された。

		12"

Einstürzende Neubauten
Thirsty Animal

(self-release)	76.20204-01	1983

リディア・ランチ、ローランド・ハワード(ザ・バッド・シーズ)のサポートを
受けて完全自主制作された12インチ・シングル。曲名にもなっているサー
スティ・アニマルとは彼らの作ったオブジェのような楽器。パーカッショ
ンのように叩いたり、金管楽器のように吹いたりして音を出すもので、お
もにハッケが演奏していた。AB面ともLP未収であったが、後にB面曲の
み『Drawings Of O.T.』の米国盤限定2枚組LPだけに再収録されていた。

	LP	CD

Einstürzende Neubauten
Die Hamletmaschine

Reihe EGO	EGO 111	1991

1990年、東ドイツ在住の劇作家ハイナー・ミュラーの戯曲「ハムレットマシー
ン」がラジオ放送用に録音された。音楽担当はE.ノイバウテン、ハムレッ
ト役はブリクサ・バーゲルト、オフェーリア役にはグドルン・グート(マラ
リア！)というなんともすごい顔ぶれでの上演だ。またアルバムには曲名
と章のクレジットは一切なく劇中ナレーションで紹介されるという形を取っ
ていた。ちなみにハイナー・ミュラーは1995年に亡くなっている。

Heiner Müller · Die Hamletmaschine

Musik: Einstürzende Neubauten

	LP	CD

Einstürzende Neubauten

Tabula Rasa

Mute	BETON 106 / BETON 106 CD	1993

「今までで最も統一感のないアルバム」とバーゲルド自身が語る『タブラ・ラサ』(ラテン語で「白紙」)は前作『Haus Der Luege』以来3年ぶりのフル・アルバム。50本以上に及ぶテープから厳選された曲を編集して制作された本作は、これまでのようなバーゲルドの詩ありきの制作スタイルではなくメロディに重きを置いているという。また収録曲「Blume」はアルバムが発売された国々で歌詞が異なり、英・独・仏・日の言語が存在する。

	LP	CD

Einstürzende Neubauten

Ende Neu

Mute	BETON 504 LP / BETON 504	1996

マーク・チャンがレーベル運営に専念するため脱退、代わってディー・イッヒスのヨッヘン・アルバイトが正式メンバーとなって制作されたアルバムで初回盤CDは特典映像入りエンハンスド仕様。クリスロー・ハース(リェゾン・ダンジュルーズ)、ラウォール・ウォルトン(ベルフェゴーレ)などゲスト多数参加。また当時 UKでのDJカルチャー熱を思い知らされるように、本作のリミックス・アルバム『Ende Neu Remix』もリリースされた。

	2LP	CD

Einstürzende Neubauten

Perpetuum Mobile

Mute	Stumm221 / CD Stumm221	2004

バンドからすでにF.M.アインハイトも脱退、さらに長年の根城であった英国ミュートからの最終作となった『永久機関』。エアコンプレッサーや鉄くず、プラスティック・パイプなど彼ららしいパーカッションが使用されているものの、この時期のE.ノイバウテンはブリクサ・バーゲルドの文学的な歌詞に重心が置かれ、特徴的なノイズやエキセントリックさは詩を盛りたてる脇役になった感がある。初回盤は5.1チャンネルのDVDオーディオ付きの2枚組。

	2LP	CD

Einstürzende Neubauten

Alles Wieder Offen

Potomak	904431	2007

2002年にバンドのサイトが立ち上げられ、世界各国のファンはサポーターとなってリリース予定の作品をサイト経由で購入、実質的にそれがバンドの活動資金になるというインターネットを使ったビジネス・モデルを確立したE.ノイバウテン。こうして制作されたのがアルバムのひとつが本作『アレス・ヴィーダー・オッフェン』(すべての再開)である。また購入者限定でアルバムのメイキング画像がネットで見られるサイバーな特典も用意されていた。

		LP

v.a.

Monogam Sampler

Monogam	Monogam 006	1980

'80年代ベルリンで最も重要なレーベルのひとつ、モノガムからリリースされたコンピレーション。A面にはブランク・ゼロックス、M.D.K、トマス・フォブールカ率いるP/1E、そしてB面にはアレクサンダー・フォン・ボルジヒ(ハッケ)のディー・ゼンティメンターレ・ユーゲントとE.ノイバウテンの連名での音源を収録。どの曲もこのコンピレーションのために用意されたものだ。またB面音源だけを抜粋した海賊盤LPも出回っていた。

		LP	CD

FM Einheit

Stein

Our Choice	RTD 196.1200.1 / RTD 196.1200.2	1990

アブヴェルツ、パレ・シャンブルクそしてアインシュトゥルツェンデ・ノイバウテンを遍歴した重鎮、ムフティこと F.M. アインハイトのファースト・ソロ・アルバム。VOOV(クリスチャン・グラウプナー)の全面協力を得て制作された本作は、サウンド・コラージュと激しいビートのアブストラクト・ミュージック。ゲストも豪華でブリクサ・バーゲルト、アレクサンダー・ハッケ、そして狂気の女性パフォーマー、ディアマンダ・ガラスも参加。

		12"

Borsig

Hiroshima

Supermax	MAX 01	1982

天才少年の異名をとったアレクサンダー・フォン・ボルジヒことアレクサンダー・ハッケは、'70年代後半から西ベルリンのあまたのバンド、プロジェクトに関わった重要人物でE.ノイバウテンのメンバーとしてもよく知られている。本作は数少ないソロ名義作品の4曲入り12インチ。白盤に真赤なレーベルという日本国旗を模した装丁になっている。B面の「日本・日本」はアブヴェルツのカヴァーで、日本民謡のループが使われている。

		12"

Christiana

Final Church

Supermax	MAX 03	1982

映画『クリスティアーネ・F』のモデル、クリスティアーネ・フェルシェリナウ。彼女が10代から薬物乱用と売春で荒んだ生活をしていたのは映画の通り。本作は当時ボーイフレンドだったアレクサンダー・フォン・ボルジヒと F.M. アインハイトのサポートで制作された3曲入り12インチ。ダブ・サウンドとスゴ味の効いた彼女の歌声の組み合わせが異様。本作の別ヴァージョン「Gesundheit!」も同年に発表された。なお彼女は後に薬物所持で再逮捕されている。

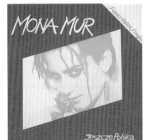

12"

Mona Mur
Jeszcze Polska

Supermax	Max 02	1982

ロシアから亡命したバレリーナ、モナ・ムーアことザビーネ・ブレディのデ
ビュー作。バックのディー・ミーターとは E. ノイバウテンの F.M. アインハ
イトとボルジヒ、チャンという強力な面々。重く金属的なサウンドにモナ・
ムーアの迫力のあるポーランド語のヴォーカルの組み合わせは実に冷戦時
代のベルリン的であり、当時の空気がありありと伝わってくる。本作は4
曲入りだが2004年のベスト盤『Into Your Eyes』で全曲補完された。

7"

Mania D
Track 4

Monogam	Monogam 002	1980

グドルン・グートとベッティナ・ケスターという後にそのままマラリアへ移
行する2人にベアーテ・バルテルが加わった女性バンド、マニアD。ライヴ
にはディー・クルップスのエヴァ・マリア・ゲスリングも参加していたよう
だ。本作は唯一のレコード・リリースの3曲入り7インチでサックス、ベー
ス、ドラムそしてヴォーカルという変則編成の実験パンク。なお本作のミッ
クスを手掛けるのはタンジェリン・ドリームのクリストフ・フランケ。

12"

Malaria!
Weisses Wasser: White Water

Les Disques Du Crépuscule	TWI 067 Belgium	1982

ファースト12インチ「Malaria!」ではグドルン・グートとベッティナ・ケスター
の2人だけだったバンドに3人の新メンバーが加わり女性5人での編成となっ
たマラリア！。ベルギーの Les Disques Du Crépuscule から発表されたこの
12インチ・シングルは前作の重さを脱ぎすて、まさしく表題どおりの冷たさと
透明感に女性らしいエキセントリックさが加味された作品。またこの年には
同レーベルから7インチ「How Do You Like My New Dog?」も発表されている。

12"

Malaria!
New York Passage

Das Büro	BÜRO 001	1982

重苦しかったファースト12インチの収録曲「I Will Be Your Only One」が
ニューヨーク録音でアップテンポにアレンジされ「You Turn To Run」とし
て生まれ変わった。女の情念ともいうべき内に秘めた思いをつづっていな
がら、一般的な女性バンドとは全く異なった表現になっているのがマラリア！
らしい。また本作はドイツ本国以外にも米国、英国でも発売され、フランス
盤はなぜか Die Hausfrauen とのスプリット LP という体裁でリリースされた。

270

	LP

Malaria!

Emotion

MOABIT MUSIK	MOABIT MUSIK 002	1982

これまでシングルやEPしかリリースのなかったマラリア!のファースト・フル・アルバム。女性だけのバンドらしく妖艶でヒステリック、そして呪術的なサウンドは世界的に高く評価された。また当時、お仕着せな女性バンドのステレオタイプとのギャップに翻弄させられたようだ。本作はベルギーと日本でもLPが発売されたが、それぞれジャケットのデザインが変更されている。いまだにアルバムとして完全盤のCDは再発されていない。

	12"

Malaria!

Beat The Distance

Rebel Rec.	RE 005	1984

この当時マラリア!はニューヨークで頻繁に活動していた。前年にはNYのカセット専門レーベル「ROIR」からライヴ・アルバム『...Revisited』をリリース。本作もNYのソング・ショップ・スタジオでの録音やライヴ音源の数々が収録され、ミニ・アルバムに近いヴォリュームの作品となっている。B3のエンジニアを務めるのは意外にもアジテーション・フリーのミヒャエル・ヘーニヒ。本作のリリースの後しばらくマラリア!は活動を休止する。

	LP

Matador

A Touch Beyond Canned Love

What's So Funny About..	SF 40	1987

おそらくマタドールの初登場は日本のカセットブック『TRA Special – Berlin』(1983)で、それから4年、満を持して発表されたファースト・アルバム。メンバーはマラリア!のグドルン・グートとマノン・P・ドゥールシュマ、そしてマニアD時代からの盟友でリエゾン・ダンジュルーズのベアーテ・バルテルの3人。マラリア!の世界観をそのまま継承しながら、より冷淡で妖美な世界観だが、この路線は1回かぎりで終了、次の作品から劇的に変化した。

	LP	CD

Matador

Sun

Normal	NORMAL 121	1989

前作のヘヴィさから一転し、VOOVことクリスティアン・グラウプナーの手により、きらびやかなエレクトロ作品となった第2作『サン』。スプリームスのヒット曲「ストップ! イン・ザ・ネーム・オブ・ラヴ」のカヴァーが象徴するように、コケティッシュさが前面に出されており、当時は「ベルリンのバナナ・ラマ」などと称する動きまであった。さらに2年後の1991年にはサード・アルバム『Écoute』をリリースし、グートはマラリア!での活動に戻った。

Sprung Aus Den Wolken
Dub & Die

| ZickZack | ZZ 75 | 1981 |

画家でミュージシャン、キディ・キットニーを中心にアレクサンダー・ハッケ、ペーター・プリマの3人を中心に結成されたインダストリアル・ダブ・バンド、シュプルング・アウス・デン・ヴォルケン。キットニー自身が運営していたDas Cassetten Combinatレーベルからの数本のカセットの後にハンブルクのZickZackから発表されたミニLPだが曲名に関してまったくのクレジットがない。2009年に5曲追加でCD再発された際にようやく曲名が与えられた。

Sprung Aus Den Wolken
(untitled)

| Faux Pas | Faux Pas 01 | 1982 |

キットニー自身が設立したFaux Pasレーベルから発表されたファースト・フル・アルバム。シンプルながらも呪縛的なシンセの反復とギター、ベースそして加速していくドラムマシンなどインダストリアルなダブ・アルバム。ザラザラの音質ではあるが、逆に彼らの持ち味として機能している。ちなみにLPには曲名等のクレジットが一切なく、Faux Pasに申し込むとクレジットの記されたポストカードが返送されるとういう趣向だった。

Sprung Aus Den Wolken / Hypnotischer Krach
Sprung Aus Den Wolken / Hypnotischer Krach

| Faux Pas | FS2/FS3 | 1982 |

シュプルング・アウス・デン・ヴォルケンとヒプノティッシャー・クラッハのスプリットLPということになっているが、後者はキットニーとE.ノイバウテンのN.U.ウンルーとオランダのシュラフローゼ・ネヒテのメンバーによる変則ユニット。82年のオランダ、ベルリンでのライヴ音源でE.ノイバウテンばりの激しい破壊音が展開する。2009年にCD再発された際に20分以上に及ぶ未発表ライヴ音源が追加収録された。

Sprung Aus Den Wolken
The Story Of Electricity

| Les Disques Du Soleil Et De L'Acier | DSA 54009 France | 1987 |

12インチ「Pas Attendre」(1985)以来の作品でLPとしては5年ぶりのリリース。メンバーはキットニー、ハッケとVOOVことグラウプナーの3人。録音がクリアなのでこれまでの作品との質感が著しく異なるが、ダブやコラージュといったお得意の手法で日本語まで飛び出すユニークなアルバム。ドイツからもリリースされたが、フランスのリリースが原盤となる。前述の12インチの音源を追加収録したCDも再発された。

Mekanik Destrüktiw Komandöh

Der Tag Schlägt Zu

Zensor	Zensor CM 04	1982

その名の通りなぜかマグマのイメージをちりばめ、クレジットもコバイア語風の表記。ご丁寧にもマグマ・マークまでジャケット裏に入れているバンドだが、サウンド・スタイルはまったく異なる。創設時にノイバウテンのアレクサンダー・ハッケも在籍したサックス入りのアグレッシヴなパンキッシュ・ニューウェイヴ。本作が初の単体でのスタジオ録音リリース。ZickZackからライヴ・アルバムとその抜粋シングルも前年にリリースされている。

Mekanik Destrüktiw Komandöh

Die Kriegserklärung - Live !

ZickZack	ZZ 70	1981

彼ら唯一のアルバムはライヴ盤で、AB面それぞれカント・キノ、SO36とベルリンで有名なクラブでの演奏を収録。サックスも参加したニュー・ウェイヴ・サウンドだが、言葉遊びや「ピーターガンのテーマ」のカヴァーなど、ユーモアのセンスも独特。前作同様にマグマへの偏愛は相変わらずで、シンボルマークの掲揚だけでなく、全メンバーの名までコバイア語風に表記されている。このアルバムからは「ローエ・ゲヴァルト」がシングル・カットされた。

Flucht Nach Vorn

Flucht Nach Vorn

Supermax	MAX 04	1982

ニコライ・ヴァイデマン、ユーリ・パンフィロヴィッチらで結成された「フルヒト・ナッハ・フォルン」(前方への逃亡)は、ブラス隊の入ったファンク色の強いニュー・ウェイヴ・バンドだ。本作は1・フュートゥロロギッシェ・コングレスのメンバーによってプロデュースされたデビュー作。彼らは翌年に12インチ『O Cubano』、1985年にはフル・アルバム『トーキング・イズ・オーヴァー』をリリース、作品を重ねるごとにラテン色を増していった。

Populäre Mechanik

Kollektion 03 Compiled by Holger Hiller

Bureau B	BB186	2015

政治的バンド、トン・シュタイネ・シャーベンに在籍し、コンラッド・シュニッツラーのパートナーとして代理ライヴまで委任されたヴォルフ・シークエンツァこと、ヴォルフガング・ザイデルを中心に1980年代にベルリンで活動していた「ポプレーレ・メヘャニーク」(ポピュラー・メカニーク)。活動期間中は7インチ1枚と数本のカセットだけが私製品としてリリースされていた。これは2015年にホルガー・ヒラーによって選曲された特別盤。

CASSETTENCOMBINAT
West-Berlin 1980 - 81

v.a.

Cassettencombinat West-Berlin 1980 – 81

Vinyl-On-Demand	VOD 36	2006

'80年代音楽シーンの特徴のひとつは世界的にカセットテープ作品の台頭が挙げられるだろう。ベルリンのカセッテン・コンビナートはデュッセルドルフのクラー！80と並ぶドイツで最も有名なカセット・レーベルだ。ノイバウテン関連メンバーの作品やS.A.D.ヴォルケンなどベルリンの中心的なアーティストから無名バンドまでおびただしい数のタイトルを誇る。本作はレーベル作品から十数バンドが選抜された3枚組LP＋7インチのボックス・セット。

LP

v.a.

Exil-System 1979-2004

Vinyl-On-Demand	VOD 9	2004

トマス・フォブールカが設立したエクシル・ジュステームは彼自身が関わったプロジェクトばかり3タイトル、それもすべて7インチをリリースしただけのレーベルだ。しかしながらその強烈な個性や実験性は特筆すべき存在であった。本作はレーベルの全音源に未発表新リミックスをコンパイルし2004年に発売されたLP。このレーベルはそのままモノガム・レコードへと移行する。また21世紀になってからエクシル・ジュステームは活動を再開した。

PI/E

LP

P1/E

Second Offender

Vinyl-On-Demand	VOD 16	2005

エクシル・ジュステームでわずか1枚のシングルを残したP/1Eは、実験的なアンダーグラウンド・ダンス・ミュージックの先駆者としてシーンに担った役割は大きい。本作は後年に発売されたLPで、シングルの音源に当時の未発表曲と新作リミックスをA面に、そしてB面には81年のベルリンのSO36でのライヴ音源を収録。このライヴはデア・モダーネ・マンのトマス・ブラントとコスモナウテントラウムのツィッギーXY参加の変則ラインナップ。

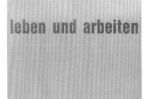

leben und arbeiten

12"

Leben Und Arbeiten

Leben Und Arbeiten

ZickZack	ZZ 105	1982

わずか1枚の12インチEPと数本のカセットのみを残したレーベン・ウント・アルバイテン（労働と生活）。クリュケ、ルーメニッゲ、マトラッツェそしてシュテツェルシックの4人組でシンセのないバンド編成。シンプルでストレート、贅肉のない渇いた演奏はどことなく同時代のニューヨークのバンドのような雰囲気さえ漂う。こちらの12インチの収録曲の多くは、前年にカセッテン・コンビナートから発表されたカセットの曲の新録音ヴァージョンである。

Die Ich's
Die Ich's

	ZZ 170	1983
ZickZack		

ホーペック・クイリン(コスモナウテントラウム)、ヨッヘン・アルバイト
(ディー・ハウト、E.ノイバウテン)そしてライナー・ヴィンケルフォス(フ
ルヒト・ナッハ・フォルン)によるディー・イッヒスの唯一のLP。録音にレー
ベン&アルバイテンのメンバーも参加し制作された本作は、サックスやト
ランペットといったブラスを配したアグレッシヴでサイキックな前衛ニュー
ウェイヴ・バンド。彼らは他に自主カセットを何種類かリリースしている。

Die Haut
Schnelles Leben

	Monogam 008	1982
Monogam		

作家、映画監督としても知られるクリストフ・ドレーアーを中心に結成さ
れたディー・ハウト(皮膚)は本来、インストゥルメンタル曲だけを演奏す
るバンドとして企画された。だが活動を続けるにつれゲスト・ヴォーカル
を迎えて作品を制作するスタイルへと移行して行く。本作はモノガム・レコー
ドからリリースされた7曲入りファースト・ミニLP『性急なる人生』。2曲
のみ男性ヴォーカルが参加、独自解釈のガレージ・サウンドを展開している。

Die Haut
Der Karibische Western

	CM2	1982
Zensor		

本作「カリブ風ウェスタン」はディー・ハウトのファースト12インチでサー
フ・サウンド風ガレージ・パンク。A1にはステラ・リコことリディア・ランチ
がヴォーカルで参加。B2ではニック・ケイヴの協力で録音されている。ま
たレコーディングはディス・ヒートの元メンバー、チャールズ・バレンが担
当と英米ミュージシャンのバックアップを得ている。本作は後にハンブル
クのワッツ・ソー・ファニー・アバウトから12インチとCDで再発された。

Die Haut
Burnin' The Ice

	PA 5502	1983
Paradoxx Records		

歌詞にきわどい表現があるため忠告ステッカーまで貼られたファースト・
フル・アルバム。全曲ともヴォーカルと作詞をニック・ケイヴが手掛けてお
り、バッド・シーズをガレージ色にしたようなストレートなインディ・ロッ
ク作品でA1にはマラリア!のメンバーも参加。2004年にはディー・ハウト・
アンド・ニック・ケイヴ名義でDVD付きの限定盤が再発された。映像特典
は1982年に行われたドイツ各地でのライヴが収録されている。

Scala 3
Gefühl Und Härte

Telefunken	6.24833	1981

フレート・トゥアレイとハンス・シューマンのパンク・デュオ、スカラ3のファースト LP。当時クラウス・シュルツェ所有の IC スタジオで録音。シュルツェはアルバムのプロデュースも手掛けているが、シンセはほとんど使われておらず意外にもストレートなパンク・スタイルな作品。メジャーコード多様なので曲によってはパワーポップの要素も感じられる。彼らは翌年にセカンド・アルバム『Scala』(LP+12")を発表し、シーンから忽然と姿を消す。

Nachdenkliche Wehrpflichtige
Politik Für Junge Leute

ZickZack	ZZ 8	1980

フリーダー・ブッツマンを中心にケスナー、ディーデリッヒゼン、エーレン、アインハイトによるナッハデンクリヒェ・ヴェーアプフリヒティゲ(沈思する徴兵)のデビュー作「若者のための政治」。フリー・ジャズをたたき台にした実験作品で何曲かで19世紀の詩人、ヘッベルの詩が引用され最後はブレヒト=ヴァイルの労働闘争歌で幕を閉じる。彼らはこのほかに ZickZack のオムニバスなどにも参加。そこではバズコックスの曲をアカペラでカヴァー。

Din A Testbild
Abfall/Garbage

(self-release)	Din 00000/80	1979

ベルリンの実験エレクトロニクス・デュオ、ディンAテストビルトのデビュー・シングル。シリアル番号付き1000枚限定の自主制作盤。なんといっても装丁がきわめて異様で、手さげ付き透明ビニル袋にレコード、クレジットの載ったコピー数枚、そしてゴミ(とはいってもタバコの空き箱や枯葉、紙くずなど)が封入されている伝説の作品。自由さとアイデア至上な時代が幕を開けたからこそ実現したリリースの好例。

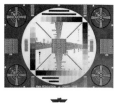

Din A Testbild
Programm 1

Innovative Communication	KS 80.002	1980

俳優でもあるマーク・アインスが、グドルン・グート率いる「Din A 4」と合流し「ディン・A・テストビルト」が誕生。これはグート脱退後にクラウス・シュルツェのレーベル、Innovative Communication からリリースされたファースト・アルバム。パンクを出自とする彼らと、ベルリン・スクールの筆頭者シュルツェという当地の異なる潮流ふたつが融合した傑作。収録曲うち3曲は後に、クラフトワーク加入直前のフリッツ・ヒルパートによってリミックスされている。

276

Din A Testbild

Programm 2

| Innovative Communication | KS 80 011 | 1981 |

前作同様にクラウス・シュルツェのプロデュースによって制作された第2弾。プレイヤーはマーク・アインスひとりでレコーディングされた。『プログラム1』以上にシュルツェのカラーが色濃く、シーケンス・パターンやサウンド・エフェクトは彼のサウンドそのものだが、エロティックで露骨な歌詞がディン・A・テストビルトの世界観に引き戻す。このアルバムの直後にシュルツェはICレーベルを売却し、自身の音楽活動に専念することになる。

Din A Testbild

Programm 3

| Innovative Communication | KS 80.045 | 1983 |

『プログラム1』と『2』での商業的成功を得たアインスは、新たな機材を調達し、友人のツィッギー・シェーニングとともに、当時はベルリンの壁の近くにあったアインスのスタジオで新アルバムのレコーディングに着手した。本作はアインスのセルフ・プロデュース作品として完成し、前2作から大きく様変わりしたドラッギーでチルアウトした内省的な世界が描写されている。収録曲「Going Tutu」は2009年にシングル・カットされ、DJ界隈で小ヒットした。

Din A Testbild

Programm 4

| Mannequin | MNQ 093 | 2017 |

「ベルリン在住者にしか表現できない生々しい西ベルリン」を題材に1983年に録音された第4作は、アシュラのマヌエル・ゲッチンによってマスタリングされ、殺伐とした終末の廃墟を思わせる大傑作に仕上がった。だが根城としていたICレーベルがニューエイジ路線に方針転換したため、あまりにも過激な本作のリリースは見送られ、『4』は長いあいだ欠番扱いとなってしまった。2017年にようやくマネキン・レコードよりアナログで初リリースされた。

Din A Testbild

In Die Zukunft, 29.06.1979

| Blitzkrieg Pop! Records | 10BEDINA01 | 2021 |

ディン・A・テストビルトの初期ライヴが全長版で登場した。結成当時はマラリア！のグドルン・グートとアインスのデュオであったが、このライヴではファースト『プログラム1』に近い布陣で演奏され、スペシャルゲストとしてマラリア！のベッティナ・ケスターと、ガイスターファーラーのマティアス・シュスターまで参加している。特殊なボックスに収納された限定盤で、同日のガイスターファーラーのライヴとカップリングされたCD版もリリースされている。

v.a.

Berlin Super 80 (Music & Film Underground West Berlin 1978 - 1984)

Monitorpop Entertainment	MDM12099	2005

ベルリンの壁崩壊前の西ベルリンで活動していた、アンダーグラウンド・シーンを象徴するミュージシャンたちを映像と音源で記録した大傑作コンピレーション。E.ノイバウテン、モナ・ムーア、マラリア！、ディー・テートリッヒェ・ドーリス、ブッツマン、ディン・A・テストビルト、クリスティーネ・F、シュプルング・アウス・デン・ヴォルケンなどなど、選曲が秀逸というだけでなく資料的価値も高い。映像は息詰まるほど赤裸々で鮮烈だ。

7"

Geile Tiere

Geile Tiere

GeeBeeDee	GBD 0023	1982

妖しい裸体をさらすルチアーノ・カステッリと、画家でもあるヴォルフガング・ルートヴィヒ・ツィーラーのふたりによる「ガイレ・ティーレ（ベルリン）」（淫獣ベルリン）。1980年に10インチと7インチを自主製作し、翌年にゲーベーデーに移籍しフル・アルバムを発表。妖艶で肉感的な実験エレクトロ作品（掲載画像は再発盤デザイン）。カステッリはシュプルング・アウス・デン・ヴォルケンのキディ・キットニーと共作シングルも発表している。

LP

Schlaflose Nächte

The Angel Will Not Come

Kremlin	KR 010	1983

ベルニ・フォン・ブラウン、ギーラ・ムスー、ペーター・ブリーマらで結成されたオランダのバンド「サスペクト」が、「シュラフローゼ・ネヒテ」（眠れない夜）と改名後に残した唯一のアルバム。パフォーマンス色の強い作風だが、E.ノイバウテンのブリクサ、F.M.アインハイト、ボルジヒがゲスト参加した曲は、ノイバウテンのステージそのままの破壊のライヴ・アクションだ。彼らは7インチと12インチもリリースしたことが知られている。

LP

Dig It Al(l)

Volt Age

GeeBeeDee	GBD 0015	1981

70年代からアジテーション・フリーで活動していたクリスチャン・クナイゼル率いる「ディグ・イット・オール」唯一のアルバム。シーケンスビートにリズムボックス、ヴォコーダーが入ったサウンドは、その名に反してアナログ機材の暖かさにあふれている。同年にクナイゼルがブッツマンの作品にかかわったことが縁となり、ブッツマンがサックスで参加している。クナイゼルは1983年に初のソロ「ガーラ」を発表、こちらにもブッツマンが参加。

7"	

Frieder Butzmann & Sanja

Valeska

Marat Records	T33	1979

1030枚限定でリリースされたフリーダー・ブッツマンのデビュー7インチ。
つんのめるような性急なシンセとタガの外れたサックス、そしてパラノイッ
クな肉声というブッツマンらしい手法が凝縮された1枚。ブッツマンは翌
年、マラリア！のグドルン・グート、ベッティナ・ケスナー、そしてディー・
テートリッヒェ・ドーリスのタベア・ブルーメンシャインとで、あの有名な「ホ
ワイトクリスマス」のシングルも発表した。

LP	

Frieder Butzmann

Vertrauensmann Des Volkes

Zensor	Zensor 02	1982

'80年代のベルリンにおいてはシーンの重要な役割を担ったツェンゾア・レー
ベルのフリーダー・ブッツマン。1980年のカセット『Bunte Flügel』に続く
ファーストLP。挑発的なシンセと戦慄をあおるサウンド・コラージュ、そ
してブッツマンの肉声が混然一体となった殺伐とした前衛作品。中には被
爆者をテーマにした曲まである。アルバムにはアレクサンダー・ハッケの他、
当時スロッビング・グリッスルだったジェネシス・P・オリッジも参加。

2x12"	

Frieder Butzmann

Das Mädchen Auf Der Schaukel

Zensor	Zensor 08/09	1983

『ブランコの少女』というタイトルの2枚組12インチ。1985年のリリース
だが音源自体はファーストLPの翌年の1983年に録音された。前作より音
数は少なくなり旋律やリズムが明確な曲がメインで、俳優ミヒャエル・ズィ
ムブルックのフィルム用音楽も収録されている。この後ブッツマンはトマス・
カピエルスキーとの合作『War Pur War』(1986)、ソロCD『Dive-Bombers』
(1992)などのアルバムや何枚かのシングルを発表した。

LP	

Frieder Butzmann

Wunderschöne Rückkoppelungen

Vinyl-On-Demand	VOD 8	2004

これは珍品！ '80年代以降のベルリンのシーンで活躍するフリーダー・ブッ
ツマンの1969～71年の発掘音源。なんと当時ブッツマン15歳！ フルー
トやパーカッション、肉声そしてシンセが幾重にもオーヴァー・ダビング
されたドローン作品。同じくベルリンを拠点にしていたKlusterをどこと
なく彷彿とさせる作風だが、はるかにダウナーでパラノイック。LPボック
ス・セットでおなじみのVinyl-On-Demandより500枚限定で発売された。

Der Wahre Heino

懲りない男、デア・ヴァーレ・ハイノ

ハイノをご存じだろうか？　本名ハインツ・ゲオルク・クラム、1938年デュッセルドルフ生まれ、サングラスとプラチナブロンドの髪がトレードマークの超大物歌手だ。ドイツ人の９割がその名を知るといわれているので、日本でたとえるならば性別こそ違うが美空ひばりくらいのポジションといったところだろう。またベックのシングル「Steve Threw Up」のジャケットに写真が使用されたことでその存在を知った人も多いかと思う。だがハイノにまつわるもうひとつのエピソード、いや醜聞がある。

ベルリンのインディ・レコード店、シャイスラーデン（糞ショップのような意味、現在は閉店）の店主だったノーベルト・ヘーネルという男がいる。彼は'80年代初頭からディー・トーテン・ホーゼンのツアーに同行、フロント・アクトでこともあろうにハイノのモノマネショーをやっていた。ごていねいにそっくりな銀髪とサングラスのいでたちで、「デア・ヴァーレ・ハイノ」（ザ・本物のハイノ）と名乗っての活動だ。これにハイノはたいそう立腹したのは言うまでもない。ヘーネルは再三の勧告も無視し続け、ついに1985年には裁判へと突入。ヘーネルには多額の賠償金の支払いと、今後のモノマネ活動の禁止が命じられた。ディー・トーテン・ホーゼンはヘーネルを助けるためにチャリティ・コンサートを行い、十分な金額が集められた。だがヘーネルは賠償金の支払いを拒否、売名行為のためにわざわざ逮捕されることを選択し留置に。ヘーネルの「本物のハイノ・ショー」はベルリンのTempodromで行われたディー・トーテン・ホーゼンとディー・エルツテのコンサートの前座をもって封印され、その時の様子は「お葬式」と称された。

その後のヘーネルは政治活動にも参加、泡沫候補として0.8％の支持率を得たりもしたようだ。そして1997年、トーテン・ホーゼンの1000回目のライヴを記念し、「本当のハイノ・ショー」は一度だけ復活した。じつに懲りない男である。

Der Wahre Heino
Dem Deutschen Sein Lied

Weißer Terror		79066	1988

かつてここまでバカバカしいレコードがあっ
ただろうか？　タイトル通り「ドイツ国歌」
なのだが、オーケストラに合わせた「歌」で
はなく「放屁音」という、子供が考えそうな
冒涜をそのまま実現した文字通り屁のよう
なコンセプト。尾籠な破裂音だけでなく力
んだ声まで入った念の入りよう。B面はラ
イヴ・ヴァージョンだが、もし本当にこん
なのが衆目に曝されていたのであればハイ
ノの怒りは察するに余りある。初回盤はイ
エロー・ビニル（おなら色）。ちなみにレー
ベルに印刷された白骨化したニッパーくん
（ビクターのマスコット犬）は、彼がオーナー
だったレコード店「シャイスラーデン」（糞
ショップ）のマーク。

Der Wahre Heino & Die Wahre 11
1 Mann, 1 Ball

Ata Tak		WR 56	1990

ベルリンの怪人デア・ヴァーレ・ハイノ（ザ・
本物のハイノ）とディー・ヴァーレ・エルフ
（ザ・本物の11人）による唯一の作品。本物
の11人とはサッカーチームに扮したデア・
プランの３人。有名なサッカー選手の名前
が「オーレー！」の歓声と共に次から次へ
と出てくるバカバカしいほどストレートな
サッカー応援歌。日本でたとえるなら「六
甲おろし」斉唱くらいの土着臭が漂う。も
ともとこの曲はデア・プランの６枚目『未
知なる奇妙な世界』の収録曲。B面はさら
に脱力の「ポルカ・ミックス」だがどこまで
本気なのだろう？　彼にはもう１枚シング
ルがあるが本家ハイノの持ち歌をモノマネ
で歌ったものなので、元ネタが伝わりにく
く省略。

281　　　NDW　　　Berlin

Die Tödliche Doris

ミュージシャンが当たり前のように「アーティスト」と呼ばれるようになって久しいが、実際には「芸術」と無縁なバンドの方が多いのは周知の事実。だがディー・テートリッヒェ・ドーリスだけは真の意味で「アーティスト」と称されるべき存在だ。メンバーは作家でもあるヴォルフガング・ミュラー、女性アーティストのケーテ・クルーゼ、そして映像作家のニコラス・ウーターメーレンの3人で、音楽・映像・パフォーマンスなどの総合芸術集団であり、一時期は女優でもあるタベア・ブルーメンシャインも活動を共にしていた。バンド名は独語で致死量を意味する「Tödliche Dosis」と女性名「Doris」の合成語から来ている。

残念ながらウーターメーレンは1996年にエイズで亡くなってしまった。だが残された2人のメンバーは現在でも精力的に活動を続けている。とりわけミュラーはアイスランドにハマっているようで、当地にある「ペニス博物館」のテーマ曲まで手掛けたそうだ。

		8xMini Vinyl Box
Die Tödliche Doris		
Chöre & Soli		
Gelbe Musik	2	1983

作品の形態や流通までをもアートに仕立て上げるディー・テートリッヒェ・ドーリスの作品中で最も知られているのが本作だろう。『コーラスとソロ』と題されたカラフルな8枚のミニ・レコードと専用プレイヤー、ブックレットが収められたボックス・セットという究極の表現媒体。レコードはあくまでも付属の専用プレイヤーでないと再生不可能。後に日本で発売されたボックス・セットに本作の音源が通常の7インチに再収録されたが、音を聴いただけではアーティストの真の意図は伝わってこないこともある。本作における音楽と媒体との関係性は、表現行為を問い直す一例だと言えよう。彼らの作品目録にはレコードだけでなく普通のクッションまで含まれている。

Die Tödliche Doris

7 Tödliche Unfälle Im Haushalt

ZickZack	ZZ 35	1981

ハンブルクの ZickZack からリリースされたファースト12インチ。本作は収録曲である「7 Tödliche Unfälle Im Haushalt」(家庭における7件の死亡事故)として知られているが、バンド側としては「無題」であると主張しているようだ。さて前述の曲であるが、不気味なクラリネットをバックに変ったケースの死亡事故の詳細が朗読されるというもの。ヘアスプレー中に喫煙して焼死とか、子供が箱に入って転がしていたら道路に迷い出て轢死とか……。

Die Tödliche Doris

" "

ZickZack	ZZ 123	1982

ディー・テートリッヒェ・ドーリスのファーストLP。中にはファンクラブ会報(2号にして最初で最後の刊行)を封入。また本作はジャケットに女性の裸体を使ったことから問題になったことが知られている。なお彼らは1988年に来日公演を行い記念盤として本作LP、10インチ(内容はファースト12インチ)そして7インチ(コーラスとソロ)の変則3枚組ボックス『Das Gab's Nur Dreimal』(邦題：三度目の正直)が招聘元の WAVE から発売された。

Die Tödliche Doris

Unser Debut

Ata Tak	WR 33	1984

レーベルをデュッセルドルフの Ata Tak に移してリリースされた4枚目のアルバム『私たちのデビュー』。おそらく日本で最もよく知られた彼らのアルバムは本作だろう。日本では次のアルバム『6』との2枚組LP『致死量ドーリス』(1986)として WAVE からリリースされ各方面で大きな話題になった。これは2枚のLPを同時に再生すると第3の音、つまり『見えない5枚目』が現れるという前代未聞のコンセプトだった。

Die Tödliche Doris

Sechs

Ata Tak	WR 35	1986

5枚目でありながら『6』と題された謎の多きアルバム。前作『Unser Debut』と2枚同時に再生すると第3のアルバム出現というコンセプトは本来公言されておらず2枚のアルバムの装丁や文字配置・配色といったヒントを頼りにひも解くものだったのだが、日本では最初からネタばれの形でのリリースとなった。また第5の作品は後にCD『Die Unsichtbare 5. LP Materialisiert Als CD』(不可視の5枚目LPをCDとして物体化)として発表された。

Die Tödliche Doris

Naturkatastrophen

| Gelbe Musik | Gelbe Musik 3 | 1984 |

『自然災害』と題された、ブックレットに収められた片面のみの7インチシングルは、ディー・テートリッヒェ・ドーリスのあまりにも過激な記録だ。屋外に設えられたスタンドマイクに火を放ち、燃え落ちるまでパフォーマンスを続けた彼らの代表作のひとつで、ベルリンのゲルベ・ムジークからリリースされた。音源は2分割され、それぞれ「自然災害バレエ」と「自然災害コンサート」とタイトルが付けられ、映像作品としても発表されている。

Die Tödliche Doris

Strudelsölle

| Vinyl-On-Demand | VOD 1B | 2004 |

1980〜84年に自主制作されたカセット6作品をそれぞれLP再発、それらを化粧箱に収めた316個限定の盤特装ボックス・セット。初期実験音源からライヴまで貴重な音源の数々を収録、中には女優タベア・ブルーメンシャイン参加の音源も。また彼らはボックス・セットでのリリースが多く、2003年にも2枚のLPのボックス『Angeldust』を出している。こちらには公式ぞうきん(！)がランダムで封入されるというワケのわからないコンセプト。

DIE TÖDLICHE DORIS
DAS TYPISCHE DING

REENACTMENT (I)

Die Tödliche Doris

Das Typische Ding - Reenactment (I)

| Major Label | ML136 | 2019 |

34年ぶりにリリースされたディー・テートリッヒェ・ドーリスの新録アルバムは、世界中から集められた31種類のバイブレーターの音を収録したLP、それぞれのスケッチと使用評価が掲載されたカードを封入した豪華ボックス・セットとなった。日本からはTENGA社の製品や、ワイドショーで話題になった「ウーマナイザー」も収録され、初回の99枚のみ白盤。スケッチを担当したタベーア・ブルーメンシャインは2020年に67歳で永眠し、これが遺作となった。

Wolfgang Müller

BAT - Aus der Schule der Tödlichen Doris

| Die Tödliche Doris Schallplatten | Doris 009 | 1989 |

ヴォルフガング・ミュラーのファースト・ソロは、音楽ではなくコウモリの鳴き声をコレクションしただけの希代の怪アルバム。趣味で集めていたものらしいが、サウンド・アートとしてだけでなく、生物学的にも貴重な資料になりそうだ。コウモリが発する超音波は、通常の機材では録音できないので蒐集には苦労したことだろう。ミュラーはコウモリだけでなく鳥類にも造詣が深く、2020年に来日した際にはトキ(朱鷺)をとても見たがっていた。

			LP+7"	CD

Wolfgang Müller

Mit Wittgenstein in Krisuvík - Zweiundzwanzig Elfensongs für Island

A-Musik	a25V	2004

有史以来、人類が絶滅に追いやった鳥類はおよそ130種に及び、そのうち鳴き声がオノマトペで記録されているものが20種類ほどあるという。それら現存しない鳥たちの鳴き声を想像し、再現するというのが本作『クレーズヴィークのウィトゲンシュタイン～アイスランドに捧ぐ22の妖精の歌』のコンセプトである。アイスランド研究家としても知られるミュラーらしく、北極圏の代表的な絶滅鳥類「オオウミガラス」を大きくレーベルに配している。

			LP

Nikolaus Utermöhlen

Karlsbad

Die Tödliche Doris Schallplatten	Doris 008	1989

ヴォルフガング・ミュラーとともにディー・テートリッヒェ・ドーリスの創設メンバーとして知られるニコラス・ウーターメーレン唯一のソロ・アルバムは、ベルギーの静物画家のジョゼット・ムニエのドキュメンタリー映画のために制作されたサウンドトラック。全編にわたりアブストラクトな雰囲気が漂うクラシカルなエクスペリメンタル・ミュージック。LPサイズのエッチング画集も付属。ウーターメーレンは1996年にエイズで早逝。享年38歳。

			12"

Käthe Kruse & Gudrun Ohm

Elegie im März

Die Tödliche Doris Schallplatten	Doris 011	1989

火を吹いたり、バスタブに飛び込んだり、転げまわったり、半裸になったりと体当たりのパフォーマンスを披露したディー・テートリッヒェ・ドーリスの女性メンバー、ケーテ・クルーゼと、「インターナショナル・ノイズ・オーケストラ」のグドルン・オームの２人による４曲入り12インチ「三月のエレジー」。ドーリスの過激さとはうって変わり、ブルージーでフォーキーなアコースティックな歌物。物憂げで切ない歌声が驚くほど美しい。

			7"

Tabea Blumenschein, Frieder Butzmann, Gudrun Gut & Bettina Köster

White Christmas

Marat Records	Marat24	1980

ディー・テートリッヒェ・ドーリスのタベーア・ブルーメンシャイン、フリーダー・ブッツマン、そしてマラリア！からベッティナ・ケスターとグドルン・グートによる単発企画で、だれもが知るビング・クロスビーの「ホワイト・クリスマス」と「きよしこの夜」をカップリングしたクリスマス・リリース。パラノイックな女性陣のヴォーカルと寒空を思わせるサックスだけで構成された表題曲は、原曲の持ち味は微塵もなく病的にさえ感じられる。

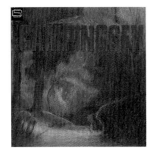

Campingsex

1914!

Schmockstajn	SH 1	1985

ディー・テートリッヒェ・ドーリスの初期メンバーであり、ヴォルフガング・ミュラーの弟であるマックス・ミュラー率いる「キャンピングセックス」唯一のアルバム。ノイジーでエモーショナルなインディ・パンクだが、名状しがたい鬱屈とした空気にドーリスの血脈が見出すことができる。オリジナル盤は完全自主製作盤だったため、高額プレミア・アイテムとして知られていたが、2006年に未発音源を追加した2枚組LPとして再発されている。

Mutter – Ich Schäme Mich Gedanken Zu Haben Die Andere Menschen In Ihrer Würde Verletzen

Die Tödliche Doris Schallplatten	Doris 013	1990

パンクバンド、キャンピング・セックスが進化しムッター（母）に。中心人物はマックス・ミュラー、ディー・テートリッヒェ・ドーリスのヴォルフガングの弟だ。本作はD.T.ドーリスの自主レーベルからリリースされたファースト・アルバム。キャンピング・セックス時代を彷彿とさせる暴力的でノイジーなローファイ・サウンド。彼らは翌年にハンブルクのWhat's So Funny Aboutに移籍しセカンド『Komm』を発表、現在も活動を継続している。

Alu

Licht

Der Letzte Schrei！	DLS 1982/6	1982

'60年代後半から活動していたサンドは'80年代になってニューウェイヴ・バンド、アルーへと進化した。前作『Live Im Risiko』(1981)に引き続き、2枚目LPである本作もライヴ・アルバムでオランダ各地とベルリンでの公演を収録。エキセントリックな女性ヴォーカル、ナジャの肉声とアグレッシヴで人力テイストなエレクトロニクスが生み出す実験的ながらもパンキッシュなサウンドは他に似た音がない。彼らはこの後、数本のカセットもリリースしている。

Alu

Autismenschen

Crippled Intellect Productions	cipcd013	2005

彼らの活動中、スタジオ音源のレコードはデビュー作である7インチ「Bitte Warten Sie！」(1981)のみだった。実は1980年にフル・アルバム用に11曲録音されていたのだが、事情により2曲だけシングルとして発表されたということのようである。本作は2005年になってからリリースされた幻のアルバムの全長音源。まだ女性ヴォーカル、ナジャは参加してはいないがインダストリアルで破壊的なサウンドの仕上がり。なおタイトルは『自閉的人間』の意味。

12"

Max Goldt

L'Église Des Crocodiles

ARO	ARO 004	1983

言霊の魔術師マックス・ゴルトを欠いて'80年代以降のベルリン音楽シーンを語ることはできない。これは1983年に発表された初のソロ作品で、タイトルは「ワニ教会」。ジャケット無しでリリースされた12インチだったが流通に問題ありとみなされ、業者側に適当なジャケットにブチ込まれて販売された経緯あり。2011年には曲を追加したLPとしてフェリックス・クビンのガガーリン・レコードから再発されている。

10"

Aroma Plus

Liechtenstein

ARO	ARO 001	1980

マックス・ゴルトとゲルト・パーゼマン、そのままフォイヤー・デス・アルツへと移行する前身バンド、アローマ・プラス。1980年に自主制作された10インチ・ミニ・アルバム。どことなくグラマラスな香りもするニューウェイヴ・サウンドだが、すでにゴルトの特徴的なヴォーカルと輪ゴムをはじいたような正体不明の打楽器音も確認できる。このバンドは7インチ「Jokes」も同年にリリース。どちらも屈指のレア・アイテムだが、なぜか不人気。

LP

Foyer Des Arts

Von Bullerbü Nach Babylon

WEA	WEA 58 469	1982

ベルリンの鬼才、マックス・ゴルトと相方ゲルト・パーゼマンによるフォイヤー・デス・アルツのファースト・フル・アルバム。社会現象まで引き起こした大ヒット曲「Wissenswertes Über Erlangen」を収録。この曲はとある小さな町をネタにした皮肉なニセ御当地ソング。残念ながらそれ以降ヒットには恵まれず、TV局主催の人気投票でも最下位という記録も残した。その後、同一路線で4枚のアルバムを発表している。

7"

Foyer Des Arts

Schimmliges Brot

ARO	ARO 008	1985

フォイヤー・デス・アルツというか、マックス・ゴルトの関わった作品すべてにおいて彼の言葉こそが最も重要であろう。一連の作品の中で最も酷いタイトルと思われる作品がこの「カビの生えたパン」。軽快なメロディに乗せてゴルトがヴェルヴェット・ヴォイスで高らかに歌うシングル。後にセカンド・アルバムにも再収録されたが、それとは別ヴァージョン……、なんていう情報も蛇足を超越した無意味さがある。

Konstantin

Sing Mir Ein Kleines Arbeiterkampflied

ARO	ARO 005	1983

謎のシンガー、コンスタンティン・テヒナウによるシングルで、これ以外の
リリースは確認されていない。愁いを帯びたクラリネットが響く労働闘争
歌だが、バックにはフォイヤー・デス・アルツの２人がいるので、おそらく
彼らの派生企画なのだろう。またフォイヤー・デス・アルツのセカンド・ア
ルバムにはこの曲の別録音が収録されている。そちらはアコースティック
ではなく、アップテンポなスカ風アレンジ。

Die Zwei

Einsamkeit Hat Viele Namen

Zensor	CM 01	1982

ベルリンのコアなレーベル、ツェンゾアからのリリースに違和感があるほ
ど爽やかなディー・ツヴァイ。オーストリアの人気歌手、クリスチャン・ア
ンダースの曲をヴォーカルのみでカヴァーしたファースト・シングル。雰
囲気で言うならデューク・エイセスとかハニー・シックスのような混声合唱
団といったところ。彼らはこの後12インチをツェンゾアと英国チェリー・レッ
ドから発売し、1984年にはブッツマンが参加したフル・アルバムも発表した。

Die Unbekannten

Casualties

Monogam	MONOGAM 007	1981

マンチェスター出身のマーク・リーダーを中心に結成された３人組。彼らのコ
ンセプトはファクトリー・レコードの音楽をドイツに継承させることにあったと
言われる。本作はデビュー作で、翌年にはよりジョイ・ディヴィジョンの影響が
強い12インチ「Dangerous Moonlight」も発表。また21世紀になってから全音
源にライヴやヴィデオ用トラックを追加したLP『Don't Tell Me Stories』も出
された。なお彼らは初期にはNekropolisというバンド名で活動していたようだ。

Vono

Dinner Für 2

Sky Records	Sky 073	1982

Sky Recordsといえば'80年代に入ってからも頑なにプログレ路線を守って
いたレーベルであったが、このヴォーノだけはニューウェイヴ・スタイルの
最右翼にいた異端児。ヒューマン・リーグにも似たシンセ・ポップだがプロ
デューサーはMythosのステファン・カスケというのがSkyらしいつながり。
彼らは翌年、同レーベルからセカンド『Modern Leben』を発表。1986年には
サード『It's Time』をTNTという自主レーベルから出したことが知られている。

Vorgruppe
Erste Auslese

Monogam	MONOGAM 004	1980

ドルトムント近郊の町、ヘルネで1979年に結成されたフォアグルッペ。本作はベルリンのモノガム・レーベルから発表された3曲入りのデビュー7インチ。内省的で言うなればプレ・オルタナティヴな作風。彼らの特徴はなんといってもヴォーカリスト、デトレフ・リッツの個性が強すぎる……、というか調子を外しまくる歌声。このような音源がレコードとして流通したのは、制約が少ないインディペンデントの時代が訪れたからである。

Vorgruppe
Im Herzen Von Nielsen 2

Nielsen 2 Schallplatten	1001	1981

デビュー7インチとほぼ同じメンバーで制作されたファースト・アルバム。前述のレコードからは3曲中2曲が新録音で収録されているが、よりアップテンポで洗練された印象を受ける。またデトレフ・リッツの歌もかなり上達しているようだ。このアルバムの後にメンバー・チェンジをして翌83年にセカンド・アルバム『Menschenkinder』を、1986年には地元ヘルネのレーベルAufruhr Recordsから3枚目『Golden Cities』を出して活動を休止する。

Thorax-Wach
Kaum Erdacht - Schon Mode

Schnellschnitt	---	1980

フランク・ディークマンとオラフ・クレマーによるゲッティンゲン近郊出身の実験エレクトロ・デュオ「トラックス・ヴァッハ」。彼らがベルリン移住後にリリースされたこのファースト・アルバムは、2台のMS-20とマイクだけで一発録りされた、不安定なリズムに朗読のような肉声が入る独自のスタイルで、同年発表の7インチ「Huckepack und zu Hunderten in den Tod」よりもかなり音数が少なくシンプル。翌年にはカセットでセカンド・アルバムもリリースされている。

Der Gegenschlag
Lach Mit Oxo

Schnellschnitt	RP 1789	1981

酒場での雑踏と談笑に、いきなり叫び声と演奏以前の非音楽が渾然一体となった「デア・ゲーゲンシュラーク」(報復)は、シュネールシュニット・レーベルから発表された謎多き作品。彼らの正体は、トラックス・ヴァッハの正統な後継プロジェクトであることが、自称・世界一のファンからの私信リークで判明した。レコード1枚の試作で終了してしまったとのことだが、中心人物のひとり、オラフ・クレマーはその後、映像作家に転向した。

Zatopek

Zatopek

Polydor	2372 176	1982

チェコ人マラソン選手、エミール・ザトペックの名を冠したこのバンドは、ノー・ウェイヴ・ムーヴメントに触発されたユルゲン・マンとウーヴェ・アレンスを中心に1980年にベルリンで結成されたパンク・ジャズ・バンドだが、コントーションズなどと比べると、はるかにキャバレットの匂いが強い。これはポリドールから出された唯一のアルバムで、ほかに2枚のシングルや、米国人シェリー・ハーシュとの共作(未発表)も残したが1983年に解散した。

Neonbabies

Neonbabies

Good Noise	VGNS 2005	1981

インガとアネッテのフンペ姉妹を中心に、ラインハルト・メーアマン、ニコラウス・ポラークら数名の男性メンバーで1978年に結成された「ネオンベイビーズ」は、ミシン糸で縫製された特殊装丁の7インチ「ネルフェス」(ナーヴァス)で1980年にデビューした。本作は翌年にリリースされたファースト・アルバムで、サックスまでブロウするグラム・ロックの香りのするサウンドに、インガのパワフルな歌声がからむニュー・ウェイヴ作品。

Neonbabies

Harmlos

Ariola	204 530	1982

前作のラインナップからアネッテが抜け、1982年にリリースされたセカンド・アルバム『ハームロス』(無邪気)。ファーストと同路線の作風だが、音数は減らされよりポップになった印象がある。同年にはアウトテイクとおぼしき「イッヒ・ビン・アイン・マン」もシングル・リリースされた。翌年、サード・アルバム『1983』をリリースした後にバンドは解散し、アネッテとインガの姉妹は新たなプロジェクト『フンペ・フンペ』を始動させる。

Humpe Humpe

Humpe Humpe

WEA	240 635-1	1985

アネッテとインガのフンペ姉妹による「フンペ・フンペ」のデビュー・アルバム。日本語まで飛び出すニュー・ウェイヴ・ポップだが、プロデューサーはコニー・プランクと、ローリー・アンダーソンとの共作で知られるローマ・バランのふたりで、エンジニアはガレス・ジョーンズ、プレイヤーにはダニエル・ミラー、デヴィッド・ヴァン・ティーゲム、ハンス・ベール(コワルスキー)など超強力な面々で制作された。日本盤LPも存在する。

290

Süddeutschland

かつてアモン・デュールのコミューンがあったことで知られるドイツ第3の都市ミュンヘン。この街のパンク以降のムーヴメントではF.S.K.(ツィックツァックのセクションに掲載)が代表的な存在だが、アンダーグラウンドのミュージシャンの総数は他地域と比べ圧倒的に少ない。ここでは州都ミュンヘンを擁するバイエルン州とその西のバーデン・ビュルテンベルク州、さらにヘッセン州南部までを含めた「南ドイツ」広域のアーティストを取り上げた。

		LP
Die Atlantikschwimmer		
Die Atlantikschwimmer		
ZickZack	ZZ 215	1984

バイエルン地方のクルムバッハ出身の3人組『ディー・アトランティークシュヴィマー』(大西洋スイマーズ)による唯一のレコード作品で、6曲入りミニアルバム。彼らは当時「E 601」の名義でも活動していた。オルタナティヴな香りのするインディ・ロック作品だが、多くの南ドイツのバンドと同様に奇をてらうことのないオーソドックスな作風。本作は、1983年に出されたカセット・アルバム『テープ』とともに2021年にアナログ再版されている。

		7"
Deutscher Kaiser		
Halli-Galli Tanzmusik		
(self-release)	004711	1981

南ドイツ、バーデン=ヴュルテンブルク州の小都市アーレン出身の4人組バンドによるホチキス留めの手作り感満載のプライヴェート・リリース。サウンドの方も女性ヴォーカルを据えたプリミティヴなミニマル・シンセ・ポップ。彼らは翌年、メンバー・チェンジのうえ第2作「Tempo! Tempo!」を発表した。こちらは10インチだが、確認されているだけでも盤の色が4色も存在する。どちらも自主制作時代が到来したからこその所産の典型。

		LP
V2 Schneider		
The Best Of 1981-85		
Was Soll Das? Schallplatten	WSDP 013	2003

デヴィッド・ボウイの曲名から引用された「V2シュナイダー」は、ユルゲン・シュヴァイクハートによるソロ・プロジェクトだ。彼は80年代初頭にダルムシュタットを拠点に、数本の自主カセットをリリース。エレクトロとグラム・ロックを実験精神豊かに融合させたポスト・パンク。これは2003年に復刻されたベスト盤。もう1枚の抜粋曲のコレクション『ドキュメント』が2004年に、ほぼ全音源を網羅した3枚組LPボックスも2014年にリリースされている。

Instant Music
Instant Music

Instant Records	I 001	1981

バイエルンの首都ミュンヘン出身の「インスタント・ミュージック」は、打ち込みサウンドに女性ヴォーカルが一体化した歌物エレクトロ・ポップ4人組。このデビュー作の翌年にはLP『クリック！』もリリースされた。当時、バイエルン地方をはじめフランクフルトなどのドイツの南部では、メインストリーム路線やヒット指向のポップ・バンドばかりで、彼らのようなパンクや実験的なアーティストは、ほかの地域に比べ著しく少なかった。

LP

Gorilla Aktiv
Umsonst Ohne Risiko

WSDP	WSDP 101	2005

ゴリラ・アクティヴはミュンヘンでは数少ない実験エレクトロ・ユニットで、現在プロデューサーとして活動するトミー・エッカートが在籍していた3人組。1982〜83年の活動当時はカセット・リリースのみだったが、この『無償でリスクなし』は後年に再編纂されたLP。ピロレーターとA.K.クロゾフスキーとのアルバム『ホーム・テーピング・イズ・キリング・ミュージック』のCDボーナス曲には、エッカートとクロゾフスキーの共作が収録されている。

12"

Familie Hesselbach
Süddeutschland

ZickZack	ZZ 225	1984

ファミリー・ハッセルバッハはその名のとおり、ハッセルバッハ姓の4人を中心に南ドイツ、テュービンゲンで1981年に結成された5人組。現在では超入手困難盤として知られるLP『ファミリー・ハッセルバッハ』(1枚ずつスプレーの手描きジャケット)を1982年にリリースした後、ツィックツァックから出された12インチが本作「南ドイツ」。王道のインディ・ロックといった体で、自主バンド界隈では比較的人気があったというが、1985年に活動休止した。

12"

Pseudo Elektronixx
Rote Gefahr!

Rock-Trend	30 007	1983

南ドイツはクリティカルな文化が根付きにくい地域文化なのか、パンクから派生したニュー・ウェイヴ・バンドはあまり多くない。「シュード・エレクトロニクス」(もしくは「プゾイド・エレクトロニークス」)はバイエルン地方の数少ないニュー・ウェイヴ・バンドだ。近年になって再評価されたことから、再発盤もリリースされている。ちなみに彼らの出身地「エルランゲン」は、マックス・ゴルトが茶化したことで有名になった小都市だ。

Switzerland / Swiss Wave

隣国スイスのアーティストもドイツの音楽シーンと大きく干渉しあう関係にあった。本書ではイエローなどの比較的有名な存在ではなく、あまり触れられないアンダーグラウンドのフィールドに焦点を当てていきたい。筆頭に挙げられるのは「オフ・コース・レコード」の存在だろう。ドイツEMI傘下のヴェルト・レコードとの連携や、所属アーティストのグラウツォーネのヒットなど、ドイツへの影響力は大きかった。ある意味、このレーベルのカタログがスイスの80年代シーンのパブリックイメージそのものとして他国で捉えられていたと言っても過言ではない。とはいえスイスで活動していたパンク〜ニュー・ウェイヴ系のミュージシャンの絶対数は、ドイツに比べると圧倒的に少ない。こうした社会構造に根差した80年代のカウンター・カルチャー的なミュージシャンは、ドイツでもバイエルン地方など南部にいくほど少なくなる傾向があるので、スイスにまで及ぶ広範囲な地域性なのだろう。

	7"
Grauzone	
Eisbær	

		ASL-24	1981
Off Course Records			

マルコ・レペットとGT、マルティン・アイヒャーで1979年にベルンで結成されたグラウツォーネは、マルティンの兄弟のステファンが加入し、1981年にシングル「アイスベア」(北極熊)でレコード・デビュー。「冷たい北極にいる北極熊になりたい」と歌われたこの曲は、スイスの「オフ・コース・レコード」からリリースされたが、ほどなくしてEMI傘下のドイツのヴェルト・レコードから再版され、1982年にはドイツでヒットし、チャートは最高12位を記録した。この曲は廉価版のNDWヒット曲集にはかならず収録されるほど一般層にも知名度がある一方で、アンダーグラウンド系ミュージシャンたちからも支持されるという、両極端な評価を受けている不思議なポジションにある。

Grauzone

Grauzone

Off Course Records	ASL-3304	1981

グラウツォーネ唯一のアルバムは、物憂げなメロディにエレクトロニクス、ストレートな歌声に気だるいSEが混然一体となった80年代スイス・シーンを象徴する1枚だ。メンバーはステファンとマルティンのアイヒャー兄弟とマルコ・レペット、インクリート・バーネイの4人のラインナップだった。本作はスイス、ドイツだけでなく英国とスペインでもリリースされるほどのヒット作となった。また再版されるたびに収録曲が差し替えられていたが、2021年になってようやく全曲収録版がリリースされた。グラウツォーネは翌82年のシングル「Träume mit mir」(夢をいっしょに)を最後にバンドは解散し、それぞれのメンバーはソロ活動に移行していった。

v.a.

Swiss Wave The Album

Off Course Records	ASL-3301	1980

オフ・コース・レコードからリリースされた、スイスのニュー・ウェイヴ・バンドのカタログ的サンプラー。もっとも知名度のあるグラウツォーネは最大のヒット曲「アイスベア」と未発表曲「ラウム」で参加。ほかには「クラフト・ドゥルヒ・フロイデ」を率いたルドルフ・ディートリヒ、パンク・バンド「シック」、パワーポップ・バンド「ジャック&ザ・リッパーズ」、のちにラフ・トレードに移籍した「リリプット」など、70年代末からの「永世中立国」での動向をトレースするようなバンドばかりが抽出された内容となっている。このアルバムは人気作となり、スイス以外にもドイツ、英国、スペインの各国でもリリースされ、国外にスイスの音楽シーンを知らしめるのに一役買った。

294

		LP

Stephan Eicher

Les Chansons Bleues

Off Course Records	ASL 3310	1983

ステファン・アイヒャーは1960年にベルン郊外で生まれた。これはグラウ
ツォーネ解散後に発表されたファースト・ソロだ。バンド時代とは変わって、
ロックというよりもタイトルどおりシャンソン・テイストの歌物のアルバ
ムとしてリリースされた。アイヒャーは商業的に大成功をとげ、アリーナ
を満席にするほどの人気を誇っていた。このアルバムを皮切りに、毎年の
ようにソロ作品がリリースされ、その数は軽く20タイトルを超える。

		LP

Rudolph Dietrich : Mutterfreuden

Don't Miss The Past

Off Course Records (1000/2) / Monogam (1000/2)		1980

クリーネックスに短期在籍していたスイス屈指のパンク・ロッカー、ルドルフ・
ディートリヒと、ハインリヒ・ハインリヒらによる「ムッターフロイデン」(母
なる悦び)の唯一のアルバムで、発売元はオフ・コース・レコードだけでなく、
ベルリンの「モノガム」レーベルとの連名でのリリース。本作の内容は至極
ストレートなパンクだが、中心人物のディートリヒはこの後でDOMレー
ベルに移籍し、エレクトロに傾倒した作品を残している。

		7"

Kleenex

Ü / You

Rough Trade	RT 014	1979

チューリッヒで結成されたパンク・バンドで、初期には男性メンバーもいたが、
女性のみの4人編成が良く知られたラインナップだろう。1978年にスイス
の自主レーベル「サンライズ」から7インチEP「クリーネックス」でレコード・
デビューした後、ラフ・トレードに移籍し「アイント・ユー」を発表。本作は
3枚目にあたるリリースで、クリーネックス名義では最終作となり、アル
バムを残すことはなくバンドは「リリプット」に改名した。

		LP

Liliput

s/t

Rough Trade	ROUGH 43	1982

クリーネックスは、バンド名がティッシュペーパーの商標とのトラブルを避
けるため、1980年にガリバー旅行記に登場する小人の国「リリプット」にその
名を改めた。1980年にはオフ・コース・レコードからシングル「Eisiger Wind」
発表。そして1982年にラフ・トレードからリリースされたファースト・フルア
ルバムである本作は、ラフでストレートなガレージ・テイストなパンクに仕上
がっている。翌1983年にはセカンド・アルバム『サム・ソングス』も発表された。

Deutsche Demokratische Republik / DDR

Deutsche Demokratische Republik(東ドイツ):ベルリンの壁が崩壊してからすでに30年以上が過ぎ、ドイツが東西に分断されていた国だったという記憶はずいぶん遠いものになってしまった。ここまでは西ドイツと近隣の西側諸国の音楽を紹介してきたが、東ドイツ(ドイツ民主共和国)にも音楽シーンは存在した。ロックが表向き禁止されていたペレストロイカ以前の旧ソ連では、ロック・バンドは地下組織的な存在で、西側文化から隔絶されていたこともあり、ガラパゴス的に特異な進化をしていたことが知られている。

だが東ドイツは状況が異なっていたようで、残された音源から察すると音楽に関しての規制は他の社会主義国家よりは厳しくなかったのだろう。現存する音源は少ないが、さまざまな創意工夫はどれも「ドイツ的」だ。

		2CD
v.a.		
Spannung. Leistung. Widerstand. Magnetbanduntergrund DDR 1979 - 1990		
ZickZack	ZZ 2015	2007

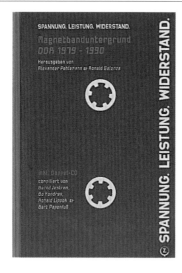

東ドイツ時代の1979〜1990年に残された「地下バンド」テープのコンピレーション。いまや超大物になったラムシュタインのメンバーが所属したMagdalene Keibel Comboや ScHappy、Tschaka Lebt。後にTo Rococo Rotになる前身バンドOrnament & Verbrechenやその関連のCorp Cruid、Aponeuron、The Local Moon。A.F. Moebiusこと作曲家のFrank Bretschneider。東独出身のダーク・ウェイヴの大物Freunde Der Italienischen Oper。後にコンラッド・シュニッツラーと共作するイェルク・トマジウス率いるDas Freie Orchesterなど、フォークからメタル、パンク、フリー・ミュージック、ジャズ、音響とジャンルはさまざまな48曲を2枚のCDに収録。雑多ではあるが生々しい音に驚かされる。

あとがき
増補改訂版によせて

* 註）
「ニューミュージック・マガジン」1972年3月号に掲載された、カンの『タゴ・マゴ』国内盤のアルバム・レビューから引用。

かつて「ジャーマン・プログレッシヴ・ロック」と呼ばれ、「〈一本調子〉で〈フィーリング抜きの頭でっかち〉」*註）などと酷評されていたクラウトロック。その捉え方が本質的に転じ、現代のロックのルーツのひとつとして若い世代からも支持されるようになったのは、アモン・デュールⅡを皮切りに、クラスター、クラウス・ディンガーといった伝説的なドイツのアーティストが続々と日本初公演をとげた1996年前後からだったように記憶している。これに呼応するかのように、長いあいだ活動を休止していたほかのドイツのロック・バンドたちも次々と再結成の名乗りをあげ、クラウトロック・リヴァイヴァル時代が到来した。当時はただの市井のジャーマン・ロック・マニアでしかなかった自分にとって、夢のような日々だった。いずれにせよ、このときすでにクラウトロックは30年ちかくも昔の音楽だったわけだが。それまで日本では、ドイツのアーティストから直接もたらされた情報は「ロックマガジン」など、ごく一部の音楽誌に限られていた。国内の出版物に載っている解説も海外記事の翻訳が転載さていればまだ良い方で、ほとんどが執筆者の脳内の情景を描写しただけの主観的で観念的な文章ばかりだった。ところが伝説だったミュージシャンたちが実際に来日し、当事者からの生の証言がメディアにもたらされたことにより、長年まことしやかに信じられていた「ジャーマン・プログレッシヴ神話」が、「クラウトロックの史実」で少しずつ上書き修正されていったのを肌で感じたものである。この頃から、それまでプログレッシヴ・ロックの文脈でしか解釈されてこなかったクラウトロックを、もっと自由な視点と新しい価値観で捉えようという流れになっていったのだ。

個人的なことをいえば、自分がとあるレコード会社で働き始め、音楽を生業にするようになったのも1996年からだった。26年という長きにわたり職業として音楽に接してきて気づいたのは、クラウトロックがかならず数年周期で再評価の波を繰り返すという奇妙な現象だ。リスナーがどんどん代替わりしても、古びることもなく肯定的に受け入れられるというのも特異な点だろう。数々のマニアックなクラウトロック系のリリース企画が商業ベースで成り立っていたのも、こうした追い風に救われたことが否めない。重度のクラウトロック・フリークだった自分にとって、仕事としてミュージシャンと接点を持ち、いろいろな話を聞けたのは、役得以上の何ものでもなかった。とくに資料も少なく、ほとんど体系化されてい

297

なかったパンク以降のシーンについては、驚くような事実も多く、2014年に出版された「クラウトロック大全」では、個人的に知り得た知識と情報の多くを反映させることができた。とりわけ「ノイエ・ドイッチェ・ヴェレ」を編纂した出版物は、少なくとも日本では初めてのことだった。ありがたいことに市場での本の評判がおおむね良好だっただけでなく、ディー・クルップスをはじめとする、ドイツ本国のミュージシャンたちから好意的な反応が得られたのは、自分にとってこの上ない喜びだった。

あれから8年、また新たな情報が蓄積していったわけだが、今回の「増補改訂版」で、ふたたびフィードバックする機会を与えていただいた。とはいえ、その文章の多くにミュージシャンの訃報を付け足さねばならないという、悲しい現実をいくつも目の当たりにした。口幅ったい言い方だが「今のうちにきちんとした記録を、ひとつでも多く残しておかなければならない」という、誇大妄想にも似た使命感に駆り立てられたのも気恥ずかしい事実だ。そして本書のアプローチにも自分なりの方針があった。じつはこの本の構成には、生物図鑑を意識した部分がかなりある。図鑑には「何が掲載されているか」だけでなく、それ以上に「どのような順番で掲載するか」、つまり分類方法が重要になる。転じて本書では、メディアの戦略や市場の動向（トレンド）で、その都度変わる「ジャンル」のような流動的な分類方法ではなく、もっとも不変であり、かつ傾向も顕著な「時系列」と「街ごとでの区分」を採用した。その結果、都市や地域ごとの特色を浮き彫りにすることで、ドイツ全体のシーンを俯瞰できたのではないかと自負している。

最後に「クラウトロック大全」の著者として私を起用してくださったele-kingの野田努さん、いつも取りこぼしのないレイアウトを手掛けてくださるデザイナーの真壁昂士さん、「増補改訂版」の連絡役としてたくさんの実務を処理してくださった編集部の小林拓音さん、そしてこの本を手にしてくださったみなさんひとりひとりに、心から感謝申し上げます。

小柳カヲル（2022.3.20）

「増補改訂版」の編集・執筆にあたり、以下の方々のご協力を賜りました。
Kaoru Chida
Tetsuya Hosobuchi
INK Records Archives

参考文献

洋書

KRAUTROCK Cosmic Rock And Its Legacy (2009)

Pop Am Rhein / Uwe Husslein (2008)

Neue Deutsche Welle: Kunst Oder Mode? / Döpfner & Garms (1984)

Krautrocksampler / Julian Cope (1996)

Verschwende Deine Jugend / Jürgen Teipel (2001)

Zurück Zum Beton (2002)

The Crack In The Cosmic Egg / Steven Freeman & Alan Freeman (1996)

Eine Diskographie Zur Deutschen Musik Szene / Achim Groh (1989)

The Can Book / Pascal Bussy (1989)

Faust Stretch Out Time: 1971-1975 / Andy Wilson (2006)

Con - Sequence, The Conrad Schnitzler Biograpy & Discography / Rolf Sonnemann/ Peter Stöferle (1994)

Einstürzende Neubauten / Andrea Cangioli (1993)

Einstürzende Neubauten - Hör Mit Schmerzen / Klaus Maeck (1989)

Einstürzende Neubauten – Nur Was Nicht Ist, Ist Möglich Max Dax / Robert Defcon (2005)

Roedelius - Painting With Sound / Stephen Iliffe (2003)

33 Jahre High Times Mit Guru Guru / PapaBear (2003)

Der Plan / Moritz R. (1993)

IHR KÖNNT MICH MAL AM ARSCH LECKEN (2012)

国内出版物

ジャーマン・ロック集成　マーキームーン社（1994）

世界自主制作レコードカタログ　JICC出版社（1986）

クラフトワーク＜マン・マシーン＞とミュージック パスカル・ビュッシー（明石政紀訳）水声社（1994）

※雑誌やアルバムのライナーノーツ、ウェブサイトについては多岐にわたるため割愛させていただきました。

Index

Index

クラウトロック大全　増補改訂版

2022年6月1日　初版印刷
2022年6月1日　初版発行

著者　小柳カヲル
ブックデザイン　真壁昂士
編集　野田努＋小林拓音(ele-king)
撮影協力　小原泰広
協力　小山哲央

発行者　水谷聡男
発行所　株式会社Pヴァイン
〒150-0031
東京都渋谷区桜丘町21-2 池田ビル2F
編集部：TEL 03-5784-1256
営業部(レコード店)：
TEL　03-5784-1250
FAX　03-5784-1251
http://p-vine.jp

発売元　日販アイ・ピー・エス株式会社
〒113-0034
東京都文京区湯島1-3-4
TEL　03-5802-1859
FAX　03-5802-1891

印刷・製本　シナノ印刷株式会社

ISBN　978-4-910511-19-1